新结构经济学丛书
思想·前沿·争鸣

The Costs and Benefits of Development Strategy
The Principles of Optimal Government Intervention in Economic Development

发展战略的成本与收益

经济发展过程中的最优政府干预原理

付才辉 著

北京大学出版社
PEKING UNIVERSITY PRESS

图书在版编目(CIP)数据

发展战略的成本与收益:经济发展过程中的最优政府干预原理/付才辉著. —北京:北京大学出版社,2018.9
（新结构经济学丛书）
ISBN 978-7-301-29880-0

Ⅰ.①发… Ⅱ.①付… Ⅲ.①中国经济—经济发展战略—研究 Ⅳ.①F120.4

中国版本图书馆 CIP 数据核字(2018)第 207044 号

书　　　名	发展战略的成本与收益——经济发展过程中的最优政府干预原理 FAZHAN ZHANLÜE DE CHENGBEN YU SHOUYI——JINGJI FAZHAN GUOCHENG ZHONG DE ZUIYOU ZHENGFU GANYU YUANLI
著作责任者	付才辉　著
责 任 编 辑	任京雪　李　娟
标 准 书 号	ISBN 978-7-301-29880-0
出 版 发 行	北京大学出版社
地　　　址	北京市海淀区成府路 205 号　100871
网　　　址	http://www.pup.cn
微信公众号	北京大学经管书苑（pupembook）
电 子 信 箱	em@pup.cn　　QQ：552063295
电　　　话	邮购部 62752015　发行部 62750672　编辑部 62752926
印 刷 者	北京大学印刷厂
经 销 者	新华书店
	730 毫米×1020 毫米　16 开本　15.75 印张　211 千字 2018 年 9 月第 1 版　2018 年 9 月第 1 次印刷
定　　　价	48.00 元

未经许可，不得以任何方式复制或抄袭本书之部分或全部内容。
版权所有，侵权必究
举报电话：010-62752024　电子信箱：fd@pup.pku.edu.cn
图书如有印装质量问题，请与出版部联系，电话：010-62756370

序

呈现在读者面前的这本新结构经济学理论探索著作是我博士论文的主要内容。① 一晃眼,博士毕业竟几个春秋。在此期间,我将博士论文的各个章节修改成论文刊发在一些学术期刊上。这些文章引起了一些关注,被《新华文摘》《中国社会科学文摘》《高等学校文科学术文摘》等转载多次。

记得六年前开始准备博士论文时,我计划以经济发展过程中政府和市场的真实关系为选题。然而,现实经济发展过程中政府与市场的真实关系纷繁复杂,各种论述文献也汗牛充栋。在"独上高楼,望尽天涯路"之后,我最终选择了当时并不成熟的新结构经济学作为博士论文的理论视角。要知道,林毅夫教授在2011年才正式提出"新结构经济学"一词,作为中规中矩的政治经济学专业的博士生,以此作为博士论文选题应该说是充满了理论冒险精神。当然,这也要特别感谢我在厦门大学经济学系的博士生导师林民书教授,他充满了佛性,以慈悲为怀放任我任意选题写作博士论文。有导师的庇护,我的博士论文肆无忌惮,天马行空,充满任性。然而,林民书教授觉得以"发展战略的成本与收益——第三波发展思潮的理论探索与中国经验"为主标题难以全面覆盖这篇庞杂的博士论文,他担心论文外审被挂,于是断然将主标题去掉,以副标题作为主标题。林民书教授的担心

---

① 还有一部分关于中国结构变迁中的二元经济内容没有纳入本书,后来我在此基础上拓展成另一部工作手稿《中国的城市化:新结构经济学的视角》(北京大学-林肯研究院城市发展与土地政策研究中心研究报告,2015年)。

是多余的,我的博士论文不但顺利地通过了外审和答辩,而且获得了林毅夫教授的"佩服",他还主动邀请我来北京大学做他的博士后。于是,我与林毅夫教授结下了师徒之缘,于2014年初春正式开启了探索新结构经济学的人生模式。

  随着对新结构经济学学习、研究和应用以及教学的深入,我蓦然发现新结构经济学的理论体系十分庞大,这是一门关于经济结构及其变迁的学科,政府和市场的关系只不过是新结构经济学的九牛一毛。过去两年,我在北京大学开设的"新结构经济学导论"课上,为了便于学生把握新结构经济学的全貌,就不揣浅薄地将其中心思想概括为"新结构经济学十大原理"。然而,政府与市场的关系依然占据十大原理的两个席位,足见其在新结构经济学中的重要性。新结构经济学作为第三波发展思潮,不但克服了第一波旧结构主义发展思潮强调政府而忽略市场的政府盲目干预主义,以及第二波新自由主义发展思潮强调市场而忽略政府的市场原教旨主义,而且将政府与市场的关系从对立范式转换为辩证范式(参见本书绪论)。这种政府和市场关系范式转换的根本原因在于,以给定禀赋结构求解最优生产函数为核心的新结构经济学,在研究范式上替换了以给定生产函数求解资源最优配置为核心的新古典经济学范式。① 在新古典经济学的传统范式中,政府与市场作为两种对立的资源配置方式,争论的焦点在于谁优谁劣。然而,在新结构经济学的结构范式中,研究的焦点在于政府在结构变迁过程中的作用。林毅夫教授在目前的新结构经济学体系中详细分析了结构变迁过程中政府作用的正反两个方面:正面作用是促进符合潜在比较优势的结构变迁的因势利导作用;反面作用则是违反潜在比较优势的错误

---

① 对新结构经济学范式的基础理论探索是我博士后出站报告的主题(付才辉,"经济结构及其变迁的价格理论——一项对新结构经济学基础理论的探索",北京大学博士后出站报告,2016年),读者也可进一步参阅下面的文章:付才辉,"新结构经济学:一场经济学的结构革命",《经济评论》,2017年第3期,第81—103页;付才辉,"最优生产函数理论——从新古典经济学向新结构经济学的范式转换",《经济评论》,2018年第1期,第3—44页。

干预,比如众所周知的赶超战略。我将这个中心思想概括为新结构经济学十大原理的第九条"结构变迁中政府因势利导原理"。然而,如前所述,现实经济发展过程中政府与市场的关系确实纷繁复杂。这个因势利导原理只是一个基准,难以概括经济发展过程中无处不在的政府干预所内生的两难困境,比如政府干预在发展机会与投资潮涌以及产能过剩之间的内在矛盾(参见本书第2、3章),政府干预在经济增长与部门以及群体之间的内在失衡(参见本书第4、5章),等等。以这些发展过程中的两难困境为例,本书初步构建了一个发展战略的成本与收益分析框架(参见本书第1章)。我也抱着野人献曝的态度,将本书的中心思想概括为新结构经济学十大原理的第十条"结构变迁中最优政府干预原理"。本书浅尝辄止,远未囊括这一原理所涉及的政府干预在结构升级与结构失衡之间的诸多矛盾现象,有待后续研究进一步深入完善。

借出版拙作之际,我要感谢家人、朋友和同事在我求学和工作上的大力支持。特别感谢我的博士生导师林民书教授和博士后导师林毅夫教授,很幸运有两位林老师的栽培。最后,感谢北京大学出版社的郝小楠和任京雪编辑,除了本书,她们也帮助我编辑了《新结构经济学新在何处》《世界经济结构转型升级报告》《新结构经济学案例研究》等新结构经济学系列著作,这些新结构经济学著作也凝结了她们的诸多汗水,也要感谢北京大学出版社林君秀老师对新结构经济学系列丛书的策划和指导。

付才辉
2018年初春于北京大学新结构经济学研究院

目　录

绪论：有效市场与有为政府的辩证关系 …………………………………… 1

1 发展战略的成本与收益：一个分析框架 ……………………………… 11
　1.1　引　言 …………………………………………………………… 11
　1.2　新结构经济学的目标 …………………………………………… 13
　1.3　新结构经济学的争议 …………………………………………… 14
　　　1.3.1　关于新结构经济学"比较优势"分析思路的争议 ……… 14
　　　1.3.2　关于新结构经济学动态性质的争议 …………………… 15
　　　1.3.3　关于新结构经济学制度基础的争议 …………………… 16
　1.4　政府和市场的交互机制 ………………………………………… 17
　1.5　发展战略的动态调整 …………………………………………… 22
　1.6　发展战略的制度基础 …………………………………………… 27
　　　1.6.1　制度及其分层（分类） ………………………………… 27
　　　1.6.2　政府、契约与发展战略的成本与收益分析 …………… 28
　　　1.6.3　政府、产权与发展战略的成本与收益分析 …………… 32
　1.7　结论性评述 ……………………………………………………… 36

2 政策闸门、潮涌通道与发展机会 ……………………………………… 44
　2.1　引　言 …………………………………………………………… 44
　2.2　理论回顾、争鸣与拓展 ………………………………………… 46

  2.2.1 经济发展过程中政府与市场关系的理论回顾 ········· 46
  2.2.2 新结构经济学中政府与市场关系的争论 ············ 49
  2.2.3 一个拓展的理论分析框架 ······················ 51
 2.3 市场自身为何难以充分利用后发优势 ···················· 53
 2.4 潮涌通道的识别与成因 ····························· 55
  2.4.1 价格通道与成本通道 ·························· 55
  2.4.2 政策闸门：潮涌通道的形成 ···················· 58
 2.5 政策组合的权衡取舍：产能过剩与发展机会 ··············· 65
 2.6 光伏产业案例 ···································· 67
 2.7 结论性评述 ······································ 68

3 金融干预的成本与收益：产能过剩与技术进步 ············· 74
 3.1 引　言 ··· 74
 3.2 中国工业行业经验的特征 ···························· 78
 3.3 金融政策的产业发展性质与干预形式 ···················· 81
 3.4 微观投资协调博弈模型 ····························· 83
  3.4.1 博弈结构 ·································· 83
  3.4.2 博弈结果 ·································· 83
  3.4.3 政策闸门在发展机会与投资潮涌上的两难取舍 ······ 84
 3.5 宏观新古典-熊彼特混合增长模型 ······················ 85
  3.5.1 新古典资本演化方程 ·························· 86
  3.5.2 熊彼特发展过程 ····························· 87
  3.5.3 政策闸门在发展机会与投资潮涌上的两难困境 ······ 90
 3.6 经验分析 ······································· 92
  3.6.1 计量模型设定 ······························· 92
  3.6.2 变量与数据 ································ 93
  3.6.3 回归结果 ·································· 95

3.6.4　基于产能利用率的稳健性分析 …………………………… 98
3.7　结论性评述 ……………………………………………………… 100

4　为增长而失衡 …………………………………………………………… 106
4.1　中国式发展的特征：总量增长与结构失衡形影相随………… 106
4.2　中国式发展的缘由：寻找政府主导经济的阿喀琉斯之踵…… 107
4.3　结构失衡：概念与测度 ………………………………………… 115
4.4　政府主导经济的动态一般均衡模型 …………………………… 117
4.5　为增长而失衡的机制 …………………………………………… 124
4.6　结构失衡的经验分析 …………………………………………… 132
4.7　经济增长的经验分析 …………………………………………… 144
4.8　增长与失衡伴生关系的经验分析 ……………………………… 153
4.9　结论性评述 ……………………………………………………… 159
附录 4.1　平衡增长路径（BGP）存在性的证明 ………………… 160
附录 4.2　"为增长而失衡"理论命题的证明 …………………… 162

5　市场、政府与两极分化 ………………………………………………… 171
5.1　引　言 …………………………………………………………… 171
5.2　基于中国经验的理论假说 ……………………………………… 174
5.3　基于跨国经验的理论假说 ……………………………………… 181
5.4　基本模型 ………………………………………………………… 187
5.5　模型的总量与结构动态一般均衡系统 ………………………… 195
5.6　时间偏好异质性、两极分化与不平等的动态 ………………… 200
5.7　内生时间偏好："上帝的归上帝"——市场的问题
　　　市场解决 ………………………………………………………… 211
5.8　市场的问题政府解决——两种政府干预方式 ………………… 213

5.9 只存在政策异质性:"恺撒的归恺撒"——政府的问题
政府解决 …………………………………………………… 220

5.10 两极分化警戒线模拟与政策倾斜触线的数值实验 ………… 221

5.11 结论性评述 …………………………………………………… 226

附录 5.1 中国城乡群体和人均收入与消费的分布及其动态 …… 227

附录 5.2 相关公式推导 ………………………………………… 233

绪论：有效市场与有为政府的辩证关系[①]

《习近平关于社会主义经济建设论述摘编》(以下简称《摘编》)一书,第三篇重点阐述了"使市场在资源配置中起决定性作用和更好发挥政府作用"。习近平总书记在论述中强调,使市场在资源配置中起决定性作用和更好发挥政府作用,既是一个重大的理论命题,又是一个重大的实践命题。科学认识这一命题,准确把握其内涵,对全面深化改革、推动社会主义市场经济健康有序发展具有重大意义。在市场作用和政府作用的问题上,要讲辩证法、两点论,"看不见的手"和"看得见的手"都要用好,努力形成市场作用和政府作用有机统一、相互补充、相互协调、相互促进的格局,推动经济社会持续健康发展。

然而,一些主流的经济学理论则不这么辩证地看,在其学科传统中,市场和政府是两种非此即彼、对立的资源配置方式。对政府与市场关系的推理方法和辩论方式存在几波主要的针锋相对的范式。[②] 主流新古典经济学经典的推理方法和辩论方式是建立在斯密"看不见的手"基础上的福利经济学的两个定理:完全竞争市场能够实现帕累托最优的资源配置,帕累托最优的资源配置能够通过完全竞争市场实现。在这一理论范式中,政府

[①] 本章原载于《审计观察》2017年第3期,感谢博士后导师林毅夫教授和《审计观察》曹伟主编的有益建议。

[②] 关于政府在发展过程中的问题研究文献可谓汗牛充栋,可参考一些详细的综述文章:Bardhan, P., "State and Development: The Need for a Reappraisal of the Current Literature", *Journal of Economic Literature*, 2016, 54(3): 862—92。

只需充当"守夜人"。

但是,很快经济学界就认识到这是太理想的情景,极不现实。例如,庇古所指出的外部性,引发了关于市场失灵与政府干预的讨论。不过其后,科斯所指出的外部性的私人解决方法,再度扭转了针对市场失灵与政府干预的讨论。

除庇古与科斯之争外,信奉市场竞争的芝加哥学派和信奉市场过程的奥地利学派关于自由市场、竞争本质与政府反垄断作用也引发了另一场旷日持久的经济学之争。不过,这些主要基于西方市场经验,西方主流经济学家间的市场与政府之争,于发展中国家急切的经济发展而言可以说是隔靴搔痒,本质上相去甚远。

对后来发展中国家尤其是社会主义国家以及主流经济学影响深远的关于市场与政府的争论,莫过于兰格和哈耶克关于计划经济和市场经济的著名论战。[1] 哈耶克认为,由于各个决策者的供给和需求的信息分散,只能由市场的竞争来处理;兰格则提出,计划者可以用模拟市场价格的试错法来解决信息的问题。伴随苏联计划经济在20世纪30年代的成功与西方资本主义社会的大萧条所形成的强烈反差,强调有效需求不足的凯恩斯主义宏观经济学横空出世,对古典自由主义经济学进行了革命,这使得战后第一波旧结构主义发展经济学思潮对市场极度不信任、对政府过度热情。不过其后,社会主义计划经济与发展中经济体的艰难历程,以及理性预期主义对凯恩斯主义的反革命,又使得第二波新自由主义发展经济学思潮对政府极度不信任、对市场过度热情。这是第二次世界大战后至今,西方理论界主宰发展中世界的两波代表性发展思潮。

---

[1] 当时学界的看法是兰格获胜,而非哈耶克获胜。在兰格和哈耶克的争论中,俩人都假定企业是有自生能力的,也就是企业所在的产业都是符合比较优势的。到20世纪七八十年代苏联计划经济失败,学界又认为哈耶克获胜,其实让哈耶克获胜的原因是苏联计划经济中的重工业是违反比较优势的,企业没有自生能力,而不是兰格的模拟市场定价试错法的失败(参见:林毅夫,《解读中国经济》,北京:北京大学出版社,2014年)。

然而,实践与理论的深化,使得在旧结构主义与新自由主义范式下,政府与市场之争变得更加扑朔迷离。以"华盛顿共识"为代表的新自由主义在发展中国家的实践,比旧结构主义更加糟糕;以机制设计理论为代表的微观经济学前沿进展,也证明在诸多不满足福利经济学第一定理的情景下,政府比市场的资源配置效率更高。姑且不论这两波发展思潮在实践上的失败,即便退缩到理论堡垒中,科学研究的进展也应该具体问题具体分析,而不是基于信念偏好相互攻讦。例如,机制设计理论视角下的政府与市场关系研究的一个进步,便体现在对具体情景的具体分析,尤其是具体情景因素对政府和市场在资源配置效率优劣的比较静态细节上。① 但遗憾的是,这些新近的理论依然将市场与政府视为一种替代关系。

正是基于这种根深蒂固的西方主流经济学理论范式,一些训练有素的新古典经济学家和奥地利经济学家一碰到政府作用最重要的表现形式之一"产业政策",便机械地把它与"计划经济"画等号。显然,一些所谓"主流的新古典经济学"理论与《摘编》一书的论述,可谓南辕北辙。

《摘编》一书指出:"使市场在资源配置中起决定性作用和更好发挥政府作用,二者是有机统一的,不是相互否定的,不能把二者割裂开来、对立起来;既不能用市场在资源配置中的决定性作用取代甚至否定政府作用,也不能用更好发挥政府作用取代甚至否定市场在资源配置中起决定性作用。"

然而在驳斥西方主流理论的实践上,第二次世界大战后在每一时期都未遵循当时所谓主流发展思潮的亚洲"四小龙",创造了"东亚奇迹",这为研究市场与政府关系提供了新的转机。著名的日本经济学家青木昌彦等将"东亚奇迹"中市场与政府关系的相关争论归纳为三派:亲善市场论(market-friendly view)、国家推动发展论(development state view)、市场增进论(market-enhancing view)。亲善市场论认为民间部门能够解决绝大多数

---

① Acemoglu, D., M. Golosov, and O. Tsyvinski,"Markets Versus Governments", *Journal of Monetary Economics*, 2008, 55 (January): 159—189.

市场缺陷,国家推动发展论视政府干预为解决市场缺陷的主要工具,而市场增进论则强调政府政策的目标被定位于改善民间部门解决协调问题及克服其他市场缺陷的能力。

世界银行1993年出版的研究报告《东亚奇迹:经济增长与公共政策》(以下简称《东亚奇迹》)被视为经济发展过程中在市场与政府关系争论上的一个分水岭。正如经济学家罗德里克(Rodrik,1994)所言,这要感谢世行的研究,人们不再继续坚持认为,是因为东亚地区的政府极少对经济进行干预才使东亚经济表现如此不俗;或者,如果政府不过多干预,东亚经济就会得到更快的发展。这一贡献极有价值,因为人们对东亚问题的讨论如今可以迈上一个更高的台阶了,有了更高层次的共同理解。

然而,《东亚奇迹》的这项开创性研究存在一个缺陷:有意无意地忽略了中国奇迹。为了弥补这一缺陷,林毅夫、蔡昉和李周于1994年所著的《中国的奇迹:发展战略与经济改革》一书应运而生。该书系统地分析了内生于赶超战略的计划经济体制的形成与转型过程,将"东亚奇迹"采取的发展战略称为"比较优势战略",将第二次世界大战后中国以及社会主义国家和拉丁美洲经济所采取的发展战略称为"赶超战略",并对比两者的经验教训,对经济发展中政府的作用做了界定。在实行赶超战略的情况下,为了支持一些不具有比较优势的产业中缺乏自生能力的企业的投资和运营,人为干预经济、扭曲市场和价格信号、用行政手段配置资源是赶超战略的内生要求。因此,政府做出不恰当的行为,以至于伤害经济发展过程,这几乎是必然的;而且,除非改变这种发展战略,否则这种政府干预是无法根除的。

在2012年出版的《新结构经济学》一书中,林毅夫将比较优势战略分析框架提升为新结构经济学理论框架,作为第三波发展思潮,进一步阐述了政府在结构变迁动态机制中的作用和操作程序,即"增长甄别与因势利导"框架(GIFF)。这不但奠定了"有效市场"与"有为政府"辩证关系的理论基础,还提供了政策操作工具。①

在新结构经济学看来,一个国家经济发展的本质是人均收入不断增加,其前提则是越来越高的劳动生产率水平。劳动生产率水平的提高有两个途径:一是通过技术创新,提高现有产业中产品的质量和生产效率;二是通过产业升级,将现有劳动力、土地、资本等生产要素配置到附加价值更高的产业。

根据新结构经济学的分析,这两者的实现需要"有效市场"和"有为政府"的共同作用。"有效市场"的重要性在于,按照要素禀赋的比较优势选择技术和产业,这样生产出来的产品在国内国际市场的同类产品中,要素生产成本才会最低,在给定合适的软硬基础设施下才会最有竞争力,才可以创造最大的剩余和资本积累,使得比较优势从劳动或自然资源密集逐渐向资本密集提升,为现有产业和技术升级到资本更为密集、附加价值更高的新产业和新技术提供物质基础。按照比较优势发展经济的前提,必须有一个能够很好地反映各种要素相对稀缺性的价格体系。如果有这样的价格体系,企业为了提升利润和竞争力,就会按照要素禀赋所决定的比较优势来选择合适的技术和产业,这种价格体系只有在充分竞争的市场中才会存在。所以,按照比较优势发展产业、选择技术的前提是,要有一个"有效市场"。

而在经济发展过程中,"有为政府"也必不可缺。首先,这是因为经济发展是一个资源随着要素积累、比较优势变化,不断从现有技术和产业配置到效率更高的新技术和附加价值更高的产业的结构变迁过程。在技术创新和产业升级的过程中,必须要有"第一个吃螃蟹的人"。如果没有其他必要的安排,第一个吃螃蟹的人倘若失败,将承担所有成本,并让后来

---

① Lin, Justin Yifu, and Célestin Monga, "Growth Identification and Facilitation: The Role of the State in the Dynamics of Structural Change", *Development Policy Review*, 2011, 29(3):259—310。关于新结构经济学中"有效市场"和"有为政府"的最早系统论述体现在《中国的奇迹》一书1999年的增订版第4章"比较优势战略"第4小节"政府在经济发展中的作用"。

者知道螃蟹不可吃,不去犯同样的错误;倘若成功,后来者将会随之涌进,第一个吃螃蟹的人不会有垄断利润。也就是如果没有其他必要的安排,对于第一个吃螃蟹的人而言,失败的成本和成功的收益是不对称的;而从社会的角度看,不管失败或成功都会给后来者提供有用的信息。

因此,政府必须给第一个吃螃蟹的人以一定的激励,这样才会有人愿意去冒这个风险。发达国家的专利制度发挥的就是这种功能。发展中国家的技术创新和产业升级,一般是在国际的技术和产业链内部进行的,多数情况下不能给予专利;但是,仍然要给第一个吃螃蟹的人以激励。当然,这种激励需要找到其他合适的替代方式。其次,第一个吃螃蟹的人成功与否,并不完全决定于个人勇气、智慧和企业家才能。例如,要进入一个新的产业,所要求的从业人员的技能和以往的产业不尽相同,第一个吃螃蟹的企业家如果完全靠自己培训员工,后来的企业可以以稍高的工资聘走拥有新技能的员工,从而使第一个吃螃蟹的企业家蒙受损失。

新产业所需的资本规模和风险通常也会比原有的产业大,需要新的能够动员更多资本、有效分散风险的金融制度安排与之匹配,这也不是第一个吃螃蟹的企业家自己可以解决的问题。随着技术创新、产业升级以及资本密集度和规模经济水平的提高,市场范围和交易价值会不断扩大,交通、电力、港口等硬的基础设施和法律、法规等软的制度环境,也必须随之不断完善,而这些完善显然超出第一个吃螃蟹的企业家的能力之所及。随着一个国家的发展,技术和产业会越来越接近国际前沿,新的技术创新与产业升级需要与这些新技术和新产业相关的基础科学的突破。基础科学的研发属于公共品范畴,其发现不能申请专利,企业家不会有积极性持续地从事这方面的研究。凡此种种困难如果不予以解决,和同样在这些产业有比较优势但已经解决这些困难的国家中的企业相比,第一个吃螃蟹的企业家需要支付更高的交易费用、面临更大的风险,而使其在开放竞争的市场中因为要素生产成本和交易费用相加的总费用太高而缺乏竞争力。因此,需要一个"有为政府"来协调不同的企业,或者由政府自己直接提供相应的服务。只有这样,技术创新和产业升级才能顺利进行。

在经济发展的过程中,政府可动员和配置的资源有限,不可能满足各种可能的技术创新和产业升级所需的外部性补偿并完善所有相应条件的要求。因此,和企业一样,政府也必须对可能的技术创新和产业升级的经济与社会回报做出甄别,就如同"伤其十指不如断其一指",利用产业政策集中有限资源,协助企业家推动那些回报最高的技术创新和产业升级。只有这样,才能促进经济最好、最快地发展,避免陷入"低收入陷阱"或"中等收入陷阱"。

根据上述分析,林毅夫将市场和政府的有机而非对立关系的原理概括为:市场有效以政府有为为前提,政府有为以市场有效为依归。新结构经济学作为一个新的发展经济学理论体系,把结构引进现有的经济学理论分析中,探讨政府和市场在经济发展、结构变迁过程中各自的作用。这种有结构的经济学理论所主张的政府的作用,自然不会完全等同于没有结构的、处于静态状况的经济学理论所主张的"守夜人"政府的作用。有必要讨论的是,在经济发展、结构转型的动态上政府应该做的与稳态时应该做的究竟有什么不同,这些不同应该如何随发展阶段与经济结构的变化而变化。除了这种原理性的论述,新结构经济学还为现实中复杂的市场与政府关系提供了分类分析框架。① 正如诺贝尔经济学奖得主斯蒂格利茨在《公共部门经济学》开篇所描述的,从生到死,我们的生活总是受到无数形式的政府活动的影响,要定量描述政府活动是一项令人望而生畏的任务。② 按照新结构经济学的逻辑,我们可以对结构变迁与转型过程中的政府活动进行归类:首先,按照逻辑来分类,政府要么是什么都没做——"无为"(无为而治),要么总做了些什么。其次,按照政府是否支持违背比较优势的产业来分类,政府的行为要么是"乱为"(违背规律)——支持违背比较优势的

---

① 付才辉,"新结构经济学理论及其在转型升级中的应用",《学习与探索》,2017年第5期,第133—145页。

② 斯蒂格利茨,《公共部门经济学》(第三版),郭庆旺等译,中国人民大学出版社,2013年。

产业,要么没有乱为。如果政府乱为,那么在这些违背比较优势的产业中的企业是没有自生能力的,必然存在内生的大量扭曲,应当采取渐进式改革的方式予以消除。因此,从这一点来讲,市场失灵并不是新结构经济学主张的政府干预的理由。为什么?因为按照新结构经济学的基本观点,任何国家或地区都存在三大类产业:失去比较优势的产业、远离比较优势的产业、符合潜在比较优势的产业。前两类不符合比较优势的产业中的企业是没有自生能力的,自发的市场是不会进入没有自生能力的产业的(因此第一波结构主义认为存在"市场失灵"),只有符合潜在比较优势的产业才会进入。因此,从这个意义上讲,市场失灵并不是新结构经济学声称的产业政策的理由。如果政府没有乱为,按是否支持符合潜在比较优势的产业来分类,政府的行为要么是"不为"(不作为)——由于各种企业自身无法克服的制约,使得即便符合要素禀赋结构所决定的比较优势的产业也不具有竞争力,而需要政府发挥降低交易费用、协调基础设施投资、激励先驱者等作用,但政府没有发挥应有的作用;要么政府发挥了这些因势利导的作用,即"有为"(因势利导)——促进了符合潜在比较优势的产业的发展。因此,可以看到"不为"就是不作为,与"无为"还不是一个意思。此外,现实非常复杂,还存在一些即便是违背比较优势的产业但其升级存在正的外部性,比如具有技术外部性的重工业与重工业赶超的扭曲[①];以及政府在促进符合潜在比较优势的产业升级时存在两难困境,比如潮涌现象与产能过剩问题,政府必须采取权衡代价与收益的理性行为(权衡利弊)。对此,我们可以这样思考:市场能否自发地利用后发优势;如果不能,政府的介入方式超出了理想的政府因势利导边界,那么会引发什么代价以及带来什么收益。理性的做法需要权衡利弊,不能因噎废食。这个兼顾收益与代价的政策分析逻辑,不论是对理解过去中国的光伏产业案例,还是对理解和预测现在各地正在推进的新能源汽车、石墨烯新材料等新兴产业案例,都是

---

① 姚洋、郑东雅,"重工业与经济发展:计划经济时代再考察",《经济研究》,2008年第4期,第26—40页。

如出一辙的。更一般地,政府干预在结构升级与结构失衡之间存在非常广泛的内生的两难冲突。这些经济发展过程中政府干预的两难困境便是本书的主题。

　　大部分的产业政策争论似乎到此为止,即产业政策应不应该的问题。新结构经济学不但回答了这个问题——产业政策应该支持符合潜在比较优势的产业而不应该支持违背比较优势的产业,而且提出了具体的可操作的产业政策应该如何设计的思路方法,即在经济发展过程中,"有为政府"应该如何因地制宜、因势利导。2015年11月10日,中央财经领导小组第十一次会议就明确提到产业政策要准。中国目前各个区域的要素禀赋和发展条件有异,现有产业转型升级的合适方式以及适合进入的新产业各不相同。在新常态下,各地如何因地制宜、因势利导地推动产业结构转型升级,这无疑是当下最为迫切的问题。新结构经济学还提出各地政府可以根据各地现有产业和国际前沿的差距分成追赶型、领先型、转进型、弯道超车型与战略型等五种不同类型的产业,有针对性地采取差异化的因势利导措施。可以用"天时地利人和"来通俗地表达新结构经济学的实践法则,"天时"指的是外部经济结构变迁带来的产业转进机遇,"地利"指的是本地的禀赋条件,"人和"指的是"有效市场""有为政府"及"有情社区"。

　　总之,新结构经济学秉持"因行得知,用知践行,唯成证知,知成一体"的认识论,认为只有真的能够帮助我们将世界改造好的理论,才是帮助我们认识世界的理论。所以,关于市场和政府关系的理论争鸣,最终需要实践来检验,并在实践中深化。正如习近平总书记于2015年11月23日在十八届中央政治局第二十八次集体学习时的讲话所指出的:"在社会主义条件下发展市场经济,是我们党的一个伟大创举。我国经济发展获得巨大成功的一个关键因素,就是我们既发挥了市场经济的长处,又发挥了社会主义制度的优越性。我们是在中国共产党领导和社会主义制度的大前提下发展市场经济,什么时候都不能忘了'社会主义'这个定语。之所以说是社会主义市场经济,就是要坚持我们的制度优越性,有效防范资本主义市场经济的弊端。我们要坚持辩证法、两点论,继续在社会主义基本制度与市场经济的结合上下功夫,把两方面优势都发挥好,既要'有效的市场',也要'有为的政府',努力在实践中破解这道经济学上的世界性难题。"

1

发展战略的成本与收益：一个分析框架①

1.1 引 言

自从发展经济学成为一门学科以来,人们就一直在寻找经济发展的唯一核心所在(Krueger,2011)。然而,没有哪个经济学领域像发展经济学那样在主要范式上经历了那么多意外的变化。发展经济学的曲折经历对经济发展政策产生了深刻的影响;特别是,主要的经济发展范式决定了与政府在经济中的理想作用、政府干预的程度、干预的形式和方向以及政府-市场互动的实质等问题有关的政策处方(阿德尔曼,2003)。

在经济发展理论这一特定领域,理论进展虽然非常缓慢,但也源远流长。罗森斯坦-罗丹的开创性研究,激发了第二次世界大战后第一波被称为结构主义的发展经济学思潮。他们强调由于结构刚性的存在,市场有着难以克服的缺陷而无法自发实现产业结构的现代化变迁,在加速经济发展方面,政府调控是一个强有力的手段。但事与愿违,第二次世界大战后在结构主义指导下的发展战略在许多国家纷纷失败。随后,第二波被称为"华盛顿共识"的新自由主义发展观在许多多边组织的胁迫下强加给了许

---

① 本章首发于《南方经济》2014 年第 1 期。感谢《南方经济》万陆编辑的有益修改建议。

多面临债务危的发展中国家（Williamson，1990），其强调系统性的政府干预产生的扭曲是制约经济发展的顽疾，必须进行私有化、市场化以及去管制化的激进改革。然而，大多数采纳新自由主义发展思潮的发展中国家在20世纪八九十年代的经济增长率竟然低于结构主义盛行的六七十年代，Easterly（2001）因此将推行"华盛顿共识"改革的八九十年代称为发展中国家"遗失的二十年"。

在近期的经济发展史上，出现了一些奇怪而出人意料的事情：人们观察到20世纪后半期成功的发展中国家并没有遵循占主导的经济发展思想或第一波和第二波经济发展思潮的政策主张。这一令人不解的事实促使研究者重新审视一些构成经济发展理论基础的大前提（林毅夫，2012）。新近的发展经济学家又开始回归结构主义思想，坚持认为处于经济前沿的发达国家和处于前沿内部的发展中国家之间存在经济性质的根本性差异（Zagha，et al.，2006；Pritchett，2006）。如罗德里克（Rodrik，2011）所重申的："结构主义最中心的观点是发展中国家在本质上与发达国家不同。它们不只是富裕国家的缩小版本。……它（新结构经济学）既不摒弃当代经济学分析方法，又能够适当考虑到发展中经济的特定情况。这样的发展经济学才是政府进行经济干预的合适的依据。"在第三波发展思潮中①，以林毅夫为代表的新结构经济学旨在将结构转变重新带回经济发展研究的核心，并强调市场和政府在促进经济发展过程中所扮演的重要角色。然而，林毅夫的新结构经济学面临诸多争议。本章将这些争议梳理归纳为三个关键问题：比较优势分析方法、静态比较优势的动态性质、发展战略的制度基础。我们还尝试构建了一个逻辑自洽的发展战略的成本与收益分析框

---

① 第三波发展思潮可始于对"华盛顿共识"的反思。比较有代表性的反思框架还包括斯蒂格利茨的"新发展经济学"、豪斯曼和罗德里克的"增长诊断框架""动态比较优势的产品空间理论"、增长与发展委员会的"经验主义"等。由于林毅夫的新结构经济学对前述思想有一定的批判性传承并且具有较强的中国经验背景，本章只讨论林毅夫的框架，而对广泛的第三波发展思潮不做深入细致的评论，读者不妨参考Rodrik（2005）和林毅夫（2012）。

架,以融合这三个关键的争议,意图对新结构经济学的研究议题有所拓展,并期望能够激发更多的研究热情。

1.2 新结构经济学的目标

"过去二十多年来,以研究'经济发展'为主题的热情还是逐渐冷静下来,所谓的发展经济学家大都转入对发展中国家的'微观发展'领域(如贫困、收入分配、劳动力市场、民间信贷等)的经验实证研究中自寻其乐了。而那些主流的经济学家则沿着另外的道路在增长、法律与金融、贸易、制度等诸多方面去开展各自的研究工作,这些研究不是希望提供一个关于'发展战略'的知识。依然可以说,在今天欧美经济学的主流市场上,'发展经济学'作为一个讨论经济发展战略和经济收敛现象的重要领域或学科依然不见'战后'初期的锋芒"(张军,2013,第1088页)。"《新结构经济学》作为发展经济学的3.0版本,作为思考发展战略的理论,如何为发展战略的存在留有重大空间,似乎是一个理论挑战"(张军,2013,第1092页)。

在理论层面上,新结构经济学提出了一种新古典主义的方法来研究经济结构的决定因素和动态发展过程。新结构经济学试图构建一个具有普遍意义的框架,理解人们观察到的各种特征事实背后的因果关系,其目标是:(1)建立一个分析架构,将发展中国家的要素禀赋和基础设施、发展水平,以及相应的产业、社会、经济结构等因素考虑在内;(2)分析政府与市场在不同发展水平上的作用,以及从一个水平向另一个水平的转换机理;(3)分析经济扭曲出现的原因,以及政府为退出扭曲应该采取的措施(林毅夫,2012)。新结构经济学的框架由三部分构成:(1)新结构经济学包含了对一国比较优势的理解,这种比较优势受制于要素禀赋结构的不断演化;(2)在发展的任一阶段都把市场作为最优的资源配置机制;(3)在产业升级过程中,政府应该起到因势利导作用(林毅夫,2012)。相比理论构建,新结构经济学更大的抱负在实践上。在可操作的发展政策建议层面,新结构经济学设计了六步法的"增长甄别与因势利导"框架,并在非洲开始了政策实践征程。

1.3 新结构经济学的争议

1.3.1 关于新结构经济学"比较优势"分析思路的争议

对于新结构经济学的思路,Krueger(2011)评论,应该由市场决定比较优势,而且政府有责任保证一个合理的激励体系,并且提供相应的基础设施。但这个观点没有任何新意。文一(2013)也认为,林毅夫的"新结构经济学"更像一杯调和了结构主义与新自由主义的实用主义的鸡尾酒,还没有形成一个公认的分析研究方法和抽象理论框架。"他的这个努力的起点是把早期经济学家关于比较优势贸易战略的思想推广到发展中国家整个经济结构变化升级的全局考虑中,试图构造以符合自身比较优势的发展战略为核心的发展经济学"(张军,2013,第1088页)。

早在2001年芝加哥大学的Johnson讲座中,林毅夫就系统性地用遵循还是违背比较优势的二元分析方法评价了发展战略的特征与绩效,其基本的结论是:遵循比较优势的发展战略优于违背比较优势的发展战略(Lin,2003)。尽管Chenery(1961)、Krueger(1984)和Krugman(1993)很早就总结了遵循比较优势的出口导向战略与违反比较优势的进口替代战略之间的绩效差异,但是基于动态比较优势的看法,违反比较优势也被认为并非一无是处(Redding,1999)。Chang(2009)就明确表示不接受林毅夫在新结构经济学中关于发展战略的比较优势理论基础:众所周知,这个理论,尤其是林毅夫所使用的HOS(赫克歇尔-俄林-萨缪尔森)版本,是基于一些严格假设的。虽然当我们关注短期配置效率时,HOS理论所做出的假设可能是可以接受的,但有关技术的假设则使其尤其不适合分析长期经济发展。

HOS模型的假设是,对于生产某种特定的产品来说,只有一种最好的技术,更重要的是,所有国家都有相同的能力来使用该技术。因此,在HOS理论中,如果厄瓜多尔不应该生产宝马车,不是因为它不能生产,而是因为这样做的机会成本太高,因为生产宝马车将使用太多其稀缺的生产要素——资本。然而,这恰好把决定一个国家是否为发达国家的最关键的因素给假设没了,这就是各国开发和利用技术的不同能力或所谓的"技术能力"(technological capabilities)。考虑到要素积累过程的性质和技术能力的建设,一个落后的经济体根本不可能在新产业中积累起技术能力,除非其违背比较优势,并在拥有"正确的"要素禀赋之前就真正进入该产业。总之,发展战略是遵循还是违背比较优势的二元分析方法,作为新结构经济学的基本范式面临方法论上的争议。

1.3.2 关于新结构经济学动态性质的争议

当我们把"经济发展"理解为一个以动态效率为基础的结构升级换代现象的时候,强调静态效率最优化的新古典经济学的分析工具就遇到了极大的局限(张军,2013,第1087页)。如张军(2013,第1090—1091页)所评论的:"尽管《新结构经济学》中多篇文章讨论了实务的发展政策并对发展中国家的政府提供了具有操作性的指南,但它总体上提供的还是有关经济发展战略的思考框架。一个基于这一框架的经济发展理论还有待形成并拓展。我说的这样的理论,是一个基于比较静态优势的分析逻辑以演绎和处理经济结构演变升级和经济收敛的动态的理论。理论上,新的贸易理论不是基于自然禀赋和静态比较优势而是基于规模报酬递增和垄断竞争的理论框架,因为后者较适于对分工和专业化等动态效率和动态优势变化等问题的理论处理。甚至包括杨小凯力求复兴的另一个新的古典经济学在内,在贸易、增长和经济发展的诸多涉及动态结构变化的领域,我们看到的理论发展似乎都是以超越静态效率最优化的比较优势理论来解释结构的动态变化和转型升级的经验现象。而与之相反,林毅夫二十多年来坚持倡导的基于比较优势的产业政策和发展战略的思维框架显然是要坚守而不是超越静态的比较优势学说的理论基础。因此,在理论上如何能够把基于静态效率的比较优势理论从贸易部门直接推演到整个产业的范围并运用于一国国内的产业政策与产业结构变化升级的领域,这是新结构经济学的基础理论工作。"

1.3.3 关于新结构经济学制度基础的争议

韦森(2013)直接指出,新结构经济学实际上是"制度缺位"(institutions free)。Velde et al.(2011)也指出,新结构经济学强调不足但很重要的观点,即作为遵循一国比较优势的政策的需要,落实政策所依赖的条件(政府能力、政治激励机制、政企关系的性质)也是产业政策成功至关重要的因素。Tendulkar(2011)评论道,更困难、更不确定且因此更具争议的是增长甄别的作用。林毅夫和孟加在出色的历史分析中,列举了大量失败的案例和少数成功的案例,并列举了种种政府行为的弊端,比如善意但过于积极的政策、出手过重的非侵犯性政策组合、不加区别地把以往成功的政策延期、随意扩展公共部门。这些因素往往会扼杀市场运行的活力,导致猖獗的寻租活动。对符合要素禀赋结构和比较优势的产业的事先选择可能会出现错误,让人们承认这个错误不难,但要想在政策明显无效或不成功的情况下及时取消相关政策却很难。问题就很有讽刺意味地变为:如何控制一个过于热心的政府,使之不要采取自己远远无法有效把握的政策?这一难题就让张曙光(2013,第1081页)觉得:"在讨论政府的作用时,在很大程度上是作为应然问题讨论的,而且逻辑是跳跃的和混乱的。这也许是《新结构经济学》的最大缺憾。"黄少安(2013,第1086页)说:"林毅夫教授对以诺斯教授为代表的新(古典)制度经济学是很有研究的。作为研究发展中国家的新结构经济学,肯定不会忽视制度。但是,他是在论述政府的作用时论及制度的,认为政府应该提供'各种基础设施',包括电力、港口等硬环境和法制环境、金融制度等软环境。相对于发展中的制度问题,这样的分析还是不够的。"我们认为,林毅夫在新结构经济学中对制度分析不够的主要原因是受到发展战略的"比较优势标准"二元范式的限制,将其拓展到发展战略的成本与收益分析范式便可以在逻辑自洽的框架内做出更多的探究。

1.4 政府和市场的交互机制

如哈伯格(2003)所反思的那样,在这些情况中(结构主义与新自由主义——笔者注释),成本-收益分析被放到了一边,以支持一种或另一种被想象成灵丹妙药的方法。构建发展战略的成本与收益分析框架首先需要识别发展政策的两难困境,实质上就是要揭示市场和政府在经济发展中的交互机制。就像张曙光(2013)所感知的那样,尽管存在旧结构主义和新自由主义两个极端,但市场失灵和政府失灵基本上成为经济学家的共识,分歧不在于二者的有无,只在于此多彼少。然而,正如林毅夫(2013,第1102页)所强调的:"其实,问题的关键不在于'此多彼少',而在于如何知道市场失灵发生在何处,以及政府的干预如何避免变成政府失灵,而这正是新结构经济学所想达到的目标。"我们需要在二者之间取得一个平衡。这种平衡不应该仅仅是给一个分配一些任务,给另一个分配另外一些任务,还应该设计一些制度使二者有效地互动起来(Stiglitz,2011)。那么,政府和市场的交互机制如何展现出发展战略的成本与收益呢?这得回到新结构经济学中"自生能力"(viability)这一重要概念上(Lin,2003)。[①]

Lin(2003)将"自生能力"定义为"在开放、自由和竞争性市场中的企

[①] "自生能力"这一新结构经济学的重要概念是建立在 Murphy et al.(1989a,1989b)、Kornai(1986)等探索经济发展中政府和市场交互机制的重要文献的基础上的。前者的"大推进"(big push)理论认为,发展中国家存在的结构刚性是市场自身无法克服的,政府的协调和支持对于建立关键性产业是必要的,从关键性产业对其他产业产生的需求溢出会推动经济发展。但是,这些"大推进"都是偏离现有禀赋结构决定的比较优势的。在市场竞争的环境中,受到推进的产业中的企业的成本结构与禀赋结构的相对价格不符而不具备自生能力。这就引申出了预算软约束理论,政府必须干预市场价格机制乃至直接代替市场配置资源,为承担"大推进"任务的企业保驾护航。

业的预期利润率"。如果一个企业通过正常的经营管理预期能够在开放、自由和竞争性市场中赚取社会可接受的正常利润,那么这样的企业就是有自生能力的;否则,企业就没有自生能力。很显然,如果一个企业预期不能够赚取社会可接受的正常利润,那么就没有人愿意投资;除非政府提供支持,否则这样的企业就不会存在。在一个竞争的市场中,企业的经营管理影响盈利能力,这是一个公认的命题。同样,一个企业的预期获利能力也取决于其产业和技术选择。如图1.1所示,考虑这样一个模型:经济仅包含两种给定的生产要素,资本(K)和劳动(L),且只生产一种商品($y = Y/L$);等产量线上的各点代表了生产既定数量的某一产品所需的不同的资本和劳动组合——各种可能的生产技术;等成本线的斜率代表了资本和劳动的相对价格——反映经济中资本和劳动禀赋的相对稀缺程度。发展中国家的资源禀赋结构往往是资本相对劳动更加稀缺,即由图1.1中的等成本线 C 刻画。那么,发展中国家符合比较优势的技术选择应该是 A 点(K_A, L_A),并且此时成本最低,企业也具备自生能力。

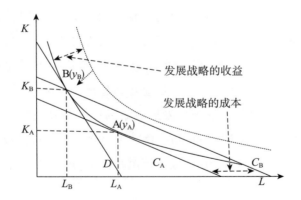

图1.1 禀赋结构、技术选择与发展战略的成本和收益

资料来源:笔者在 Lin(2003)基础上拓展。

然而,观察到的情况却是,许多发展中国家在由等成本线 C 刻画的资源禀赋结构中选择了生产技术 B(资本相对密集型产业)而不是 A(劳动相对密集型产业)。生产技术 B 显然不符合现有资源禀赋结构决定的比较优势,生产成本也不是最低的,企业也不具有自生能力。事实上,在由等成本线 C 所反映的相对价格条件下,企业是不会进入 B 点的,除非企业面临的相对价格条件是等成本线 D。显然,生产技术 B 是政府的选择,而不是市场的选择。因此,企业如果遵循政府的战略就会引致相对于等成本线 C_B 与 C_A 之间距离的损失,林毅夫称之为发展战略的"政策性负担"(policy burden)(Lin and Tan, 1999)。然而,现有的资源禀赋结构只能提供 C 所反映的相对价格。如果要使得企业选择生产技术 B,相对价格则必须由 C 变成 D,那么在现有禀赋条件下就只通过政府干预扭曲相对价格机制,为企业提供政策补贴(policy subsidy)以弥补其发展战略价所产生的政策性负担。总之,$C(G) = C_B - C_A$ 便可定义为发展战略的成本。

那么,为什么政府还要付出 $(C_B - C_A)$ 的代价去选择生产技术 B 呢? 生产技术 B 相对于 A 更加偏向资本密集型,即 $k_A = K_A/L_A < k_B = K_B/L_B$。然而,如图 1.2 所示,资本深化($k = K/L$)自身蕴含着技术进步(TFP),$TFP(k_A) < TFP(k_B)$。因为新的技术几乎总要体现在新的物资资本与人力资本中,而如果要使用这些新技术,就必须积累这些资本(Aghion and Howitt, 1998; Caselli and Wilson, 2004)。林毅夫声称通过市场自身的积累,资源禀赋的演进会自发地向 B 点的相对价格条件改变,从而市场自发地选择生产技术 B,即实现产业和技术升级(Lin, 2003; 林毅夫, 2012)。然而,正如前面引用过的 Chang(2009)的评论,"考虑到要素累积过程的性质和技术能力的建设,一个落后经济体根本不可能在新产业中积累起技术能力,除非其违背比较优势,并在拥有'正确的'要素禀赋之前就真正进入该产业"。由于协调困难、结构刚性、短缺和过剩、供需缺乏弹性等,在发展中国家自发的市场在技术升级时存在困难,即生产技术 A 不会(迅速地)自发地向生产技术 B 转变。如果在政府发展战略的推动下,技术实现了升级,那么原有等产量线就会上升,因为技术进步使得原有的生产要素产出更高,即 $y_A = f_{TFP_A}(K_B, L_B) < y_B = f_{TFP_B}(K_B, L_B)$。总之,$R(G) = y_B - y_A$ 便可定义为发展战略的收益。

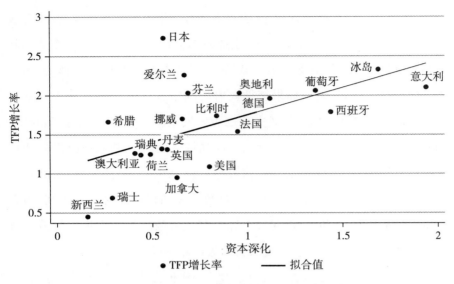

图 1.2　OECD 国家中的资本深化与技术进步

资料来源：笔者根据 Aghion and Howitt(2009,p.109) 的数据绘制。

将上述两个方面结合起来，发展轨迹则是发展战略的收益与成本权衡的结果，即 $D(G)=R(G)-C(G)$。因此，我们认为新结构经济学的精髓应该在于如何最优地权衡发展政策的收益和代价。实际上，第一波发展思潮的结构主义就强调了发展战略的收益，因为发展中国家结构刚性的存在，市场自身在推动结构变迁、实现产业和技术升级上存在困难，政府干预有助于市场推动发展。第二波发展思潮的新自由主义则强调了发展战略的成本，因为政府要想激励市场在禀赋条件不成熟的情况下实现产业和技术升级就必须改变相对价格，对价格机制的扭曲不可避免地会造成损失。反思第一波发展思潮和第二波发展思潮，新结构经济学的政策实践抱负就在于如何最大限度地获取发展战略的收益并且最小限度地承担发展战略的成本，这其中的关键就是要找到政府和市场在发展过程中的耦合机制，从而界定由发展中国家经济性质内生的发展战略的成本与收益，并做出取舍。

新古典经济学的成本与收益分析方法非常古老，在将其应用到新结构经济学中为发展战略构建一般性理论时则需要界定具体的成本与收益及其机制。发展中国家独特的经济发展问题可能变化无常,但并不妨碍这一方法的应用和修正,反而更显其生命力,可以为分析前沿内部的发展轨迹提供一个一般性的分析方法。发展战略的成本与收益分析方法的关键在于识别出处于前沿内部的发展中国家在发展战略上所面临的两难困境——发展政策在实现发展目标与引发代价之间的冲突。这种发展中国家独有的发展战略的两难困境可能是多维的,需要同时界定具体的发展战略的成本和收益,如同找到许多表征发展战略的硬币并描述清楚硬币的两面。例如,发展战略在总量增长与结构失衡之间的两难冲突,发展战略在总量增长与不平等之间的两难冲突,发展战略在产业升级与城乡差距之间的两难冲突,发展战略在产业升级与产业失衡之间的两难冲突,发展战略在技术进步(TFP 增长)与资源误置(TFP 方差)之间的两难冲突,等等。这些独有的两难冲突本身就内生于发展中国家的经济结构中。前述理论可能有些抽象,我们不妨用中国近来出现的投资潮涌和产能过剩现象来阐述政府与市场的交互机制:首先,投资潮涌和产能过剩现象暗含了发展中国家的发展机会不同于前沿国家,产业和技术升级是可预期的(林毅夫,2007)。然而,在自发的市场调节下,预期到市场协调失效会引发投资潮涌、出现产能过剩而导致亏损的风险,理性的市场个体会谨小慎微,从而导致对可预期的发展机会利用不足。为了激励市场个体利用发展机会,政府就会实施积极的发展战略干预市场价格机制,以确保投资潮涌之后产品价格不会严重下行、要素成本不会严重上行,从而盈利不会严重下滑。被发展战略放松了的市场约束激励理性个体利用发展机会,但也为投资潮涌提供了通道,从而引发更大程度的产能过剩。这实际上表明,发展中国家尤其是快速发展的发展中国家,在利用后发优势上存在内生的两难困境。一般地,发展战略的成本与收益就是指发展政策面临的两难困境。

1.5 发展战略的动态调整

首先回顾发展战略的成本与收益的"静态"决策。如图 1.3 所示,在发展阶段 Ⅰ 的资源禀赋结构 $E(D_Ⅰ)$ 决定的比较优势条件下实施发展战略(包括选择发展目标和实施发展政策)G,发展战略对比较优势的背离能够获得的发展收益为 $R_Ⅰ(G)$,产生的发展成本为 $C_Ⅰ(G)$,发展战略利得为 $D_Ⅰ(G) = R_Ⅰ(G) - C_Ⅰ(G)$(这里假定发展收益与成本函数的严格单调性)。比较 $G_Ⅱ$、$G_Ⅰ$ 这两种战略:选择发展战略 $G_Ⅱ$ 产生的扭曲较低($C_Ⅰ(G_Ⅱ)$ < $C_Ⅰ(G_Ⅰ)$),但也丧失了更大的发展机会($R_Ⅰ(G_Ⅱ)$ < $R_Ⅰ(G_Ⅰ)$),权衡起来发展战略 $G_Ⅱ$ 实现的发展利得要低于发展战略 $G_Ⅰ$($D(G_Ⅱ) < D(G_Ⅰ)$)。同理,在发展阶段 Ⅰ 的资源禀赋结构决定的比较优势条件下,实施其他发展战略($G \neq G_Ⅰ$)所实现的发展利得均低于发展战略 $G_Ⅰ$ 的发展利得($D_Ⅰ(G)$ <

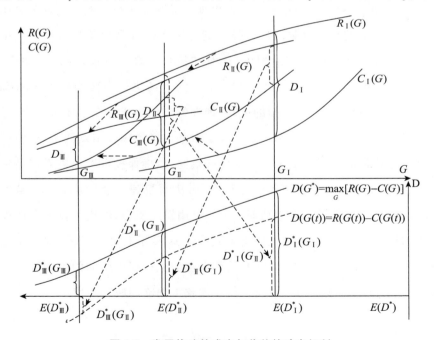

图 1.3 发展战略的成本与收益的动态机制

$D_I(G_I)$)。因此,在发展阶段 I 的资源禀赋结构决定的比较优势条件下,最优的发展战略(包括发展目标和发展政策)是 G_I,其他的选择要么就是发展目标过高或者发展政策干预过度导致严重偏离现阶段的资源禀赋结构决定的比较优势而引发了严重的市场扭曲,要么就是发展目标过低或者发展政策力度不够而丧失了根据现阶段的资源禀赋结构决定的比较优势可实现的发展机会。

由于发展战略的成本与收益是定义在发展战略对现有资源禀赋结构决定的比较优势的偏离程度上的,因此成本与收益的权衡自然而然地随资源禀赋结构的变化而变化。这一点其实林毅夫(2012,第 19—24 页)已经指出:"分析经济发展的起点是经济的禀赋特征。一个经济的禀赋特征在任何给定的时间是给定的,但会随着时间的推移而变化……当企业所选择的产业和技术都与经济体要素禀赋所决定的比较优势相符时,经济将会最有竞争力。随着这些充满竞争力的企业和产业不断成长,它们将占有更大的国内、国际市场份额,同时也将最大限度地创造经济剩余(表现为工资和利润)。而且,由于产业结构在那个要素禀赋结构下是最优的,如果把这些经济剩余重新投资的话,其回报也将最大。随着时间的推移,经济将不断积累实物和人力资本,不断提升自身的要素禀赋结构和产业结构,并且使得本国企业在资本和技术更为密集的产品中越来越有竞争力……这种遵循比较优势的发展方法对于贫穷国家的经济发展而言,看起来或许是缓慢而令人沮丧的,但事实上,这种办法却是积累资本和提升要素禀赋结构的最快方法;并且,只要能得到更为发达的国家已经开发出来且依然存在于这些国家的技术并进入这类产业,其产业结构升级速度还可加快。"禀赋结构及其比较优势的变化确实改变了给定发展战略的成本与收益结构,只不过发展战略的"比较优势标准"二元范式难以直观明了地揭示这个动态过程。

其实,如 Gerschenkron(1962)很早就指出的,相对落后的经济(如 19 世纪的德国、法国和俄罗斯),采用了一些特殊的政策和制度安排,这些制度在早期阶段是促进增长的,但是到后期阶段却失去了作用。某些非竞争性的制度安排,包括企业和银行之间的长期联系、大型企业以及国家干预等,可以使得那些中等收入的国家较容易地赶上那些较发达的国家。然而,这些非竞争性的制度安排对于那些接近或处于前沿的国家却是有害的。Acemoglu et al.(2006)发现的证据也表明,在远远落后于技术前沿的国家中,市场选择过程并不重要,企业规模通常较大。Griffith et al.(2004)发现的证据也表明,随着经济趋近于世界技术前沿,研发和创新变得越来越重要。此外,林毅夫(2012,第128—129页)指出:"全球技术前沿不断地向外推进。诸如钢铁生产和造船行业,在19世纪是全球最先进的工业,但到了20世纪中叶,它们不再处于这一领先地位。与航空、信息和重化工业等新行业相比,它们的技术已趋于成熟。当韩国成立浦项钢铁集团的时候,其以美元计算的人均收入仅为美国的5.5%。中国在2000年已成为世界上最大的钢铁生产者,当时其以美元计算的人均收入只有美国的大约2.5%。韩国和中国能够在一个相对较低的收入水平上获得钢铁行业的成功,是因为钢铁生产已成为全球产业谱中一个成熟的和资本密集程度相对较低的产业。"因此,随着发展水平和禀赋结构的变化,发展战略的成本和收益结构也会变化。如图1.3所示,给定一个特定的发展战略G,在发展水平较低的阶段$E(D_L)$,其收益$R(G,E_L)$相对较大而成本$C(G,E_L)$相对较小;在发展水平较高的阶段$E(D_H)$,其收益$R(G,E_H)$相对较小而成本$C(G,E_H)$则相对较大。换言之,在发展水平较低时,市场失灵更加严重,政府干预的边际收益较高,产生的扭曲较低;在发展水平较高时,政府干预的扭曲更大,获得的边际收益更低(Hausmann and Rodrik,2003;Stiglitz,2011;斯蒂格利茨,2009)。

因此,如图1.3所示,随着发展水平的提高以及资源禀赋结构的改善,发展战略的收益曲线会下移,成本曲线会上移。在发展阶段Ⅰ的资源禀赋结构决定的比较优势条件下,最优的发展战略(包括发展目标和发展政策)是G_I,获得的发展利得$D(G_I)$最高。此时,经济剩余最大,投资回报也最大,可用于投资的储蓄和动机也最大,资源禀赋结构最快地从发展阶段Ⅰ升级到发展阶段Ⅱ。在新的资源禀赋结构Ⅱ决定的比较优势条件下，原来的最优发展战略 G_{I} 已不再最优。此时，发展战略的成本曲线由 $C_{\mathrm{I}}(G)$ 上移到 $C_{\mathrm{II}}(G)$，收益曲线由 $R_{\mathrm{I}}(G)$ 下移到 $R_{\mathrm{II}}(G)$，最优的发展战略是 G_{II}。如果依然选择原来的发展战略 G_{I}，则可能无法实现最大的发展利得，甚至可能出现负面后果（如图1.3中在发展阶段Ⅲ选择发展战略 G_{II} 时出现的情况）。因此，发展战略的成本与收益分析的动态性质其实就是要求根据资源禀赋结构的变化做出动态权衡并及时调整发展战略选择。

对于理解发展战略的成本与收益的动态性质，Ranis(1995, pp.509—510)对"东亚奇迹"的总结极具启发性："关键的和具有说服力的一点是决策者持久的可塑性，在过去四十多年，决策者总能够在每一个可以识别的增长转型阶段上对经济正在变化的需求做出相应的政策改变。由于这个可塑性，整个系统得以避免失去动力并能够在每一个阶段的末期重新驶入轨道……每个十年有每个十年的挑战，每十年政府都能够做出政策的转变，用库兹涅茨的话来说，这些政策改变是为了适应而不是梗阻私人经济所要求的变化。"对于东亚的经验，张军(2013,第1093页)也指出："成功实现经济发展和保持发展阶段间的成功转型不是给定的或自动完成的，经济发展过程对政府提出了非常苛刻的诉求，政府也因此始终面临严峻挑战。从某种意义上说，这也许是关于经济发展战略最核心的命题，但显然已经超越了新古典经济学的界域。但我相信，新结构经济学既然坚守新古典经济学的基本分析范式，当然也回避不了同样的命题。"将新结构经济学发展战略的"比较优势标准"的二元分析范式拓展到连续统的发展战略的成本与收益分析范式后，就可以应对这样的问题。此外，虽然根据资源禀赋结构的变化调整发展战略的成本与收益权衡对作为决策者的政府的能力而言是极具挑战性的，但是政府的动机则被认为更加微妙。作为例证，比较政治经济学家哈格德(Haggard,2009)很早就注意到东亚和拉丁美洲一些国家或地区发展战略的动态调整及其制度约束问题，参见表1.1与表1.2。

表1.1 东亚和拉丁美洲的发展战略的动态调整

发展战略	经济结构	核心政策	国家或地区
1.进口替代			
a.初级产品出口阶段(PPE)	原材料和食物出口,传统农业,手工艺品生产,以及有限的制造业	自由贸易和境外投资,金本位的汇率政策	20世纪30年代以前的巴西,革命前的墨西哥
b.进口替代阶段1(ISI 1)	制造业增加,尤其是消费品方面	保护,对产业的财政和金融支持	1935—1955年的巴西和墨西哥
c.进口替代阶段2(ISI 2)	在耐用消费品和中间产品方面的产业深化	同ISI 1,加上国有企业和跨国公司的新角色	1955—1965年的巴西和墨西哥
d.进口替代阶段3(ISI 3)	产业继续深化,包含资本品,制造业出口增加	同ISI 2,加上刺激出口和增加信贷	1965年至今的巴西和墨西哥
2.出口导向			
a.初级产品出口阶段(PPE)	同1a	经济活动的殖民管治	1900—1945年的韩国与中国台湾
b.进口替代阶段1(ISI 1)	同1b	同1b	1945—1964年的韩国;1945—1960年的中国台湾
c.出口导向阶段1(ELG 1)	由劳动密集型产品出口拉动的制造业增长	贬值,选择性自由化,对出口工业的财政和金融支持	直至1970年的韩国和中国台湾
d.出口导向阶段2(ELG 2)	产业深化伴随着出口升级	有针对性的产业政策	1970年至今的韩国和中国台湾
3.转口贸易			
a.纯粹转口贸易阶段	专注于商业和金融服务	自由贸易和投资	1967年前的新加坡;1950年前的中国香港
b.出口导向阶段1(ELG 1)	由劳动密集型产品拉动的制造业增长,服务业继续增长	同3a	1967—1979年的新加坡;1950—1970年的中国香港
c.出口导向阶段2(ELG 2)	升级个别产品,扩展金融和商业服务业	选择性产业政策	1979年至今的新加坡;1975年至今的中国香港

资料来源:笔者根据哈格德(2009)的比较政治经济分析结论整理。

表 1.2　东亚和拉丁美洲的发展战略动态调整的制度基础

1.进口替代(墨西哥和巴西)	
PPE 至 ISI 1	与集权化的国家或地区精英构建支持联盟的利益相符;相对自主的国家进行精心安排
ISI1 至 ISI 3	国家或地区发起的战略变迁;进口替代工业化意识形态起了作用。在墨西哥,政党主导和内部连贯意味着稳定的经济增长(1954—1970年);政党和国家或地区内部更大的分裂(1970年至今)。在巴西,民主政府意味着通货膨胀式的经济增长;自军政府起的更大连贯性;在政治开放的压力下更少的连贯性
2.出口导向(韩国和中国台湾)	
PPE 至 ISI 1	与集权化的国家精英构建支持联盟的利益相符;台湾地区的单一政党主导意味着连贯的战略;韩国名义上的民主统治导致了极度不连贯的战略
ISI 1 至 ELG 1	国家或地区引导的战略变迁;国家自主性、内部连贯性以及一系列政策工具协助了转型;美国意识形态
ELG 1 至 ELG 2	战略因先前干预工具的不同而不同
3.转口贸易(中国香港和新加坡)	
转口贸易至 ELG 1	在香港地区,尽管是在自由放任的意识形态导向以及殖民政府高度自主的情况下,政府还是引导了变迁;与激励的政治冲突和构建新的支持基础联系,新加坡的国家干预更多
ELG 1 至 ELG 2	战略因先前干预工具的不同而不同

资料来源:笔者根据哈格德(2009)的比较政治经济分析结论整理。

1.6　发展战略的制度基础

1.6.1　制度及其分层(分类)

在分析发展战略的成本与收益的制度基础之前,我们简要地对制度进行界定。现实中的制度安排丰富多彩,不同的制度安排在理性深度、策略性质、经济后果、变迁动力、变迁频率、变迁难度等方面各不相同(斯密德,2004)。Williamson(2000)提出的制度分层框架为将多样性的制度进行分门别类提供了便利。根据康芒斯将制度分析的基本单元视为"交易"的思想,付才辉(2011)进一步将这个分层框架压缩为制度环境和契约安排,两者的区别在于:一张契约安排只对应一个交易,而一条制度安排则影响多个交易。Acemoglu and Johnson(2005)根据社会成员政治权力身份的不同,将社会成员分为民众与政府,并据此将制度分为以下两类:民众之间形成的横向(horizontal)关系称为契约制度(contracting institutions),民众与政府之间形成的纵向(vertical)关系称为产权制度(property rights institutions)。因此,我们对应地从这两个层次(或类别)的制度讨论发展战略成本与收益分析的制度基础。实际上,林毅夫(2012)在新结构经济学中提及制度时也是按照这两种思路的。

1.6.2 政府、契约与发展战略的成本与收益分析

林毅夫(2012,第19—20页)在基本的"关于经济结构及其变迁的新古典框架"中提出:"分析经济发展的起点是经济的禀赋特征……理论上说,也应将基础设施作为一个经济的禀赋的一部分。基础设施包括硬件(有形的)基础设施和软件(无形的)基础设施……软件基础设施包括制度、条例、社会资本、价值体系,以及其他社会和经济安排等。基础设施影响每个企业的交易成本和投资的边际收益。"因此,新结构经济学的第一个制度观点在于,政府可以为私人交易提供良好的制度环境以节约私人交易成本,进而影响经济结构变迁。

作为理论基础,我们有必要对新结构经济学的这个观点做出(新/旧)制度经济学的论证。旧制度经济学派的鼻祖康芒斯认为,交易本身包含三项基本原则(principles):冲突(conflict)、依赖(mutuality)与秩序(order)。基于此,新制度经济学的命名者Williamson(2005)构建了私人秩序的治理经济学(交易成本经济学)。张凤超和付才辉(2010)则在康芒斯和Williamson的基础上将契约结构分解为"参与人(品行与信息)、标的(专用性)与条款(协调、激励、权威)",并在Boisot(2000)制度信息空间理论与Hart(1995)不完全合同理论的基础上将制度环境操作化为信息结构和权

力结构,进而提炼出一种制度环境影响契约结构的分析思路。分析正式合同与非正式协议的文本可以发现,任意一份契约的菜单内容都可提炼为参与人、标的、条款三个要素。参与人的信息结构、行为品行和标的的专用性会导致交易冲突,而条款实质上是一种化解代理风险、不适用、套牢等交易冲突的私人秩序治理结构,包含激励、协调、权威三个维度。在特定的交易中,参与人的行为品行和标的的专用性相对稳定,交易冲突水平取决于信息结构和治理结构。在给定交易冲突水平的情况下,最小交易费用出现在信息结构和治理结构的边际交易费用效应相等之时。在建构契约结构模型的基础上,经连续的边际分析可以发现,契约多样性源于契约结构不同的均衡状态,而契约均衡结构是交易费用与交易福利的权衡结果,并因制度环境的介入而发生改变。将制度环境界定为信息集是基于信息学视角的考察。比如 Neale(1987)从三个方面对制度做了界定:首先,应有大量的人类行为;其次,应有相应的规则对个体行为进行重复的、稳定的、可预期的规范;最后,应有大众观念。布瓦索(2000)非常明确地将制度视为一种信息空间,其三个维度分别是编码水平、抽象程度、扩散性,并包含认识空间、实用空间、文化空间三个子空间。因此,制度可界定为一组已被编码并且类似于公共知识性质的信息集,前者保证了制度的可学习性,后者则体现了制度的群体约束性。一般来讲,储存在制度中的信息是极易验证的。因此,交易参与人不必为每个交易建立全新的数据库,相关信息可以直接从制度中解读。制度环境越良好,交易参与人越能够以更低的信息费用获得更多的交易信息。将制度环境视为权力结构旨在说明契约的剩余控制权受其影响。特定控制源于交易双方在契约中可证实的约定,而剩余控制实乃契约中无法约定的决策控制权(Hart,1995)。根据新产权理论的观点,剩余控制源于与交易标的相关的产权。交易标的一般涉及产品、资产、服务、活动等,因此剩余控制既可以来自物质资产的产权(Grossman and Hart,1986;Hart and Moore,1990),也可以来自人力资本的产权(Rajan and Zingales,1998),还可以来自与标的相关的无形资产的产权(Aghion and Tirole,1997)。剩余控制除了受到产权、法律、政策等正式制度的影响,还受到诸如关系、文化等作为社会资本的非正式制度的影响(付才辉,2010)。因此,制度环境越良好,交易参与人越能够以更低的治理费用获得更多的剩余控制。由于制度环境具备公共品以及可置信的第三方强制实施的性质,由政府改善制度环境就具有天然的优势(North,1981)。

按此逻辑,政府对制度环境的改善实际上是促进禀赋结构升级,从而推动经济结构升级。一方面,"当一个国家在经济发展过程中顺着产业阶梯拾级而上时,由于资本设备的不可分性,该国生产的规模效应也在扩大。该国企业的规模更大,需要更大的市场,这些反过来要求基础设施(比如电力、交通、金融以及其他软件基础设施)的相应变化"(林毅夫,2012,第21页)。本质上,这个观点是在斯密定律和杨格定律——"分工的深度取决于市场的范围,市场的范围决定了分工的深度"的基础上纳入制度。例如,Greif(1993,1994,2000)在其颇负盛名的历史比较制度分析(HCIA)中发现,马格里布人的衰落便是由于其非正式执行机制的制度结构不能够为远洋贸易提供支持;与此相反,热那亚商人建立的交易执行机制包括一套正式的法律体系以及其他有助于发展贸易的正式组织。这就意味着在产业级别较低时适合的"基于关系的治理"在产业升级时有必要向"基于规则的治理"转型(Li,2003;Dixit,2003)。因此,改善制度环境、提高契约执行效率,有利于扩大市场范围,从而推动结构变迁升级。另一方面,"产业升级和产业多样化的过程也增加了企业所面临的风险。企业离世界科技前沿越近,就越难以从发达国家引进成熟技术,也就越需要自主研发新技术和新产品,从而面对的风险越大。根据风险的来源,一个企业独有承担的风险可以分为三类:技术创新风险、产品创新风险和管理才能风险。在发展的初级阶段,企业倾向于使用成熟的技术为成熟的市场生产成熟的产品,此时企业面临的主要风险来自企业所有者及管理者的管理才能。当发展到了更高水平,企业往往发明新技术以向新市场提供新产品,此时除管理才能风险外,企业还面临技术和市场成熟的风险。因此,虽然技术创新、产品创新和管理才能都影响企业的总体风险,但三者之间的相对重要性却因产业和发展阶段的不同而大不相同"(林毅夫,2012,第21—22页)。从图1.4中可以看到,不同产业对制度的依赖是不同的,技术复杂性程度及非定制化程度越高的产业的交易复杂性越大,对合约执行要求越高(Nunn,2007)。新贸易理论就认为,制度是比较优势的重要来源,制度环境较好的国家在生产技术复杂和专用性程度高的产品上具有比较优势(Nunn,2007;Levchenko,2007)。这实际上与强调制度作为资源禀赋结构的思路是一致的,不过林毅夫更加强调政府在推动这种制度禀赋结构升级上的作用。显而易见,单个企业无法有效地内部化所有这些变革成本,而多个企业之间为了应对这种挑战进行的自发协调往往也不可能实现。基础设施的改善需要集体行动,至少需要基础设施服务的提供者与工业企业之间的协调行动,这样就把政府拉了进来,政府要么自己改善这些基础设施,要么积极协调各方的行动(林毅夫,2012)。

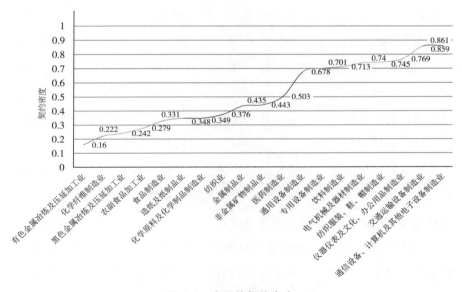

图1.4 产业的契约密度

资料来源:Nunn(2007)。

总之,经济结构变迁涉及的产业多样性要求市场范围扩张,涉及的产业升级要求技术复杂性,这都要求改善制度环境以利于私人缔约。相对于市场而言,政府在制度建构上具有优势而且可以发挥积极作用,因此用发展战略的成本和收益方法表述新结构经济学的制度观就是:在良好的制度环境中,发展战略实现的边际收益相对较大而边际成本相对较小;与此相反,在较差的制度环境中,发展战略实现的边际收益相对较小而边际成本相对较大。亦即,作为资源禀赋结构的制度环境的改善可以降低发展战略的边际成本并提高边际收益,而政府在改善交易的制度环境上具有比较优势。

1.6.3 政府、产权与发展战略的成本与收益分析

从图 1.3 中我们可以得到一个推论:发展水平越高,政府干预的边际收益越低且边际成本越大,政府干预的程度应该更低——发展战略目标超越现阶段的程度更低以及发展政策实施的力度更小。这一结论如果在政府能力允许的范围内没有被观察到,那么必然是政府不愿意根据禀赋结构的变化调整发展战略,尤其是削弱干预程度。一个类似的问题是针对 Gerschenkron(1962)的"适宜性制度"观点:为什么政府不在国家的早期发展阶段选择偏向于投资型策略的制度和政策,然后随着国家趋近于世界前沿而转换至支持创新的政策? Acemoglu and Robinson(2006)认为,问题的答案在于政府干预的政治经济。偏向于投资型策略的政策可以产生并增加政府自身的支持者。当用经济权力购买政治权力时,要想在经济和政治方面都很强大的选区中逆转上述政策是困难的。因此,经济将会停留在"不适宜制度"的陷阱中。这种非收敛陷阱及其与政治经济和既得利益的相互影响可能反映了拉丁美洲经济体(如巴西、墨西哥和秘鲁)在 20 世纪后半叶的经验。进口替代和保护主义的政策使得这些经济体在 20 世纪 70 年代中期之前经历了快速的增长,但是同样的政策却导致了之后的停滞,结果这些拉丁美洲经济体被一些更加灵活的东南亚经济体超越,比如中国香

港(Aghion and Howitt,2009)。不适宜的发展政策不能够随发展水平而调整的例子不限于拉丁美洲,韩国和日本的大财团(keiretsu/chaebols)政策曾在第二次世界大战后对经济发展起到了强有力的推动作用,但是其后即便阻碍了发展也难以改革。Tendulkar(2011)估计,基于南亚的经验,先进行增长甄别,然后事前培育被挑选出来的赢家,把它们置于一个严格的、有时间限制的约束下,是一个困难和高风险的事业。这并不排除偶然的、幸运的成功,但这个成功究竟是不是真的,还需要根据实际经验和对科学的信心做出判断。

因此,新结构经济学第二个制度观点就不得不涉及政府的动机问题,即民众与政府之间形成的纵向关系(产权制度)。林毅夫(2013,第1104—1105页)认为:"新结构经济学中是假定所有行为者,包括政府领导人,是理性的,其行为、选择是为了满足自己的利益目标……政府领导人的个人目标有二:一是长期执政;二是在长期执政的目标不成问题的情况下,追求青史留名。能够最好地同时达到这两个目标的选择是在执政期间给其治理的领地带来繁荣,使百姓人人安居乐业。如果真能够达到这个目标,这样的政治领袖就会表现为'好人'。但是……政治领袖很容易犯下'好心干坏事'的错误,使国家和百姓蒙受损失和不幸。为了继续执政,这些政治领袖就很可能采取各种必要措施去拉帮结派、收买利益集团以巩固其地位,以及腐败、贪污积累个人财富以作为下台后的生活或东山再起的资本,结果就变成'坏人'。在理性人的假设下,政府领导人是'好'还是'坏'并非必然,关键在于是否有一个可以指导政府领导人做出实事求是、与时俱进的政策,真正能够给国家带来持续繁荣、长治久安,给百姓带来安居乐业、福祉不断增加,使其长期执政和留名青史的个人目标与全体人民的目标能够同时实现的理论。"可以看出,林毅夫秉持了民众与政府之间利益相容的权力观,与奥尔森"权力的逻辑"(logic of force)的思想是吻合的:专制者为了扩大自己从社会中攫取的纯收益量,不仅会限制自己窃税的程度,还会使用他所控制的一些资源提供可以增加其领地产量的公共品

(McGuire and Olson,1996;Olson,2000)。这个逻辑改变了对专制者的悲观看法,权力可以导致繁荣,狭隘的私利变成共容利益(encompassing interests)。因此,在激励相容的条件下,政府会根据禀赋条件的变化动态地调整发展战略的成本与收益决策。

然而麻烦在于,如果政府和民众之间的利益不相容,那么发展战略的成本与收益决策就很难进行有效率的动态调整。这是因为不同于民众之间的契约关系,政府和民众之间的产权关系不存在一个独立的第三方保证可置信的承诺,即政治科斯定理不成立——政府和民众之间的利益冲突不能由科斯式谈判来解决(Acemoglu,2003)。我们认为在结构变迁中,政府和民众利益不相容的情况更加普遍。随着发展水平向前沿趋近,给定发展战略,其边际成本会越来越大而边际收益会越来越小,最优的政府干预会变小。显然,这个根据禀赋结构变化进行的最优决策是针对社会最优而言的。一个自然的假定是政府代理人的私人收益会随着干预程度的变小而降低,那么社会最优的发展战略决策就不再是政府代理人的最优决策。

因此,如果政府及其代理人与民众之间是利益相容的,那么产权分布对发展战略的成本与收益决策并不重要;否则,产权分布是重要的。林毅夫(2013,第1105页)在新结构经济学中的用意似乎在于,"总结发达国家和发展中国家在现代社会中经济发展成功和失败的经验,提出一个可供理性的政府领导人参考的理论,使其成为一个'好人',在运用自由裁量权追求个人目标的同时也能满足社会和百姓的目标,这是经济学家的责任"。换言之,林毅夫(2013)旨在通过激励相容的办法消除发展战略的成本与收益决策可能存在的来自政府动机的扭曲:"这些顾虑是合理的,但只限于传统的产业政策,因其鼓励企业进入违背比较优势的产业。这些产业中的企业在开放的竞争性市场中是不具有自生能力的。它们的进入和持续经营通常依赖于大规模的补贴和保护,这为寻租和腐败创造了机会,也使得政府难以放弃干预、停止扭曲。增长甄别与因势利导框架促进了截然不同的方面,符合经济潜在比较优势的产业的发展。一旦进入障碍和经营障碍被消除,企业就是具有自生能力的。政府对先行企业提供的激励是暂时性且小规模的,只为补偿其信息外部性。在这种情况下,普遍寻租和政府干预超出最初时间表的问题将得到缓解。"在政府及其代理人与民众之间的利益不相容时,产权分布是重要的。如果产权分布集中于政府及其代理人,那么作为发展战略的主要决策者和实施者,发展战略的成本与收益决策对政府及其代理人来讲是最优的,但对民众来讲却不是。因此,如果改变产权分布,发展战略的成本与收益决策也会发生改变。因此,发展战略决策的动态调整轨迹就取决于产权分布的变迁,即发展战略决策权在民众和政府之间的配置。林毅夫在新结构经济学中对这个问题的思路是应然的而非实然的——正如张曙光(2013)评论的那样。林毅夫(2013,第1101页)写道:"不管发展的水平高低如何,一个国家作为上层建筑的各种制度安排是内生的。随着经济的发展,生产力水平的提高,生产和交易规模的扩大,以及人们财富的普遍增长,相应的规范市场交易和人与人、人与政府互动的制度安排也必须相应地与时俱进和完善。"作为应然问题,政府改善制度环境以利于私人交易是可以的,但对政府及其代理人与民众之间的产权分布的变迁却不太适合。因为产权分布的改变会引起利益分配的冲突,而承诺问题又不可以通过科斯式谈判得以解决,必须由政治权力的分布决定。我们可以借鉴 Acemoglu and Robinson(2006,2008)构建的产权和政权变迁模型来寻找这个基础。他们认为,政治制度和资源分配是两个状态变量,其初始值决定了系统中的所有变量。当期的政治制度决定了当期法定政权的分布,当期的资源分配影响了当期事实政权的分布;这两种政权反过来又决定了当期经济制度(产权)的选择并影响了下期政治制度的变迁,即经济制度(产权)决定了经济后果,包括当期经济绩效与下期资源分配。在这个动态系统中,经济制度(产权)塑造了经济后果,但由政治制度和资源分配所锁定:政治制度分配法理上的政治权力,而那些拥有政治权力的人将影响政治制度的演变,他们通常会选择维持赋予其政治权力的政治制度;当一个特定的群体在资源分配上变得相对富有时,它就拥有更大的实际政治权力,并能够推动有利于自身利益的经济和政治制度,进一步扩大初始的差距。因此,对产权分布变迁的关键比较静力学有如下几点:第一,由相对平衡的政权分布对权贵的制约能够产生相对广泛的产权分布,比如不同权贵之间的分权;第二,政权掌握在相对更大并具有最重要投资机会的群体手中时,相对广泛的产权分布更有可能产生;第三,仅在权贵抽取的租金相对有限时,相对广泛的产权分布才更有可能出现;第四,在不威胁到权贵的政权时,产权分布的变迁才更有可能产生。影响政权分布的比较静力学也有可能影响产权分布的变迁,比如:民众在非民主制度下的生活条件、市民社会的力量、民众在非民主制度下面临的集体行动问题的性质和决定权贵做出的何种承诺可信的非民主政治制度的细节,以及权贵对民主成本的预期等因素会影响民主政权的建立;更为严重的不平等、土地和其他容易征税的资产在权贵资产组合中更大的重要性以及能够避免极端民粹主义政策的民主制度的缺失,更有可能动摇民主制度在民主政权成立以后的持续性。此外,付才辉(2013)在 Acemoglu 和 Robinson 模型的基础上还引入了文化,其发现国民的社会文化心理习性的演化通过政府与民众之间的产权博弈也会影响产权分布的变迁。

总之,当政府及其代理人与民众之间的利益相容时,产权分布并不重要;当政府及其代理人与民众之间的利益不相容时,发展战略的成本与收益决策的动态调整轨迹取决于产权分布,而产权分布则由政治权力配置,并受到社会结构等因素的影响。

1.7 结论性评述

"林毅夫希望让结构主义经济学重回历史舞台,我十分支持他的想法。他希望将结构主义的思想和新古典经济学的逻辑思维结合起来,我同样支持这一想法……结构主义最中心的观点是发展中国家在本质上与发达国家不同……而新古典经济学的中心思想是人们对激励如何做出反应……

把这两套思想结合起来,就能够产生一套新的发展经济学"(Rodrik,2011,pp.227—229)。林毅夫开创的发展战略"比较优势标准"的二元分析范式已经为新结构经济学的方法论奠定了基础,但在比较优势分析方法、静态比较优势的动态性质、发展战略的制度基础等关键问题上依然面临诸多争议。受到这些争议的启发,我们试图用发展战略的成本与收益分析框架来完善和拓展新结构经济学的分析思路。

本章构建的发展战略的成本与收益分析框架由三部分构成。第一部分由发展中国家经济性质内生的发展政策的两难困境,揭示发展战略的成本与收益机制——政府和市场的交互机制构成,用以解决发展战略的理性决策问题。基本的逻辑是:第一,市场的本质是由产品价格与要素成本产生的利润所形成的对市场理性个体的激励机制;第二,经济发展的本质是连续的产业和技术升级过程(结构变迁);第三,由于信息、协调、外部性、结构刚性等,市场自身在推动产业和技术升级上存在失灵;第四,政府的发展政策必须干预市场机制才能够激励理性个体去利用发展机会(诸如创新、成长、技术进步、产业升级等),而市场机制遭到干预后必然会导致扭曲进而产生损失(诸如产能过剩、结构失衡、资源误配、不平等等)。第二部分由发展战略决策的比较静力学构成,用以解决发展战略的动态最优调整问题。基本的逻辑是:随着发展水平和禀赋结构的提高,发展战略的边际收益会下降而边际成本会上升,最优的发展战略需要向下调整——发展目标偏离现阶段的程度降低和发展政策干预的力度减小,亦即由发展战略推动的发展本身就是推动发展战略动态调整的根本性内生因素。第三部分则由作为发展战略主要决策者和实施者的政府的动机问题构成。基本的逻辑是:当政府及其代理人与民众之间的利益相容时,作为发展战略的主要决策者和实施者的政府自然会根据发展水平的变化动态地调整发展战略的成本与收益的最优决策;当政府及其代理人和民众之间的利益不相容时,发展战略的成本与收益决策就很难进行有效率的动态调整,此时发展战略决策的动态调整轨迹就取决于产权分布的变迁——发展战略决策权在民众和政府之间的配置。概言之,发展战略的成本与收益分析框架由发展政策的权衡取舍及其信息约束和制度约束构成。

本章参考文献

Acemoglu, D., and S. Johnson, "Unbundling Institutions", *Journal of Political Economy*, 2005, 113(5): 949—995.

Acemoglu, D., "Why not a Political Coase Theorem? Social Conflict, Commitment, and Politics", *Journal of Comparative Economics*, 2003, 31(4): 620—652.

Acemoglu, D., and J. A. Robinson, "Persistence of Elites, Power and Institutions", *American Economic Review*, 2008, 98(1): 267—293.

Acemoglu, D., and J. A. Robinson, *Economic Origins of Dictatorship and Democracy*, Cambridge University Press, 2006.

Acemoglu, D., P. Aghion, and F. Zilibotti, "Distance to Frontier, Selection, and Economic Growth", *Journal of the European Economic Association*, 2006, 4(1): 37—74.

Aghion, P., and J. Tirole, "Formal and Real Authority in Organizations", *Journal of Political Economy*, 1997, 105(1): 1—29.

Aghion, P., and P. W. Howitt, *Endogenous Growth Theory*. Cambridge, Ma: MIT Press, 1998.

Aghion, P., and P. W. Howitt, *The Economics of Growth*. Cambridge, Ma: MIT Press, 2009.

Caselli, F., and D. J. Wilson, "Importing Technology", *Journal of Monetary Economics*, 2004, 51(1): 1—32.

Chang, H. J., "Should Industrial Policy in Developing Countries Conform to Comparative Advantage or Defy it? A Debate between Justin Lin and Ha-Jonn Chang", *Development Policy Review*, 2009, 27(5): 483—502.

Chenery, H. B., "Comparative Advantage and Development Policy", *American Economic Review*, 1961, 51(1): 18—51.

Dixit, A., "Trade Expansion and Contract Enforcement", *Journal of Political Economy*,

2003, 111(6): 1293—1317.

Easterly, W.,"The Lost Decades: Explaining Developing Countries' Stagnation in Spite of Policy Reform 1980—1998", *Journal of Economic Growth*, 2001, 6(2): 135—157.

Fu, C. H., "Policy, Over-investment and Development: A Theory of the Costs and Benefits of the Development Strategy", The 5th Biennial International Conference on Transition and Economic Development (Shanghai, China, CES, SSEM, CCES, Fudan University), 2013.

Gerschenkon, A., *Economic Backwardness in Historical Perspective: A Book of Essays*, Cambridge, MA: Belknap Press of Harvard University Press, 1962.

Greif, A.,"Contract Enforceability and Economic Institutions in Early Trade: The Maghreb Traders' Coalition", *American Economic Review*, 1993, 83(3): 525—548

Greif, A.,"Cultural Beliefs and the Organization of Society: A Historical and Theoretical Refection on Collectivist and Individualist Societies", *Journal of Political Economy*, 1994, 102(5): 912—950.

Greif, A.,"The Fundamental Problem of Exchange: A Research Agenda in Historical Institutional Analysis", *Review of European Economic History*, 2000, 4(3): 251—284.

Griffith, R., S. Redding, and J. Van Reenan,"Mapping the Two Faces of R&D: Productivity Growth in a Panel of OECD Industries", *Review of Economics and Statistics*, 2004, 86(4): 883—895.

Grossman, S. J., and O. D. Hart,"The Costs and Benefits of Ownership: A Theory of Vertical and Lateral Integration", *Journal of Political Economy*, 1986, 94(4): 691—719.

Growth Commission, *The Growth Report: Strategies for Sustained Growth and Inclusive Development*, World Bank, Washington, D. C., 2008.

Hart, O. D., and J. Moore,"Property Right and the Nature of Firm", *Journal of Political Economy*, 1990, 98(6): 1119—1158.

Hart, O. D., *Firm, Contract and Financial Structure*, New York: Oxford University Press, 1995.

Hausmann, R., and D. Rodrik,"Economic Development as Self-discovery", *Journal of Development Economics*, 2003, 72(2): 603—633.

Kornai, J., "The Soft Budget Constraint", *Kyklos*, 1986, 39(1), 3—30.

Krueger, A., "Comments on 'New Structural Economics' by Justin Lin", *World Bank Research Observer*, 2011, 26(2): 222—226.

Krueger, A., "Comparative Advantage and Development Policy 20 Years Later", in M. Syrquin, L. Taylor and L. E. Westphal (eds.), *Economic Structure and Performance*: 135—156, Salt Lake City: Academic Press, Inc, 1984.

Krugman, P., "Protection in Developing Countries", in R. Dornbusch (ed.), *Policymaking in the Open Economy: Concepts and Case Studies in Economic Performance*, New York: Oxford University Press, 1993, 127—148.

Levchenko, A. A., "Institutional Quality and International Trade", *Review of Economic Studies*, 2007, 74(3): 791—819.

Li, J. S., "Relation-based versus Rule-based Governance: An Explanation of the East Asian Miracle and Asian Crisis", *Review of International Economics*, 2003, 11(4): 651—673.

Lin, J. Y., "Development Strategy, Viability, and Economic Convergence", *Economic Development and Cultural Change*, 2003, 51(2): 277—308.

Lin, J. Y., and G. Tan, "Policy Burdens, Accountability, and the Soft Budget Constraint", *American Economic Review*, 1999, 89(2): 426—431.

McGuire, M. C., and M. Olson, "The Economics of Autocracy and Majority Rule: The Invisible Hand and the Use of Force", *Journal of Economic Literature*, 1996, XXXIV: 72—96.

Murphy, K. M., A. Shleifer, and R. W. Vishny, "Income Distribution, Market Size, and Industrialization", *Quarterly Journal of Economics*, 1989a, 104(3): 537—564.

Murphy, K. M., A. Shleifer, and R. W. Vishny, "Industrialization and Big Push", *Journal of Political Economy*, 1989b, 97(5): 1003—1026.

Neale, W. C., "Institution", *Journal of Economic Issues*, 1987, 21(3): 1177—1206.

North, D., *Structure and Change in Economic History*, Now York: W. W. Norton, 1981.

Nunn, N., "Relationship-specificity, Incomplete Contracts, and the Pattern of Trade", *Quarterly Journal of Economics*, 2007, 122(2): 565—600.

Olson, M., *Power and Prosperity: Outgrowing Communist and Capitalist Dictatorships*, New York: Basic Books, 2000.

Pritchett, L., "The Quest Continues", *Finance and Development*, 2006, 11(1): 18—22.

Rajan, R. G., and L. Zingales, "Power in a Theory of the Firm", *Quarterly Journal of Economics*, 1998, 113(2): 387—432.

Ranis, G., "Another Look at the East Asian Miracle", *World Bank Economic Review*, 1995, 9(3): 509—565.

Redding, S. J., "Dynamic Comparative Advantage and the Welfare Effects of Trade", *Oxford Economic Papers*, 1999, 51(1): 15—39.

Rodrik, D., "Comments on 'New Structural Economics' by Justin Lin", *World Bank Research Observer*, 2011, 26(2): 227—229.

Rodrik, D., "Growth Strategies", in P. Aghion and S., Durlauf(eds.), *Handbook of Economic Growth*, vol. 1, Ch. 14: 967—1014, Amsterdam: Elsevier, 2005.

Rodrik, D., "King Kong Meets Godzilla: The World Bank and The East Asian Miracle", *CEPR Discussion Papers* 944, 1994.

Stiglitz, J., "Rethinking Development Economics", *The World Bank Research Observer*, 2011, 26(2): 230—236.

Velde, D. W., S. D. Tendulkar, A. Amsden, K Y. Amoako, H. Pack, and W. Lim, "DPR Debate: Growth Identification and Facilitation: The Role of the State in the Dynamics of Structural Change", *Development Policy Review*, 2011, 29(3): 259—310.

Williamson, O., "Economics of Governance", *American Economic Review*, 2005, 95(2): 1—18.

Williamson, O., "The New Institutional Economics: Taking Stock, Looking Ahead", *Journal of Economic Literature*, 2000, XXXVIII: 595—613.

Williamson, O., "What Washington Means by Policy Reform", in J. Williamson (ed.), *Latin American Adjustment: How Much Has Happened?* Washington, D. C.: Institute for International Economics, 1990.

Zagha, R., I. Gill, and G. Nankani, "Rethinking Growth", *Finance and Development*, 2006, 43(1): 7—11.

阿兰·斯密德,《制度与行为经济学》,刘璨、吴水荣译,北京:中国人民大学出版社,2004年。

阿诺德·哈伯格,"前沿观点:一名业内人士眼中的发展过程和政策",载《发展经济学前沿:未来展望》,杰拉尔德·迈耶、约瑟夫·斯蒂格利茨主编,本书翻译组译,北京:中国财政经济出版社,2003年。

艾尔玛·阿德尔曼,"发展理论中的误区及其对政策的含义",载《发展经济学前沿:未来展望》,杰拉尔德·迈耶、约瑟夫·斯蒂格利茨主编,本书翻译组译,北京:中国财政经济出版社,2003年。

丹尼·罗德里克,《探索经济繁荣——对经济增长的描述性分析》,张宇译,北京:中信出版社,2009年。

付才辉,"产业结构变迁中的二元经济——分析中国的不均等与增长趋势",《产业经济研究》,2014年第5期,第11—22页。

付才辉,"经济增长的微观制度基础",《制度经济学研究》,2011年第2期,第175—202页。

付才辉,"为增长而失衡——中国式发展的经验与理论",《南开经济研究》,2015年第6期,第3—36页。

付才辉,"文化转型与产权变迁:理论与经验",转型中的国家治理与社会建设学术研讨会,北京大学政府管理学院,2013年。

付才辉,"政府、市场与两极分化——一个新结构经济学视角下的不平等理论",《经济学》(季刊),2016年第16卷第1期,第1—44页。

付才辉、林民书、赖小琼,"产业升级、农民工进城与城乡收入差距",《产业经济评论》,2013年第12卷第4辑,第16—48页。

付才辉、林民书,"合约时间",《制度经济学研究》,2012年第2期,第24—56页。

黄少安,"'新结构经济学'侧评",《经济学》(季刊),2013年第3期,第1085—1086页。

杰拉尔德·迈耶,"发展的思想",载《发展经济学前沿:未来展望》,杰拉尔德·迈耶、约瑟夫·斯蒂格利茨主编,本书翻译组译,北京:中国财政经济出版社,2003年。

兰特·谱里切特,"'玩具集藏',社会主义的明星与民主主义的滑铁卢?经济增长理论:越南和菲律宾",载《探索经济繁荣——对经济增长的描述性分析》,丹尼·罗德里克主编,张宇译,北京:中信出版社,2009年。

林毅夫,"《新结构经济学》评论回应",《经济学》(季刊),2013年第3期,第1095—1108页。

林毅夫,"潮涌现象与发展中国家宏观经济理论的重新构建",《经济研究》,2007年第1期,第126—131页。

林毅夫,《新结构经济学——反思经济发展与政策的理论框架》,苏剑译,北京:北京大学出版社,2012年。

马克斯·H.布瓦索,《信息空间:认识组织、制度和文化的一种框架》,王演通译,上海:上海译文出版社,2000年。

斯蒂芬·哈格德,《走出边缘——新兴工业化经济体成长的政治》,陈慧荣译,长春:吉林出版集团有限责任公司,2009年。

韦森,"探寻人类社会经济增长的内在机理与未来道路——评林毅夫教授的新结构经济学理论框架",《经济学》(季刊),2013年第3期,第1051—1072页。

文一,"从自由放任主义到市场培育主义,从新古典主义到新结构主义——'新结构主义发展经济学'新解",《经济资料译丛》,2013年第2期,第88—98页。

杨小凯,《发展经济学——超边际与边际分析》,张定胜、张永生译,北京:社会科学文献出版社,2003年。

约瑟夫·斯蒂格利茨,《发展与发展政策》,纪沫等译,北京:中国金融出版社,2009年。

张凤超、付才辉,"契约结构:基于文本视角的考察",《学术月刊》,2010年第10期,第82—89页。

张军,"'比较优势说'的拓展与局限",《经济学》(季刊)2013年第3期,第1087—1094页。

张曙光,"市场主导与政府诱导——评林毅夫的《新结构经济学》",《经济学》(季刊),2013年第3期,第1079—1084页。

2

政策闸门、潮涌通道与发展机会[①]

2.1 引　言

2015年中央经济工作会议指出,"要积极稳妥化解产能过剩"。产能过剩问题受到了空前的重视。与一般文献强调投资潮涌与产能过剩问题的政策重要性不同,林毅夫(2007)认为,这一现象应引起高度的理论重视,有必要放松现有宏观经济学理论的暗含前提——产业升级时国民经济中每个企业对下一个有前景的产业在何处没有共识,重新构建一套新的宏观经济理论体系。如何认识投资潮涌与产能过剩现象,目前主要有"市场失灵论"和"政府失灵论"两种理论视角。"市场失灵论"的理论视角将投资潮涌与产能过剩归咎于产品需求和要素供给信息的不确定性(Hartman,1972;Abel,1983;Pindyck,1988;Bart et al.,2003)、寡头竞争(Benoit and Krishna,1987;Barham and Ware,1993)、行业企业数目不确定性(林毅夫等,2010)和羊群效应(Banerjee,1992)等信息不完全、竞争不完全、协调失灵以及非理性行为等市场自身因素。"政府失灵论"的理论视角则将投资潮涌与产能过剩归咎于预算软约束(Kornai,1986)、政策随意性(Hassett and

---

[①] 本章首发于《财经研究》2016年第6期。感谢《财经研究》编辑部的有益修改建议。

Metcalf,1999)、产权扭曲(张维迎和马捷,1999)、晋升激励(周黎安,2004)、财政分权(周业安和章全,2008)、政策补贴(耿强等,2011)等体制扭曲。①

最近,国务院发展研究中心《进一步化解产能过剩的政策研究》课题组(2015)通过实地调研和分析工业企业微观数据发现,"本轮产能过剩是多种因素的叠加结果,具有鲜明的中国特色"。对于包括了复杂因素叠加的产能过剩问题,"市场失灵论"和"政府失灵论"尽管从不同的侧面捕获到了一些真实的见解,但是其洞见可能不完整。诚如"市场失灵论"者所论断的,市场协调失灵确实可能会诱发严重的投资潮涌,尤其是在发展中国家所面对的投资机会大都具有共识而市场个体不具备总量信息的条件下。但是,理性的市场个体或多或少也能够预期到这种可能性而谨慎行事,尤其是在面临严格的市场约束时。这也是"政府失灵论"者所论断的,如果政府不加干预地放松市场个体的预算约束,理性个体即便在面临市场协调困难时也会谨慎行事,不会出现投资冲动,反而可能会减少投资潮涌,降低产能过剩的风险。但是,预期到市场协调困难之后,市场个体的谨小慎微可能会使具有共识的发展机会转瞬即逝。为了充分利用后发优势所蕴含的发展机会,政府可能会提供额外的政策支持,以增强市场主体的激励并放松其预算约束,以鼓励市场个体积极利用发展机会。这与早期强调面对结构刚性时市场失灵的结构主义发展观的思想有异曲同工之妙。但是,如果预期到政府会提供政策支持,在面对具有共识的发展机会时,理性

---

① 这些对产能过剩原因的各种认识也反映在政府文件中。例如,2013年10月15日发布的《国务院关于化解产能严重过剩矛盾的指导意见》指出:"我国出现产能严重过剩主要受发展阶段、发展理念和体制机制等多种因素的影响。在加快推进工业化、城镇化的发展阶段,市场需求快速增长,一些企业对市场预期过于乐观,盲目投资,加剧了产能扩张;部分行业发展方式粗放,创新能力不强,产业集中度低、没有形成由优强企业主导的产业发展格局,导致行业无序竞争、重复建设严重;一些地方过于追求发展速度,过分倚重投资拉动,通过廉价供地、税收减免、低价配置资源等方式招商引资,助推了重复投资和产能扩张;与此同时,资源要素市场化改革滞后,政策、规划、标准、环保等引导和约束不强,投资体制和管理方式不完善,监督检查和责任追究不到位,导致生产要素价格扭曲,公平竞争的市场环境不健全,市场机制作用未能有效发挥,落后产能退出渠道不畅,产能过剩矛盾不断加剧。"

的市场个体就会肆无忌惮地投资,从而引发更加严重的产能过剩。这与理性预期思潮以及"华盛顿共识"强调面对理性个体时政府干预失效的思想有异曲同工之妙。由此可以看到,在面对具有共识的发展机会时,投资潮涌现象可能同时蕴涵了"市场失灵论"和"政府失灵论"的担忧,并且彼此内生地交织在一起。片面地强调某一派的观点都十分欠妥,但这两派的观点又嵌入在一起,有必要统一到一个框架之内。恰如林毅夫(2012)在反思第一波发展思潮(强调市场失灵的结构主义)与第二波发展思潮(强调政府失灵的"华盛顿共识")时所指出的,片面地强调任何一种观点(市场失灵或政府失灵)对解释和指导发展实践并无裨益,而应该根据前两波主要的经济发展思潮留下的经验教训,形成一个正确认识并界定政府和市场作用的新综合体系。投资潮涌和产能过剩现象为详细揭示新结构经济学中政府与市场关系的复杂逻辑提供了难得的研究素材。

  本章的主要工作是以投资潮涌与产能过剩现象为例,在关于政府与市场关系理论争论以及新结构经济学最新理论进展的基础上,试图完整地揭示经济发展过程中政府与市场交互关系的作用渠道及逻辑机制,从而对现有文献关于政府与市场关系的大而化之的论断提供更加细微、完整的剖析,并对新结构经济学中的政府与市场关系理论予以拓展。本章后面的内容安排如下:第 2 节对经济发展过程中政府与市场的关系进行简要的理论回顾,并概括新结构经济学中政府与市场关系的争论,以及在此基础上推演本章的理论分析框架;第 3—6 节结合中国工业行业与政策的一些经验例证阐述理论逻辑;第 7 节为总结及政策建议。

2.2 理论回顾、争鸣与拓展

2.2.1 经济发展过程中政府与市场关系的理论回顾

  在经济学的学科传统中,对政府与市场关系的推理方法和辩论方式存在几波主要的针锋相对的范式。主流经济学经典的推理方法和辩论方式是建立在斯密"看不见的手"基础上的著名的福利经济学第一定理：完全竞争市场能够实现帕累托最优的资源配置。在这一理论范式中，政府只需充当"守夜人"角色。但很快，经济学界就认识到这是太理想的情景，例如庇古指出的外部性引发了关于市场失灵与政府干预的讨论。不过其后，科斯指出的外部性的私人解决方法再度扭转了对市场失灵与政府干预的讨论。除庇古与科斯之争外，信奉市场竞争的芝加哥学派和信奉市场过程的奥地利学派关于自由市场与政府反垄断作用也引发了另一场旷日持久的主流经济学之争（林民书和付才辉，2012）。不过，这两场争论主要基于西方市场经验，西方主流经济学家间的市场与政府之争或多或少与经济发展或发展中国家不相干。

对后来发展中国家尤其是社会主义国家以及主流经济学影响深远的关于市场与政府的争论，莫过于兰格和哈耶克关于计划经济和市场经济的论战。哈耶克认为，由于市场在处理分散信息中的作用，使得其在资源有效配置上有着政府难以替代的优势。然而，伴随苏联计划经济短暂的成功与西方资本主义社会短暂的大萧条所形成的强烈反差，强调有效需求不足的凯恩斯主义的横空出世对古典自由主义经济学进行了革命，这使得第二次世界大战后第一波结构主义发展经济学思潮对市场极度不信任以及对政府过度热情。不过其后，伴随社会主义计划经济与发展中经济体的艰难历程以及理性预期主义对凯恩斯主义的反革命，这又使得第二波新自由主义发展经济学思潮对政府极度不信任以及对市场过度热情（林毅夫，2012；Lin and Rosenblatt，2012）。然而，实践与理论的深化都使得旧结构主义和新自由主义范式下政府与市场的争论变得更加扑朔迷离。以"华盛顿共识"为代表的新自由主义在发展中国家的实践比旧结构主义更加糟糕（Easterly，2001），以机制设计理论为代表的微观经济学前沿进展也证明在诸多不满足福利经济学第一定理的情景下政府的资源配置效率高于市场（Acemoglu et al.，2008）。机制设计理论视角下的政府与市场关系研究的一个进步主要体现在对具体情景的具体分析，尤其是具体情景因素对政府和市场在资源配置效率优劣比较上的比较静态细节；但遗憾的是，其依然将市场与政府视为一种替代关系。

第二次世界大战后,在每一时期都未遵循当时所谓主流发展思潮的亚洲"四小龙"创造的"东亚奇迹"为研究市场与政府关系提供了新的转机。青木昌彦等(2002)将"东亚奇迹"中市场与政府关系的相关争论归纳为三派:亲善市场论、国家推动发展论、市场增进论。亲善市场论认为民间部门能够解决绝大多数市场缺陷,国家推动发展论视政府干预为解决市场缺陷的主要工具,而市场增进论则强调政府政策的目标被定位于改善民间部门解决协调问题及克服其他市场缺陷的能力。世界银行1993年出版的研究报告《东亚奇迹:经济增长与公共政策》被视为经济发展过程在市场与政府关系争论上的一个分水岭。正如经济学家罗德里克所言,这要感谢世行的研究,人们不再继续坚持认为,是因为东亚地区的政府极少对经济进行干预才使东亚经济如此表现不俗;或者,如果政府不过多干预,东亚经济会得到更快的发展。这一贡献极有价值,因为人们对东亚问题的讨论如今就可以迈上一个更高的台阶了,有了更高层次的共同理解。然而,《东亚奇迹》的这项开创性研究存在一个缺陷:有意无意地忽略了中国奇迹。[①] 为了弥补这一缺陷,新结构经济学的雏形《中国的奇迹:发展战略与经济改革》(林毅夫等,1994)应运而生。该书系统地分析了内生于赶超战略的计划经济体制的形成与转型过程,其1999年的修订版将"东亚奇迹"采取的发展战略称为"比较优势战略",将第二次世界大战后中国以及社会主义国家和拉丁美洲经济所采取的发展战略称为"赶超战略",并对比两者的经验教训,对经济发展中政府的作用做了界定。在实行赶超战略的情况下,为了支持一些不具有自生能力的企业的发展,人为干预经济,扭曲市场和价格信号,用行政手段配置资源是赶超战略的内生要求。因此,政府做出不恰当的行为,以至于伤害经济发展过程,这几乎是必然的;而且,除非改变这种发展战略,否则这种灾难性的政府干预是无法纠正的。与之不同,

---

① 林毅夫在《中国的奇迹:发展战略与经济改革》出版二十周年序中将这一缺陷视为该书的写作动机。

在实行比较优势战略的情况下,政府职能仅限于获取信息提供中的规模经济,以及对外部性提供补贴,这样的干预活动是必要的也是有效的(林毅夫等,2014)。在《新结构经济学》一书中,林毅夫(2012)进一步阐述了政府在结构变迁动态机制中的作用和操作程序,即"增长甄别与因势利导"框架(GIFF)(Lin and Monga,2011)。

2.2.2 新结构经济学中政府与市场关系的争论

"他(林毅夫)的这个努力的起点是把早期经济学家关于比较优势贸易战略的这个思想推广到发展中国家整个经济结构变化升级的全局考虑中,试图构造以符合自身比较优势的发展战略为核心的发展经济学"(张军,2013,第1088页)。在林毅夫(2012)的新结构经济学框架中,虽然"有效市场"和"有为政府"的基本论断是争论的最大公约数,然而具体的发展战略,尤其是产业发展政策,应该遵循还是违背比较优势的简单二元分析范式却面临诸多争议。① 正如张夏准在与林毅夫(Lin and Chang,2009,pp.483—502)辩论时所指出的:"比较优势理论的假设是,对生产某种特定的产品来说,只有一种最好的技术,更重要的是,所有国家都有相同的能力来使用该技术。因此,在比较优势理论中,如果厄瓜多尔不应该生产宝马车,不是因为它不能生产,而是因为这样做有太高的机会成本,因为生产宝马车将使用太多其稀缺的生产要素——资本。然而,这恰好把决定一个国家是否为发达国家的最关键的因素给假设没了,这就是各国开发和利用技术的不同能力或所谓的'技术能力'。最终的结果是,富国富有,穷国贫

---

① 可参考 The World Bank Research Observer 2011 年第 2 期 Krueger、Rodrik、Stiglitz 等的评论和林毅夫的回应;Development Policy Review 2009 年第 5 期林毅夫和张夏准的辩论,以及 2011 年第 3 期围绕新结构经济学"增长甄别与因势利导"框架的专题讨论;《经济学》(季刊)2013 年第 3 期韦森、张曙光、余永定、黄少安、张军等对新结构经济学的评论与林毅夫的回应;《经济资料译丛》2013 年第 1 期文一和王勇对新结构经济学的评论;《南方经济》2014 年第 1 期付才辉的评论;Journal of Economic Policy Reform 2015 年第 1 期关于转型经济学与新结构经济学的关系所做的专题讨论;《制度经济学研究》2015 年付才辉对新结构经济学的系统论述。

穷,是因为前者可以使用并开发技术,而后者不会使用技术,更不用说开发。获得更高技术能力的过程的本质,是一个试图赶上技术更先进国家的过程,必须建立和保护它不具有比较优势的产业。要素积累的发生不是一个抽象的过程,不存在具有普适性的'资本'或'劳动'这样的东西,能让一国积累并配置在任何需要的地方。资本积累是以一定的具体形式进行的,如汽车零部件行业的机床、高炉、纺织机器。这意味着,即使一个国家已经拥有汽车行业所需的资本-劳动比,如果它的资本是以纺织机器等形式积累的,它也不能进入汽车行业。同样,即使一个国家积累的人力资本多于进入汽车行业的需要,如果所有的工程师和工人接受的都是纺织行业的培训,它也不能开始汽车生产。这就是为什么日本不得不用近四十年之久的高关税保护其产业汽车,提供大量的直接和间接补贴,并几乎禁止该行业的外商直接投资,直到该产业在世界市场上变得有竞争力。出于同样的原因,诺基亚集团的电子类子公司,在能赚取任何利润之前,不得不由它的姊妹企业交叉补贴了17年。从18世纪的英国到20世纪的韩国,历史上有诸多这样的例子……我们的主要区别是:林毅夫相信国家干预虽然重要,但应该主要是促进一个国家比较优势的利用;而我则认为,比较优势虽然重要,但不过是一条基线,一个国家要想升级产业,就有必要违背其比较优势。"张夏准的观点与前述国家(地区)推动发展论大同小异。这一观点的拥护者认为,东亚经济中的强政府正是通过故意"将价格弄错"的方式成功地实现了这些目标,促进了产业的繁荣,离开了政府干预,这些都难以实现,例如Amsden(1989)对韩国、Wade(1990)对中国台湾的论述。Amsden(1989)甚至认为,像"金砖国家"这样的大国的产业政策能跨越亚洲的制造业走廊和中东的能源带,实际上其产业政策很可能比林毅夫和孟加所说的更为成功,而不是大部分失败了。不过,一些亲善市场论的拥护者也担心政府善意但过于积极的政策、出手过重的非侵犯性政策组合、不加区别地把以往成功的政策延期等做法会扼杀市场运行的活力,导致猖獗的寻租活动(如Tendulkar and Amsden(2011)的评论)。

这些对新结构经济学的争论,要么忽略结构变迁的后发优势,要么过于强调政治经济学中政府干预所带来的代价,对政府在结构变迁中作用的代价与收益把握得不够精准。据此,付才辉(2014)在一般理论层面上构建了一个发展战略的成本与收益分析框架,用以概括经济发展过程中对有缺陷的市场的干预也可能引发的成本与收益问题。顺此思路,付才辉(2015a)在经典的政府公共服务内生增长模型中分析了政府的部门专用政策在总量增长与结构失衡之间的两难冲突,并将之概括为中国式发展的长期机制。付才辉(2015b)在一个微观协调投资博弈模型与新古典-熊彼特混合增长模型中分析了政府金融干预在诱发产能过剩与促进技术进步之间权衡取舍的理论机制,以此论证发展中国家在通过金融政策来利用后发优势时存在内生的两难困境。

2.2.3 一个拓展的理论分析框架

新结构经济学是关于经济结构及其变迁的新古典框架,核心原理是结构变迁的价格理论,包括以禀赋结构的供给与需求为主要内容的静态和动态一般均衡理论。新结构经济学形成了以禀赋结构升级和生产结构升级为发展过程,以相对价格和自生能力为微观基础,以发挥比较优势和利用后发优势为发展方法,以"有效市场"和"有为政府"为政策导向的一套关于发展与转型的经济结构科学(付才辉,2015c)。作为新结构经济学的理论基础,将新结构经济学的基本原理归纳为三条:结构变迁的基本原理、结构转型的基本原理、结构变迁中政府作用的基本原理。林毅夫和付才辉(2015)还在结构变迁中政府作用的基本原理中归纳了政府的两个最为基本的理想干预维度:在具有外部性的公共禀赋结构升级(如软硬基础设施)和具有溢出效应的生产结构升级中的促进作用。政府干预在第一个维度上争议较少,事实上也已经形成一门成熟的公共经济学。争议主要集中在第二个维度上,仅仅处理溢出效应(如知识溢出、先驱者效应等)的政府干预的理想状态确实难以全面概括复杂的现实。尽管林毅夫(2012)也批评了旧结构主义用"低收入的外围国家""高收入的中心国家"两分法来描述发展中国家和发达国家之间产业结构与技术结构差异的局限性,认为发展中国家与发达国家之间的这种差异反映了处于整个谱线上的不同发展水平,然而"连续可能并非处处可微"——市场自身在连续的每一水平上不见得能够平滑地推进产业结构与技术结构的持续升级。因此,本章主要的研究目的与可能的理论贡献便在于:通过潮涌现象,揭示发展中国家在市场自身不能充分实现由结构变迁后发优势所蕴含的发展机会时政府干预所引发的代价与收益以及市场与政府互动方式的逻辑。图 2.1 概括了这个理论分析框架的关键要点:首先,发展中经济体经济发展的特征决定了发展机会具有后发优势,信息不完全导致的协调困难使得市场自身难以充分利用后发优势;其次,为了充分利用后发优势,政府有动机实施积极的政策组合干预市场,结果就有可能在发展机会与产能过剩之间面临权衡取舍。下面就按照图 2.1 所示的逻辑链条结合中国工业行业的经验例证依次展开分析。①

图 2.1 分析框架

---

① 除了特别说明,后文中涉及的数据主要是中国"十一五"期间工业两位数行业的数据。

2.3 市场自身为何难以充分利用后发优势

我们整个分析框架的逻辑起点是发展中经济体经济发展的特征有所不同。正如林毅夫(2007,第126页)所指出的:"对于一个处于快速发展阶段的发展中国家而言,在产业升级时,企业所要投资的是技术成熟、产品市场已经存在、处于世界产业链内部的产业,发展中国家的企业很容易对哪一个是新的、有前景的产业产生共识,投资上容易出现潮涌现象。"林毅夫等(2010,第6页)在此基础上论证了潮涌现象的微观机制:"全社会对行业的良好前景存在共识,引发大量企业和资金几乎在同一时间涌入一个或几个行业。但投资设厂过程中行业内各企业之间彼此协调困难、对投资总量信息难于估计,导致了事后产能过剩的发生,并造成了行业内企业普遍开工不足、市场价格下降,乃至企业大量亏损破产等严重后果。"林毅夫等(2010)的逻辑链条可归结如下:(1)行业内企业总数目不确定性(用UC代表此概念与变量,后文类似,不再说明)越大,越有可能导致投资潮涌(PS)与产能过剩(CS)(林毅夫等,2010,第9页);(2)企业实际数目(FM)增加,产能利用率下降,越有可能导致产能过剩(CS)(林毅夫等,2010,第12页);(3)随着可预知市场前景的变好及总需求的提升,由行业内企业总数目不确定性(UC)引发的产能过剩(CS)更严重(林毅夫等,2010,12、13页);(4)建厂的边际成本(MC)增加,产能过剩(CS)得以缓和(林毅夫等,2010,第13页);(5)行业企业数目(FM)增加,投资潮涌(PS)与产能过剩(CS),竞争加剧,价格(PP)下行,企业盈利(FP)下滑(林毅夫等,2010,第6、12页);(6)总需求增加,价格(PP)上涨,盈利(FP)增加,但遭到由企业总数目不确定性引发的投资潮涌与产能过剩的破坏(林毅夫等,2010,第13页)。

根据林毅夫等(2010)的上述分析,本书赞同如下假说:由于发展中国家处于前沿内部,市场个体对产业发展机会具有共识以及不完全的企业数目总量信息,从而导致市场协调困难,诱发投资向相似领域潮涌——我们称之为"市场性投资潮涌"。如图 2.2、图 2.3 所示,行业内企业数目不确定性与行业产能利用率负相关,与行业实际总资产增长率正相关。但是,本书并不认为如果市场机制没有遭到干预,"市场协调困难就会诱发严重的投资潮涌与产能过剩,市场价格下降,乃至企业大量亏损破产等严重后果"。因为理性的个体同样能够预期到投资潮涌的严重后果,在面对具有社会共识的发展机会时就会谨慎行事,约束投资冲动,减少投资潮涌与产能过剩的可能性。换言之,发展机会就得不到充分利用。但如果已经观察到较为严重的产能过剩,那就必然存在另外的潮涌通道——我们称之为"政策性产能过剩"。

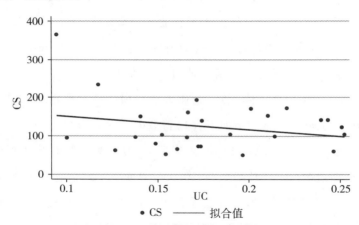

图 2.2　行业内企业数目不确定性(UC)与产能利用率(CS)

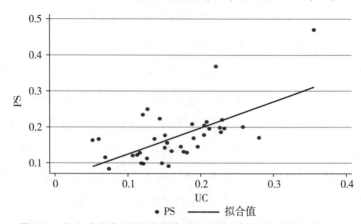

图 2.3　行业企业数目不确定性(UC)与实际总资产增长率(PS)

2.4 潮涌通道的识别与成因

2.4.1 价格通道与成本通道

理论上,在没有外部干预以及其他条件不变的情况下,行业的过度投资与产能过剩会增加产出供给并使价格下降,也会增加对投入的需求并使成本上升,从而盈利下降。如果预期到这一点,市场主体还敢向这些具有可预期前景的产业潮涌,那么必然是预期到潮涌之后产品价格不会严重下行或者要素成本不会严重上行,抑或能够获得亏损补贴,从而不会影响盈利。换言之,除非预期到即便出现投资潮涌与产能过剩也不会出现亏损,否则市场主体会谨慎行事。如图2.4所示,中国在20世纪90年代之后,企业直接获取财政补贴这种计划经济时代司空见惯的做法(显性预算软约束)已经微不足道了。因此,产品价格和要素成本这两种间接方式(隐性预算软约束)就成为可能的主要潮涌通道。

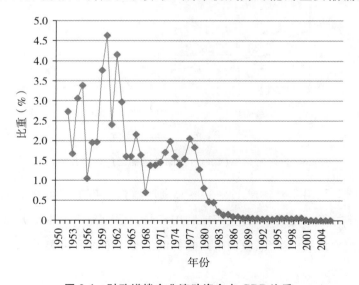

图2.4 财政增拨企业流动资金占GDP比重

资料来源:《新中国六十年统计资料汇编》。

如图 2.5、图 2.6 所示,行业实际总资产增长率与行业实际出厂价格指数正相关,行业产能利用率与行业实际出厂价格指数负相关。据此,我们猜测投资潮涌与产能过剩可能并未迫使价格显著地下行。

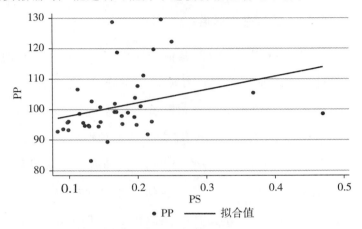

图 2.5　实际总资产增长率(PS)与实际工业品出厂价格指数(PP)

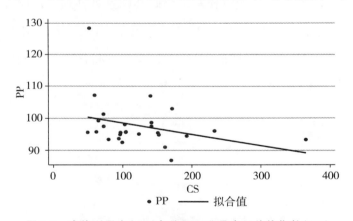

图 2.6　产能利用率(CS)与实际工业品出厂价格指数(PP)

如图 2.7、图 2.8 所示,行业实际总资产增长率与主营业务成本率并未存在明显的正相关关系,行业产能利用率与主营业务成本率也并未存在明显的负相关关系。据此,我们推测投资潮涌与产能过剩可能并未迫使成本显著地上行。

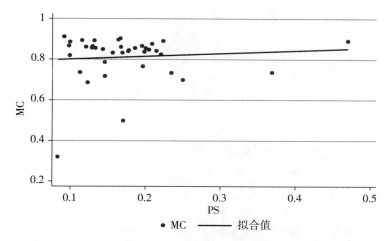

图 2.7　实际总资产增长率(PS)与主营业务成本率(MC)

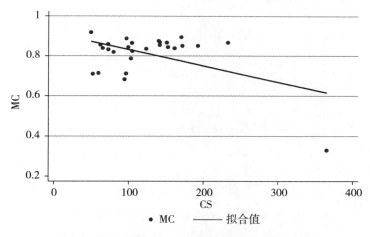

图 2.8　产能利用率(CS)与主营业务成本率(MC)

如图 2.9、图 2.10 所示,行业实际总资产增长率与行业工业成本费用利润率并未存在明显的负相关关系,行业产能利用率与行业工业成本费用利润率也并未存在明显的正相关关系。据此,我们也推演出一个假说:通过价格与成本这两条潮涌通道,即便发生投资潮涌与产能过剩,企业也不见得会出现严重的盈利下滑与亏损。

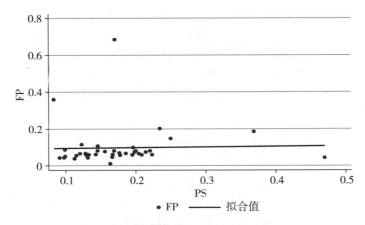

图 2.9　实际总资产增长率（PS）与工业成本费用利润率（FP）

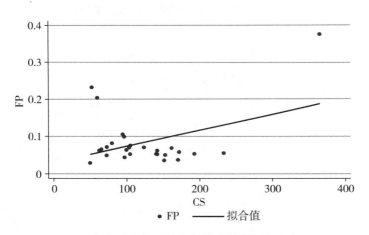

图 2.10　产能利用率（CS）与工业成本费用利润率（FP）

2.4.2　政策闸门：潮涌通道的形成

如果投资潮涌与产能过剩并未引发价格下行、成本上行及利润下滑,那么必定是政府干预了市场机制之故。如图 2.4 所示,在计划经济时期政府直接补贴企业的做法在近期已经很少,显性预算软约束渐渐转变为隐性预算软约束。如表 2.1 和表 2.2 所梳理的,政府通过竞争政策（FM）、产权政策（SOE）、财税政策（TX）和金融政策等政策组合影响产品市场价格和要素成本,扩大所支持企业的利润空间以产生激励,从而形成潮涌的政策通道。

表 2.1 截至 2009 年年底十大产业调整振兴规划已实施的主要政策措施归纳

汽车业	1.6 升及以下乘用车购置税减免,汽车下乡和"以旧换新",技术改造
钢铁业	调整部分产品出口退税率,技术改造,淘汰落后产能,兼并重组
纺织业	调整部分产品出口退税率,信贷融资支持,减轻中小企业负担,技术改造
装备制造业	农机具购置补贴,国产首台套政策,调整部分产品出口退税率,技术改造
船舶业	买方信贷,信贷融资支持,技术改造
电子信息业	3G 网络投资,加强农村广播电视覆盖,家电下乡和"以旧换新",调整部分产品出口退税率,信贷融资支持,技术改造
石化业	国家收储,公平税负,信贷融资支持,完善成品油价格机制
轻工业	国家收储,家电下乡和"以旧换新",调整加工贸易目录,调整部分产品出口退税率,信贷融资支持,大力支持中小企业,技术改造
有色金属业	国家收储,调整部分产品出口退税率,技术改造

资料来源:"'十大产业调整振兴规划'中期评估报告",转引自《中国产业竞争力报告(2010)》,张其仔主编(2010)。

表 2.2 近期中国若干产业发展政策梳理

政策文件	政策闸门
促进产业结构调整暂行规定(2005)	对鼓励类投资项目,提供信贷支持,免征关税和进口环节增值税;对限制类新建项目,禁止投资,不予审批,不得发放贷款,土地管理、工商等部门不得办理有关手续;对淘汰类项目,禁止投资,停止各种形式的授信支持,收回贷款,提高供电价格
国家中长期科学和技术发展规划纲要(2006)	财政投入;税收激励;金融支持;政府采购
高技术产业发展"十一五"规划(2006)	建立健全投融资政策体系;加大税收和政府采购政策扶持力度;完善知识产权和人才政策;扩大国际合作;加强宏观引导和协调
生物产业发展"十一五"规划(2007)	通过财税、金融、投资等政策引导企业增加研究开发投入;加大政策性金融对生物产业的资金支持力度;金融机构给予积极的信贷支持;有利的税收政策;扩大需求;市场准入政策

(续表)

政策文件	政策闸门
可再生能源"十一五"规划(2008)	财政补贴;税收优惠;再生能源发展专项资金;可再生能源开发利用、技术研发和设备生产等给予税收优惠支持;国家有关部门采取财政、税收、价格等综合措施和强制性的市场份额政策;支持生物液体燃料、风电、生物质发电和太阳能发电的技术攻关和技术产业化工作
钢铁产业调整和振兴规划(2009)	出口退税;贸易政策;贷款贴息支持技术改造;加大淘汰落后产能的财政奖励力度;鼓励企业兼并重组;修订钢铁产业政策;提高建筑工程用钢标准;促进上下游及相关产业升级和产品换代;有保有压的融资政策;建立产业信息披露制度;发挥行业协(商)会作用
船舶工业调整和振兴规划(2009)	加大生产经营信贷融资支持;增加船舶出口买方信贷投放;鼓励购买弃船;继续实行增值税退税政策;提前实施纳入国家规划的政府公务性、公益性船舶建造;完善企业兼并重组政策措施;严格控制新增产能;增加高技术船舶科研经费投入
装备制造业调整和振兴规划(2009)	增值税转型政策;中央预算内投资项目要支持自主创新的技术装备;鼓励使用国产首台(套)装备;适当提高部分高技术、高附加值装备产品的出口退税率;税收扶持政策;引导发展高技术、高附加值产品;推进企业兼并重组;购置补贴政策;建立产业信息披露制度
加快发展高技术服务业的指导意见(2011)	财税支持;拓展融资渠道;加大对高技术服务企业提供融资担保的力度;培育市场需求;增强创新能力;加强人才培养;深化对外合作;引导集聚发展
促进民航业发展的若干意见(2012)	财税扶持政策,给予部分飞机、发动机、航空器材等进口税收优惠;支持国内航空租赁业发展;提供优惠的信贷支持,支持民航企业上市融资、发行债券和中期票据
"十二五"国家自主创新能力建设规划(2013)	加强产业政策、财税政策、金融政策等与创新能力建设的衔接协调;企业研发费用加计扣除、企业研发仪器设备加速折旧、进口国内不能生产的研发设施税收减免等税收激励政策;建立和完善知识产权质押贷款、风险投资等投融资政策

资料来源:笔者根据相关政策文件整理。

具体来讲,如图 2.11、图 2.12 所示,行业企业数目与实际工业品出厂价格指数负相关,行业企业数目与主营业务成本率正相关。① 我们推测,这种相关性的背后包含了政府干预的信息。控制行业内企业数目的竞争政策可以影响产品价格和要素成本,此类政策包括淘汰落后产能、行业进入管制、兼并重组等。② 比如,淘汰落后产能貌似是对投资潮涌之后的产能过剩的治理,但实际上预期到淘汰的标准是产量产能规模标准与质量技术规格标准。③ 一方面,在事后确实会淘汰一些中小型企业,减少市场供给提高价格;另一方面,在事前加强中大型企业更大规模的投产,以防止被事后淘汰。又比如,事后兼并重组等救治投资潮涌的支持政策实际上也是减轻投资潮涌的负面后果,等同于放松了事前的决策约束。

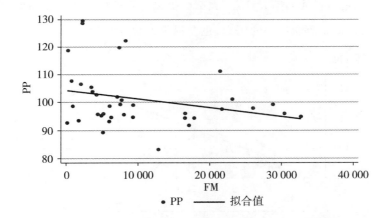

图 2.11　行业企业数目(FM)与实际工业品出厂价格指数(PP)

如图 2.13、图 2.14 所示,税率与实际工业品出厂价格指数正相关,税率与主营业务平均成本率负相关。那么,财税政策也有可能是调节产品价

---

① 一般而言,采用行业市场集中度度量竞争程度更加准确,由于这里采用的是非微观企业的行业数据,因此简单地以企业数目度量竞争程度。

② 例如,2009 年国家发改委等发布的《关于抑制部分行业产能过剩和重复建设引导产业健康发展的若干意见》。

③ 例如,2011 年财政部、工业和信息化部、国家能源局联合印发的《淘汰落后产能中央财政奖励资金管理办法》。

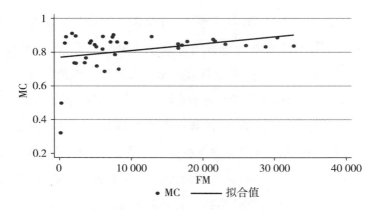

图 2.12 行业企业数目(FM)与主营业务成本率(MC)

格与要素成本的重要手段。在事前,政府为了鼓励企业利用可预期的发展机会,尤其是培育战略新兴产业,大都会提供优惠的财税政策。在事后,政府为了减轻企业产能过剩的压力,也会提供财税政策优惠。

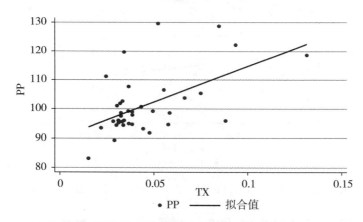

图 2.13 税率(TX)与实际工业品出厂价格指数(PP)

注:该图去掉了烟草制品业,其税率 0.57 异常。

另外一个有趣也是老生常谈的产权政策是国有经济比重问题。如图 2.15、图 2.16 所示,国有经济占行业产值比重与实际工业品出厂价格指数正相关,与主营业务平均成本率负相关。虽然国有企业改制之后,直接财政补贴软化国有企业预算约束的做法已经大为减少,但是国有企业由于与政府的特殊关系而拥有超越市场的权力,这些权力集合能够有效地形成

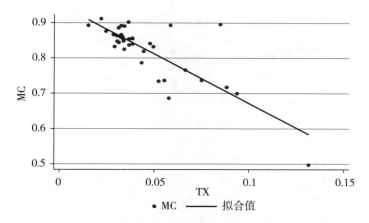

图 2.14 税率(TX)与主营业务平均成本率(MC)

注:该图去掉了烟草制品业,其税率 0.57 异常。

行政性垄断以及市场分割保护,抬高下游销售产品的价格,压低上游供应要素的成本,这实际上也是一种隐性的间接补贴(刘瑞明和石磊,2011;刘瑞明,2012)。

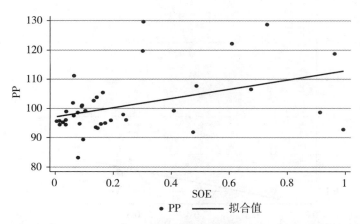

图 2.15 国有经济占行业产值比重(SOE)与实际工业品出厂价格指数(PP)

此外,按理说债务合约对投融资具有较强的约束能力,债务融资(DR)能够约束过度投资冲动(Hart and Moor,1995;Richardson,2006)。但是,如图 2.17、图 2.18 所示,资产负债率与实际行业总资产增长率正相关,与产能利用率负相关。我们猜测,债务合约的治理功能可能由于政府的金融

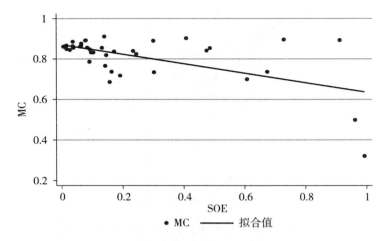

图 2.16 国有经济占行业产值比重（SOE）与主营业务平均成本率（MC）

政策干预,尤其是信贷政策干预而遭到破坏。① 辛清泉和林斌(2006)基于上市公司的数据发现,国有企业债务约束被软化的可能性更大。付才辉(2015b)专门分析了金融干预在产能过剩与技术进步之间的两难困境。

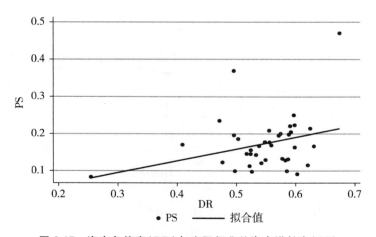

图 2.17 资产负债率（DR）与实际行业总资产增长率（PS）

---

① 例如,2004 年国家发改委等发布的《关于进一步加强产业政策和信贷政策协调配合控制信贷风险有关问题的通知》。

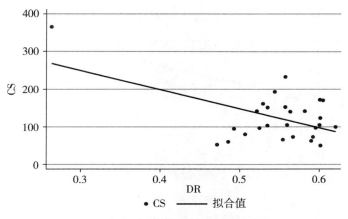

图 2.18 资产负债率(DR)与产能利用率(CS)

2.5 政策组合的权衡取舍：产能过剩与发展机会①

经济发展的本质是产业和技术持续升级，发展机会的核心也在于此（林毅夫,2012）。如图2.19、图2.20所示，实际行业总资产增长率与行业全要素生产率(TFP)增长率正相关，产能利用率与行业TFP增长率负相关。就散点图来看，实际行业总资产增长率越大的工业行业，TFP增长率越大；产能利用率越高的行业，产能过剩越小，TFP增长率越小。

基于前面的分析，我们推演出一个假说：如果将实现技术进步看成获取发展机会，那么这可能意味着投资潮涌和产能过剩与获取发展机会之间存在取舍关系。解释这个关系需要从两个方面来理解。首先，当一个发展机会出现时，总得有人去投资，否则发展机会就不会得到利用。以技术进步和产业升级为表现形式的发展机会要得到实现，就必须实实在在地更新机械设备、引入新的生产流程、组织新的管理方式、拓展新的市场、生产新的产品、培训新的知识、招聘新的员工，等等，而这些都需要投资。许多技术进步都是物化在物资资本或人力资本中的(Caseli and Wilson,2004;

---

① 本节所涉及的初步实证检验可向笔者邮件获取。

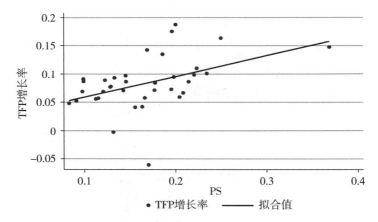

图 2.19 实际行业总资产增长率(PS)与 TFP 增长率

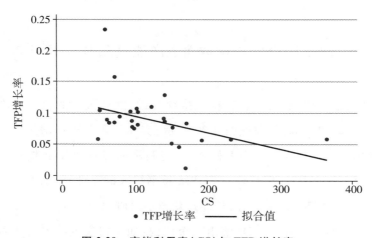

图 2.20 产能利用率(CS)与 TFP 增长率

Aghion and Howitt,2009)。如果不利用这些发展机会,就无须投资。但是,给定一个特定的发展机会,实现充分利用发展机会客观上只需一个最高的投资量,如果超过这个投资量就过度了,从而产生潮涌现象。显然,过度投资部分是多余的,过剩产能也是资源的浪费。因此矛盾就在于,能否不发生由政策引致的投资潮涌或产能过剩便可充分利用发展机会?上述问题的答案是否定的:要充分利用具有社会共识的发展机会,就得松开政策闸门,为投资潮涌形成价格通道与成本通道。前面几个逻辑环节合在一起便构成这一问题的完整命题:首先,由于发展中国家结构变迁处于世界前沿内部，市场对后发优势所蕴含的发展机会具有共识，但不具备完全信息，从而出现协调困难；其次，协调困难诱发的投资潮涌与产能过剩风险使得理性的市场个体谨慎行事；再次，虽然理性市场个体的谨小慎微会约束投资潮涌与产能过剩，但是也会导致对可预期的发展机会利用不足；最后，为了获取可预期的发展机会，政府会实施积极的竞争政策、财税政策、产权政策和金融政策等政策工具干预价格与成本机制，"有意扭曲"的价格与成本就放松了市场约束并提供了额外的激励，为投资潮涌与产能过剩打开了通道，导致了政策引发的产能过剩，但同时促进了发展机会的充分利用。

2.6 光伏产业案例

如果说上述由中国近期数十个工业行业数据的相关性关系以及政策梳理推演出来的逻辑链条略显复杂、不够鲜明，那么中国光伏产业便是鲜活的案例。十几年前，太阳能光伏作为新能源技术在经济前沿经济体获得了科学研究和生产应用的成功，其后便成为许多发展中经济体大力发展的战略性新兴产业。如图2.21所示，中国内地、马来西亚、墨西哥、菲律宾等发展中经济体在2011年迈入了光伏产品出口的前十位，尤其是中国内地可谓争先恐后。早在2001年，中国就出台了《新能源和可再生能源产业发展"十五"规划》，2005年颁布了《中华人民共和国可再生能源法》，通过法律形式规定了价格管制、费用分摊、产业指导、技术支持、推广与应用、经济激励等产业政策，2006年设立了可再生能源专项资金，2007年制订了中长期规划，2009实施了声势浩大的"金太阳工程"，直接对光伏产业投资给予补贴。这些积极的发展政策确实不负众望，2001年中国内地光伏电池产业仅为全球产量的1%左右，到2010年已经超过50%（EPIA数据库）。2007年之前中国内地晶硅光伏相关专利申请量总和为1 868件，2007—2011年则飙升至7 534件，占全球同期晶硅光伏专利申请总量的比重从2.9%增至17.6%（Derwent数据库）。如图2.22所示，中国光伏产品出口出现了井喷式增长。与此同时，中国光伏产业投资潮涌与产能过剩成为毫无争议的事实。

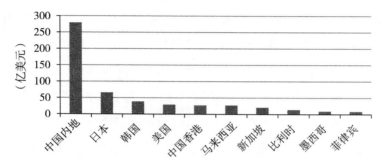

图 2.21　2011 年世界光伏产品出口前十的国家或地区

资料来源：UN Comtrade 数据库。

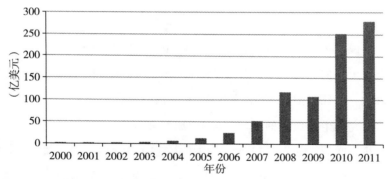

图 2.22　2000—2011 年中国光伏产品的出口额

资料来源：UN Comtrade 数据库。

2.7　结论性评述

正如迈耶（2003，第 24 页）所言："如果有某一主题将在未来发展经济学中占据主导地位，那么同过去一样，这个主题就是国家和市场在减少贫困方面相应的作用。但是，关于国家的作用会出现新的观点。问题将不再是新古典主义观点所认定的市场失灵或政府失灵。未来的分析必须承认新市场失灵，必须对政府政策采用成本-收益分析，必须确定政府行动支持制度和深化市场的方式……目标是让政府做它能做得最好的事。面对的挑战则是如何以最低的代价获取政府行动的好处。"因此，真正的挑战是：置于具体的发展情景中，揭示政府与市场互动的实质和具体方式，这样才能以最小的代价获取政府行动的好处。类似阿德尔曼（2003，第73—94页）提出的命题，"发展过程绝对是高度非线性的"。本章的结论是，经济发展过程中政府与市场的互动关系是高度非线性的，不是简单的谁多谁少的替代关系。市场本质上是由产品价格与要素成本构成的利润所形成的对理性个体的激励机制和协调机制——相对价格效应与收入效应。尽管市场有着惊人的协调能力，但也不是万能的。本章提供了政府干预市场的新理由：自发的市场由于协调问题而无法充分利用发展中国家后发优势所蕴含的发展机会。政府对市场的介入渠道可以归结为产品价格渠道、要素成本渠道与利润渠道。然而，要把具有共识的后发优势转变为发展绩效，发展中国家的发展政策可能会陷入两难困境：积极的发展政策组合通过产品价格渠道、要素成本渠道与利润渠道影响市场的激励机制，虽然能够鼓励理性的市场个体利用发展机会，但放松了市场约束进而诱发了更严重的投资潮涌与产能过剩。这样的两难困境可能是制约发展中国家快速发展的瓶颈。

  良好的发展政策是成本与收益的最优权衡。那些只顾其一而不及其他的简化的论调，比如"市场失灵论"或"政府失灵论"单一地支持或者反对政府干预，对经济发展并无裨益。例如智利，市场化的改革很彻底，按照世界银行公布的"企业营商环境指标"，智利在全球名列前茅，但是其按照"华盛顿共识"改革了三十多年却没有涌现任何新产业而陷入了"中等收入陷阱"（林毅夫，2014）。所以，发展政策不能够因噎废食，不宜以发展政策可能引发的负面后果为理由来否定政府在经济发展过程中发挥积极有为作用的必要性，理性的做法是权衡利害，把握好最优政府干预程度。然而，在每一个发展阶段准确拿捏好发展政策的成本与收益无疑是一门科学也是一门艺术，这也是2015年年底中央经济工作会议指出"产业政策要准"的关键之处。

本章参考文献

Abel, A. B., "Optimal Investment under Uncertainty", *American Economic Review*, 1983, 73(1): 228—233.

Acemoglu, D., *Introduction to Modern Economic Growth*, Princeton: Princeton University Press, 2009.

Acemoglu, D., M. Golosov, and O. Tsyvinski., "Markets Versus Governments", *Journal of Monetary Economics*, 2008, 55 (1): 159—189.

Aghion, P., and P. W. Howitt, *The Economics of Growth*, Cambridge, Ma: MIT Press, 2009.

Aghion, P., M. Dewatripont, and P. Rey, "Competition, Financial Discipline and Growth", *Review of Economic Studies*, 1999, 66(4): 825—852.

Amsden, A. H., *Asia's Next Giant*, New York and Oxford: Oxford University Press, 1989.

Banerjee, A., "A Simple Model of Herd Behavior", *The Quarterly Journal of Economics*, 1992, 107(3): 797—817.

Barham, B., and R. Ware, "A Sequential Entry Model with Strategic Use of Excess Capacity", *Canadian Journal of Economics*, 1993, 26(2): 286—298.

Bart, W. P., "Real Options and Preemption under Incomplete Information", *Journal of Economic Dynamics & Control*, 2003, 27(4): 619—643.

Benoit, J., and V. Krishna., "Dynamic Duopoly: Prices and Quantities", *Review of Economic Studies*, 1987, 54(1): 23—35.

Caselli, F., and D. J. Wilson, "Importing Technology", *Journal of Monetary Economics*, 2004, 51(1): 1—32.

Demirgüc-kunt, A., and R. Levine., "Bank-based and Market-based Financial Systems: Cross-country Comparisons", in A. Demirgüc-kunt and R. Levine (eds.), *Financial Structure and Economic Growth: A Cross-Country Comparison of Banks, Markets, and Development*, Cambridge, Ma: MIT Press, 2011.

Easterly, W., "The Lost Decades: Explaining Developing Countries' Stagnation in Spite of Policy Reform 1980—1998", *Journal of Economic Growth*, 2001, 6(2): 135—157.

Hart, O, and J. Moore, "Debt and Seniority: An Analysis of the Role of Hard Claims in Constraining Management", *American Economic Review*, 1995, 85(3): 567—585.

Hart, O., *Firm, Contract and Financial Structure*, Oxford: Oxford University Press, 1995.

Hartman, R., "The Effects of Price and Cost Uncertainty on Investment", *Journal of Economic Theory*, 1972, 5(2): 258—266.

Hassett, K., and G. Metcalf, "Investment with Uncertain Tax Policy: Does Random Tax Policy Discourage Investment?" *Economic Journal*, 1999, 109(457): 372—393.

Kornai, J., "The Soft Budget Constraint", *Kyklos*, 1986, 39(1), 3—30.

Lin, J. L., "Development Strategy, Viability, and *Economic Convergence*", *Economic Development and Cultural Change*, 2003, 51(2): 277—308.

Lin, J. Y., and C. Monga, "DPR Debate: Growth Identification and Facilitation: The Role of the State in the Dynamics of Structural Change", *Development Policy Review*, 2011, 29 (3): 259—310.

Lin, J. Y., and D. Rosenblatt, "Shifting Patterns of Economic Growth and Rethinking Development", *Journal of Economic Policy Reform*, 2012, 15 (3): 171—94.

Lin, J. Y., and H. Chang, "DPR Debate: Should Industrial Policy in Developing Countries Conform to Comparative Advantage or Defy It?" *Development Policy Review*, 2009, 27 (5): 483—502.

Nickell, S. J., "Competition and Corporate Performance", *Journal of Political Economy*, 1996, 4(4): 724—746.

Pindyck, R. S., "Irreversible Investment, Capacity Choice and Value of the Firm", *American Economic Review*, 1988, 78(5): 969—985.

Richardson, S., "Over-investment of Free Cash Flow", *Review of According Studies*, 2006, 11(2—3): 159—189.

Rodrik, D., "Comments on 'New Structural Economics' by Justin Lin", *World Bank Research Observer*, 2011, 26(2): 227—229.

Tendulkar, S. D., and A. Amsden, "DPR Debate: Growth Identification and Facilitation: The Role of the State in the Dynamics of Structural Change", *Development Policy Review*, 2011, 29(3): 259—310.

Wade, R., *Governing the Market*. Princeton, NJ: Princeton University Press, 1990.

艾尔玛·阿德尔曼,"发展理论中的误区及其对政策的含义",载《发展经济学前沿:未来展望》,杰拉尔德·迈耶、约瑟夫·斯蒂格利茨主编,本书翻译组译,北京:中国财政经济出版社,2003年。

安同良、周绍东、皮建才,"R&D补贴对中国企业自主创新的激励效应",《经济研究》,2009年第10期,第87—98页。

付才辉,"发展战略的成本与收益:一个分析框架",《南方经济》,2014年第1期,第29—48页。

付才辉、林民书,"合约时间",《制度经济学研究》,2012年第2期,第24—56页。

付才辉a,"为增长而失衡——中国式发展的经验与理论",《南开经济研究》,2015年第6期,第3—38页。

付才辉b,"金融干预的成本与收益:产能过剩与技术进步",《当代经济科学》,2015年第4期,第1—13页。

付才辉c,"构建我国自主创新的新结构经济学学科体系——综述、架构与展望",《制度经济学研究》,2015年第4期,第1—80页。

格里高利·曼昆,《宏观经济学》,张帆和梁晓钟译,北京:中国人民大学出版社,2005年。

耿强、江飞涛、傅坦,"政策性补贴、产能过剩与中国的经济波动——引入产能利用率RBC模型的实证检验",《中国工业经济》,2011年第5期,第27—36页。

国务院发展研究中心《进一步化解产能过剩的政策研究》课题组,"当前我国产能过剩的特征、风险及对策研究——基于实地调研及微观数据的分析",《管理世界》,2015年第4期,第1—10页。

韩国高、高铁梅、王立国等,"中国制造业产能过剩的测度、波动及成因研究",《经济研究》,2011年第12期,第18—30页。

杰拉尔德·迈耶,"老一代发展经济学家和新一代发展经济学家",载《发展经济学前沿:未来展望》,杰拉尔德·迈耶、约瑟夫·斯蒂格利茨主编,本书翻译组译,北京:中国财政经济出版社,2003年。

林民书、付才辉,"竞争动力:对新古典与奥地利竞争理论的一个融合",《华南师范大学学报(社会科学版)》,2012年第6期,第149—156页。

林毅夫,"潮涌现象与发展中国家宏观经济理论的重新构建",《经济研究》,2007年第1

期,第126—131页。

林毅夫,《新结构经济学——反思经济发展与政策的理论框架》,苏剑译,北京:北京大学出版社,2012年。

林毅夫、蔡昉、李周,《中国的奇迹:发展战略与经济改革》,上海:上海三联书店,2014年。

林毅夫、付才辉,"新结构经济学导论",北京大学新结构经济学研究中心讲义,2015年。

林毅夫、巫和懋、邢亦青,"'潮涌现象'与产能过剩的形成机制",《经济研究》,2010年第4期,第4—19页。

刘瑞明,"国有企业、隐性补贴与市场分割:理论与经验证据",《管理世界》,2012年第4期,第21—32页。

刘瑞明、石磊,"上游垄断、非对称竞争与社会福利——兼论大中型国有企业利润的性质",《经济研究》,2011年第11期,第86—96页。

聂辉华、谭松涛、王宇锋,"创新、企业规模和市场竞争:基于中国企业层面的面板数据分析",《世界经济》,2008年第7期,第57—66页。

青木昌彦、奥野正宽、冈崎哲二,《市场的作用 国家的作用》,林家彬等译,北京:中国发展出版社,2002年。

邵敏、包群,"外资进入是否加剧中国国内工资扭曲:以国有工业企业为例",《世界经济》,2012年第10期,第3—24页。

辛清泉、林斌,"债务杠杆与企业投资:双重预算软约束视角",《财经研究》,2006年第7期,第73—83页。

张军,"'比较优势说'的拓展与局限——读林毅夫新著《新结构经济学》",《经济学》(季刊),2013年第3期,第1087—1094页。

张其仔,《中国产业竞争力报告(2010)》,北京:社会科学文献出版社,2010年。

张维迎、马捷,"恶性竞争的产权基础",《经济研究》,1999年第6期,第11—20页。

周黎安,"晋升博弈中政府官员的激励与合作——兼论我国地方保护主义和重复建设问题长期存在的原因",《经济研究》,2004年第6期,第33—40页。

周业安、章泉,"财政分权、经济增长和波动",《管理世界》,2008年第3期,第6—15页。

3

金融干预的成本与收益:产能过剩与技术进步[①]

3.1 引 言

伴随着投资潮涌与产能过剩,中国许多工业行业出现了严重的产能利用不足。[②] 投资潮涌与产能过剩现象可能并非中国特有。正如林毅夫(2007)所指出的,对于一个处于快速发展阶段的发展中国家而言,在产业升级时,企业所要投资的是技术成熟、产品市场已经存在、处于世界产业前沿内部的产业,发展中国家的企业很容易对哪一个是新的、有前景的产业产生共识,投资上容易出现"潮涌现象",许多企业的投资像波浪一样,一波接着一波涌向相同的某个产业。在发达国家偶然出现的产能过剩,在快

[①] 本章首发于《当代经济科学》2015年第4期。感谢中国建设银行何建勇博士的有益修改建议。

[②] 关于产能过剩的界定,在宏观层面主要是指经济活动没有达到正常限度的产出水平,从而使资源未得到充分利用;在微观层面主要是指实际产出低于生产能力,在达到一定程度时形成生产能力过剩(林毅夫等,2010)。产能利用率定义为实际产出与设计生产能力的比值,反映企业生产资源的利用程度。中国尚未有一个统一的产能过剩判断标准,根据欧美国家的经验,产能利用率的正常值为79%—83%,超过90%则认为生产设备出现超负荷,低于79%则说明可能出现产能过剩(韩国高等,2007)。

速发展的发展中国家不仅表现严重,还可能在一系列行业一波接一波地出现(林毅夫等,2010)。

投资潮涌与产能过剩现象背后是否蕴含着具有普遍性的发展规律呢？已有的市场失灵论和政府失灵论两派文献均给出了解释。市场失灵论将该现象归咎于产品需求和要素成本价格信息的不确定性(Pindyck,1988)、寡头竞争(Barham and Ware,1992)、行业企业数目不确定性(林毅夫等,2010)和羊群效应(Banerjee,1992)等信息不完全、竞争不完全、协调失灵及非理性行为等市场自身的因素。政府失灵论则强调软预算约束(Kornai,1986)、政策随意性(Hassett and Metcalf,1999)、产权扭曲(张维迎和马捷,1996)、晋升激励(周黎安,2004)、政策补贴(刘西顺,2006)和体制扭曲(周业樑和盛文军,2007)等政府因素。

更进一步地,林毅夫等学者在一系列研究中论证了发展中国家的最优金融结构(林毅夫,2012)。他们认为,金融需求内生于产业结构,而产业结构又取决于资源禀赋结构。对于发展中经济体而言,要素禀赋结构中劳动力相对充足而资本相对稀缺,劳动密集型产业和资本密集型产业的劳动密集环节具有比较优势,因而应该在经济体中占据主导地位。如果政府实施违背比较优势的赶超战略,优先发展资本密集型产业,就势必需要通过金融政策干预、扭曲金融结构来为不符合比较优势的产业融资(林毅夫等,2009)。新结构经济学的观点得到了一定程度的跨国实证支持(Demirgüç-kunt et al.,2011)。事实上,中国的产能过剩行业大都集中在资本密集的重化工业(韩国高等,2011)。因此,投资潮涌与产能过剩可能就是对最优金融结构受到政策干预的反应。

新结构经济学主张的政府干预仅限于弥补市场在软硬基础设施协调和先驱者外部性等层面的失灵,而不能违背比较优势(林毅夫等,2009)。当然,出于各种更加微细的理由,许多人并不是比较优势理论的忠实信徒。正如张夏准在与林毅夫(Chang and Lin,2009,pp.483—502)辩论时所指出的:"比较优势理论的假设是,对生产某种特定的产品来说,只有一种最好的技术；更重要的是，所有国家都有相同的能力来使用该技术。因此，在比较优势理论中，如果厄瓜多尔不应该生产宝马车，不是因为它不能生产，而是因为这样做有太高的机会成本，因为生产宝马车将使用太多其稀缺的生产要素——资本。然而，这恰好把决定一个国家是否为发达国家的最关键的因素给假设没了，这就是各国开发和利用技术的不同能力或所谓的技术能力。最终的结果是，富国富有，穷国贫穷，是因为前者可以使用并开发技术，而后者不会使用技术，更不用说开发。获得更高技术能力的过程的本质，是一个试图赶上技术更先进国家的过程，必须建立和保护它不具有比较优势的产业。要素积累的发生不是一个抽象的过程，不存在具有普适性的'资本'或'劳动'这样的东西，能让一国积累并配置在任何需要的地方。资本积累是以一定的具体形式进行的，如汽车零部件行业的机床、高炉、纺织机器。这意味着，即使一个国家已经拥有汽车行业所需的资本-劳动比，如果它的资本是以纺织机器等形式积累的，它也不能进入汽车行业。同样，即使一个国家积累的人力资本多于进入汽车行业的需要，如果所有的工程师和工人接受的都是纺织行业的培训，它也不能开始生产汽车。这就是为什么日本不得不用近四十年之久的高关税保护其产业汽车，提供大量的直接和间接补贴，并几乎禁止该行业的外商直接投资，直到该产业在世界市场上变得有竞争力。出于同样的原因，诺基亚集团的电子类子公司，在能赚取任何利润之前，不得不由它的姊妹企业交叉补贴了 17 年。从 18 世纪的英国到 20 世纪的韩国，历史上有诸多这样的例子……我们的主要区别是，林毅夫相信国家干预虽然重要，但应该主要是促进一个国家比较优势的利用；而我则认为，比较优势虽然重要，但不过是一条基线，一个国家要想升级产业，就有必要违背其比较优势。"

当然，新结构经济学的核心旨在揭示由禀赋结构升级驱动生产结构升级的发展本质，政府在结构变迁过程中的复杂性仍须深入剖析。在细节上，我们撇开违背比较优势可能带来的其他更加复杂的成本与收益的细枝末节争论，只要承认违背比较优势就可能产生代价并获得收益，那么理论上,发展战略对静态比较优势应该有一个最优偏离度,由成本与收益共同决定。同理,金融干预也应该有一个最优程度,由成本与收益共同决定。中国产能过剩行业的技术水平大都较高(韩国高等,2011),如果说产能过剩是金融干预的一种代价,那么技术进步则可被视为金融干预的一种收益。据此思路可以发现,前述市场失灵论强调了政府干预的收益,而政府失灵论则强调了政府干预的成本。两者可融合在一个统一框架内。诚如市场失灵论所论断的,市场失灵确实可能会诱发投资潮涌,尤其是在发展中国家对于投资机会大都有共识而市场个体又不具备总量信息的条件下;但是,理性的市场个体或多或少也能预期到投资潮涌而谨慎行事,尤其是在面临严格的金融约束时,产能过剩就未必是市场失灵的结果。反观政府失灵论,理性的个体在预期到市场协调困难之后,谨小慎微可能会使后发优势所蕴含的发展机会转瞬即逝,在充分利用发展机会上,市场确实有可能失灵;因此为了充分利用后发优势,政府有必要为市场个体提供投资政策支持,但金融干预放松了市场个体的金融约束,为投资潮涌和产能过剩提供了金融通道。这其实就是新自由主义发展观强调的政府干预所导致的代价,但其可能忽略了金融干预确实有促进技术进步的作用。因此,投资潮涌与产能过剩可被视为金融干预的成本,技术进步则可被视为金融干预的收益。良好的金融政策应该是成本与收益的最优权衡,而不是市场失灵论与政府失灵论那样片面论之。①

本章接下来将基于中国工业行业经验及金融政策特征,分析金融干预、投资潮涌和产能过剩、技术进步三者之间的经验逻辑,并在一个资本积累和创新的新古典-熊彼特混合增长模型中加入投资协调博弈,揭示其中的理论机制,然后通过计量模型进行实证检验,最后是结论与政策建议。

---

① 当然,在理论上立论极端并无不可,比如 2013 年诺贝尔经济学奖得主中的法玛就强调有效金融市场,而席勒却强调金融市场的非理性行为,但现实世界中可能是二者兼有之。

3.2 中国工业行业经验的特征

图 3.1 是我们在发现金融干预、投资潮涌和产能过剩、技术进步三者之间的经验逻辑时需要涉及的几个主要变量。从中可以看到,平均行业总资产增长率高达 17%,投资确实有些过热;平均行业全要素生产率增长率达 8%,取得的技术进步也不容忽视;平均行业资产负债率达 54%,信贷与信贷政策在投资中的作用确实不可小觑。

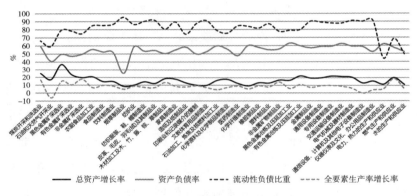

图 3.1 "十一五"期间中国工业行业的总资产增长率、资本结构、债务结构和技术进步

资料来源:根据《中国统计年鉴》(2005—2010 年)测算,以 2005 年为不变价格,具体说明参见第 4 节。

进一步地,由图 3.2—图 3.5 易发现以下两个特征:

特征 1:总资产增长率、产能过剩与技术进步正相关。如图 3.2、图 3.3 所示,实际总资产增长率越高的行业,全要素增长率越高;产能利用率越高的行业,产能过剩越小,全要素生产率增长率越低。

特征 2:资产负债率与总资产增长率、产能过剩正相关。如图 3.4、图 3.5 所示,资产负债率越高的行业,实际行业总资产增长率越高;产能利用率越低,产能过剩越大。

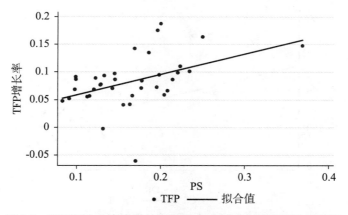

图 3.2　实际行业总资产增长率（PS）与全要素生率（TFP）增长率

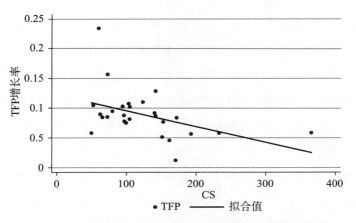

图 3.3　产能利用率（CS）与全要素生率（TFP）增长率

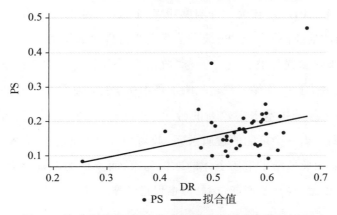

图 3.4　资产负债率（DR）与实际行业总资产增长率（PS）

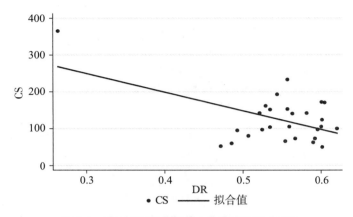

图 3.5 资产负债率（DR）与产能利用率（CS）

当然，简单的相关关系并不代表因果关系，需要进一步的理论分析。特征 1 与新古典-熊彼特混合增长模型的预测是一致的。该模型认为，资本积累和创新不应被视为增长过程的两个不同的驱动因素，而是同一过程的两个方面（Aghion and Howitt, 2009）。因为新的技术几乎总要体现在新的物资资本中，而如果要使用这些新技术，就必须积累这些资本，反映出物化的全要素生产率的思想（Caselli and Wilson, 2004）。

然而，特征 2 却与不完全合同理论不符。该理论认为，债务合约具有很强的投资约束功能（Aghion and Bolton, 1992; Hart, 1995; Hart and Moore, 1995）。新制度经济学则认为，制度环境的变化会影响合约的功能（付才辉和林民书，2012）。作为一种制度环境，金融干预会破坏债务合约的治理功能。新政治经济学则提出，政府干预企业的目的不外乎充当攫取之手以寻租（李维安和钱先航，2012）。与"政治观"不同，新结构经济学认为，金融干预的主要目的是保证赶超战略下资本密集型产业优先发展，而资本密集型行业大都是技术水平较高的行业（林毅夫等，2009）。结合以上两个特征，我们提出一个可能的逻辑关系：政府为促进技术进步而实施积极的金融干预，由此放松了市场个体的融资约束，而宽松的融资约束为投资潮涌提供了通道，导致了产能过剩，但也促进了技术进步。

3.3 金融政策的产业发展性质与干预形式

上述逻辑关系的一个重要假定是金融干预具有产业发展政策的性质。只需对中国相关金融政策进行简要的梳理便可知这个假定的合理性。

首先,在总体金融政策规划上具有明显的产业发展取向。例如,中国人民银行明确规定信贷政策大致包含四方面内容:一是与货币信贷总量扩张有关,政策措施影响货币乘数和货币流动性;二是配合国家产业政策,通过贷款贴息等多种手段,引导信贷资金向国家政策鼓励和扶持的地区及行业流动,以扶持这些地区及行业的经济发展;三是限制性的信贷政策,通过"窗口指导"或引导商业银行通过授信额度调整、信贷风险评级和风险溢价等方式,限制信贷资金向某些产业、行业及地区过度投放,体现扶优限劣原则;四是制定信贷法律法规。从中可以看到,信贷政策的第二、三个方面直接表现为产业发展政策。2008年,国务院办公厅出台了《国务院办公厅关于当前金融促进经济发展的若干意见》。2010年,国务院办公厅出台的《国务院关于加快培育和发展战略性新兴产业的决定》,其第七部分明确了五条财税金融扶持政策,其中第三条明确规定:"鼓励金融机构加大信贷支持。引导金融机构建立适应战略性新兴产业特点的信贷管理和贷款评审制度。积极推进知识产权质押融资、产业链融资等金融产品创新。加快建立包括财政出资和社会资金投入在内的多层次担保体系。积极发展中小金融机构和新型金融服务。综合运用风险补偿等财政优惠政策,促进金融机构加大支持战略性新兴产业发展的力度。"

其次,具体的产业政策中具有针对性的金融配套政策。例如,2009年国务院办公厅出台的《有色金属产业调整和振兴规划》,其政策措施的第三条就明确规定:"新增中央投资中安排专项资金,以贷款贴息形式支持有色金属产业技术研发和技术改造。加大节能技术改造财政奖励支持力度,鼓励、引导企业积极推进节能技术改造。"第九条明确规定:"继续实施有保有压的融资政策。加大对有色金属骨干企业的融资支持力度,对符合产业政策与环保、土地法律法规以及投资管理规定的项目,以及实施并购、重组、'走出去'和技术改造的企业,在发行股票、企业债券、公司债以及银行贷款等方面给予支持。对违法违规建设、越权审批的项目和产能落后企业,继续实施限制融资等措施。"又如,2009年国务院办公厅出台的《纺织工业调整和振兴规划》,其政策措施的第六条规定,对一些基本面较好、带动就业明显、有竞争力、有市场、有订单但暂时出现经营和财务困难的纺织企业,金融机构要加大信贷支持力度,允许将到期的贷款适当展期。

  从这些国家层面的金融政策文件中,我们可以看到鲜明的产业发展目标,并且促进技术进步是其主要目标。在金融干预的具体渠道上,银行等间接的金融机构是政策干预的主要渠道,对股市等直接的金融市场的干预则相对次要。这与发展中国家诸如股市等直接的融资市场一般相对落后、政府干预的重点集中在信贷配给上的事实是一致的。在具体的金融干预形式上,主要表现为"窗口指导""贴息""展期"等。在地方政府层面上,金融干预的渠道可能更加广泛,而金融干预的形式则可能更加深入而直接。李维安和钱先航(2012)发现,地方官员的治理特征显著地影响城市商业银行的信贷投放,官员也可以直接干预其辖区的银行信贷。诸如此类的金融干预尤其是信贷干预,妨碍了金融市场上债权人和债务人之间缔约自由的融资契约。融资契约被外部的三方干预之后,其治理作用就被扭曲了。在信贷市场上,不完全合同理论虽然证明了债务合约优先偿还权以及硬性的破产约束,但是如果债权人的权利与债务人的义务被第三方削弱,那么债务合约对投资的约束作用就被放松了。宽松的金融约束就为投资潮涌和产能过剩提供了通道。

  根据前述经验特征,我们先构建一个简洁的投资博弈模型,分析金融干预在促进技术进步与诱发投资潮涌和产能过剩之间两难困境的机制。然后在此基础上构造一个纳入政府政策的新古典-熊彼特混合增长模型,说明其动态的发展机制。

3.4 微观投资协调博弈模型

3.4.1 博弈结构

考虑如下博弈:在某个边际临界值处,处于产业前沿内部的发展中国家某一个产业出现了新的可盈利性技术前景,有企业 A 与企业 B 可以投资。如果二者同时进入,产出超过市场需求而出现产能过剩,则会导致每个企业都亏损(标准化为-1)。政府对企业 A 实施金融政策 $\theta_A \in [-1,1]$,对企业 B 实施金融政策 $\theta_B \in [-1,1]$,如果 $\theta \in \{\theta_A, \theta_B\}$ 为正则意味着放松了对企业的金融约束,为负则意味着收紧了对企业的金融约束;如果一个企业进入、另一个企业不进入,则盈利机会归进入者所有;如果都不进入,则产业发展机会丧失。博弈收益矩阵如表 3.1 所示,其中 $a>0$、$b>0$。假设每个企业对其他企业是否投资没有确定的信息,只在概率意义上给出判断——这是博弈的共同知识。企业 A 投资的概率为 q,不投资的概率为 $1-q$;企业 B 投资的概率为 p,不投资的概率为 $1-p$。①

表 3.1 收益矩阵

企业 B ＼ 企业 A	投资	不投资
投资	$-1+\theta_A, -1+\theta_B$	$0, b$
不投资	$a, 0$	$0, 0$

3.4.2 博弈结果

给定企业 B 的混合策略 $M_B = (p, 1-p)$,企业 A 选择投资的期望收益

---

① 若视政策变量(θ_A, θ_B)为随机变量,则该博弈就为不完全信息博弈。根据海萨尼的纯化定理,完全信息的混合策略均衡可以解释为稍受扰动而引发的不完全信息博弈的纯策略均衡的极限。

为 $(\theta_A-1)p+(1-p)a$, 选择不投资的收益为 0, 则均衡为 $p^* = \dfrac{a}{1+a-\theta_A}$。给定企业 A 的混合策略 $M_A = (q, 1-q)$, 企业 B 选择投资的期望收益为 $(\theta_B-1)q+(1-q)b$, 选择不投资的收益为 0, 则均衡为 $q^* = \dfrac{b}{1+b-\theta_B}$。因此, 博弈的混合策略纳什均衡为:

$$M^* = (M_A^*, M_B^*) = \left\{ \left(\frac{b}{1+b-\theta_B}, \frac{1-\theta_B}{1+b-\theta_B} \right), \left(\frac{a}{1+a-\theta_A}, \frac{1-\theta_A}{1+a-\theta_A} \right) \right\} \quad (3.1)$$

因此, 产业发生投资潮涌与产能过剩的概率为:

$$\beta = p^* \times q^* = \frac{ab}{(1+a-\theta_A)(1+b-\theta_B)} \quad (3.2)$$

丧失技术进步机会的概率为:

$$\gamma = (1-p^*) \times (1-q^*) = \frac{(1-\theta_A)(1-\theta_B)}{(1+a-\theta_A)(1+b-\theta_B)} \quad (3.3)$$

3.4.3 政策闸门在发展机会与投资潮涌上的两难取舍

对式(3.2)中的概率 β 关于政策闸门 $\theta \in \{\theta_A, \theta_B\}$ 求偏导数可得:

$$\begin{aligned} \frac{\partial \beta}{\partial \theta_A} &= \frac{ab}{(1+b-\theta_B)} \times \frac{1}{(1+a-\theta_A)^2} > 0 \\ \frac{\partial \beta}{\partial \theta_B} &= \frac{ab}{(1+a-\theta_A)} \times \frac{1}{(1+b-\theta_B)^2} > 0 \end{aligned} \quad (3.4)$$

对式(3.3)中的概率 γ 关于政策闸门 $\theta \in \{\theta_A, \theta_B\}$ 求偏导数可得:

$$\begin{aligned} \frac{\partial \gamma}{\partial \theta_A} &= -\frac{(1-\theta_B)a}{(1+b-\theta_B)(1+a-\theta_A)} < 0 \\ \frac{\partial \gamma}{\partial \theta_B} &= -\frac{(1-\theta_A)b}{(1+a-\theta_A)(1+b-\theta_B)} < 0 \end{aligned} \quad (3.5)$$

因此, 由 $\dfrac{\partial \beta}{\partial \theta} > 0$ 与 $\dfrac{\partial \gamma}{\partial \theta} < 0$(其中 $\theta \in \{\theta_A, \theta_B\}$)可知:

命题 1 松开金融政策闸门($\theta \in \{\theta_A, \theta_B\}$ 变大), 丧失技术进步机会的

概率变小(γ 变小),但是诱发投资潮涌与产能过剩的概率变大(β 变大);反之,关紧金融政策闸门($\theta \in \{\theta_A, \theta_B\}$ 变小),诱发投资潮涌与产能过剩的概率变小(β 变小),但是丧失技术进步机会的概率变大(γ 变大)。

该命题说明:发展中国家的金融政策在利用后发优势所蕴含的具有共识的技术进步机会时存在两难困境。在两个极端情况下,若金融政策闸门完全敞开($\theta_A = 1$、$\theta_B = 1$),产业一定会发生投资潮涌与产能过剩($\beta = 1$);但也会完全获得技术进步的机会($\gamma = 0$);反之,若金融政策闸门完全关闭($\theta_A = 0$、$\theta_B = 0$),产业发生投资潮涌与产能过剩的概率最小($\beta = \frac{ab}{(1+a)(1+b)}$),但同时丧失技术进步机会的概率最大($\gamma = \frac{1}{(1+a)(1+b)}$)。进一步地,在金融政策闸门完全关闭时,发生投资潮涌与产能过剩的概率依然不为0,它是信息不完全造成市场自发协调困难的结果,这一点支持市场失灵论。金融政策闸门松开会使发生投资潮涌和产能过剩的概率变大,这与政府失灵论观点一致,但同时获得技术进步机会的概率也变大。综合来看,为了充分利用后发优势所蕴含的技术进步机会,政府有必要提供政策支持以鼓励市场个体积极投资技术进步机会;宽松的融资约束为投资潮涌和产能过剩提供了通道,但也促进了技术进步。概言之,产能过剩和技术进步可被视为金融干预的成本与收益。

3.5 宏观新古典-熊彼特混合增长模型

上述微观投资协调博弈模型的长处是便于揭示信息不完全导致的微观市场协调困难,但无法深入揭示投资与技术进步之间的动态机制。接下来,我们继续在此基础上展开分析金融政策在宏观层面的资本积累与技术进步之间的两难困境。模型的基本思想是,积极的金融干预政策诱发的过度投资有利于资本积累,资本积累则有利于降低创新或技术进步的成本。

3.5.1 新古典资本演化方程

由式(3.1)给出的投资协调博弈的混合策略纳什均衡,我们可知总的期望投资为:

$$E(I) = \beta(I_A + I_B) + \zeta I_A + \psi I_B \tag{3.6}$$

其中,β 表示两个投资者都投资的概率[式(3.2)]。

只有投资者 A 投资的概率为:

$$\zeta = q^* \times (1-p^*) = \frac{b}{1+b-\theta_B} \times \frac{1-\theta_A}{1+a-\theta_A} \tag{3.7}$$

只有投资者 B 投资的概率为:

$$\psi = p^* \times (1-q^*) = \frac{a}{1+a-\theta_A} \times \frac{1-\theta_B}{1+b-\theta_B} \tag{3.8}$$

然后,对式(3.7)关于政策闸门 $\theta \in \{\theta_A, \theta_B\}$ 求偏导数可得:

$$\frac{\partial \zeta}{\partial \theta_A} = -\frac{ab}{(1+b-\theta_B)(1+a-\theta_A)^2}$$

$$\frac{\partial \zeta}{\partial \theta_B} = \frac{b(1-\theta_A)}{(1+a-\theta_A)(1+b-\theta_B)^2} \tag{3.9}$$

对式(3.8)关于政策闸门 $\theta \in \{\theta_A, \theta_B\}$ 求偏导数可得:

$$\frac{\partial \psi}{\partial \theta_A} = \frac{a(1-\theta_B)}{(1+b-\theta_B)(1+a-\theta_A)^2}$$

$$\frac{\partial \psi}{\partial \theta_B} = -\frac{ab}{(1+a-\theta_A)(1+b-\theta_B)^2} \tag{3.10}$$

对式(3.6)关于政策闸门 $\theta \in \{\theta_A, \theta_B\}$ 求偏导数,并代入式(3.4)、式(3.9)、式(3.10)可得:

$$\frac{\partial E(I)}{\partial \theta_A} = \frac{ab + a(1-\theta_B)}{(1+b-\theta_B)(1+a-\theta_A)^2} I_A > 0$$

$$\frac{\partial E(I)}{\partial \theta_B} = \frac{ab + b(1-\theta_A)}{(1+a-\theta_A)(1+b-\theta_B)^2} I_B > 0 \tag{3.11}$$

再记 t 期的总资本存量为 K_t,则资本演化的新古典方程为:

$$K_{t+1} - K_t = E(I_t) - \delta K_t \qquad (3.12)$$

其中,δ 为固定的资本折旧率。式(3.12)即净投资等于期望总投资减去折旧。

不妨记产出-投资率或者储蓄率为:

$$s(\theta) = E(I_t)/Y_t \qquad (3.13)$$

其中,Y_t 为可以以资本形式存储的最终产品。与传统的新古典模型思路一样,产出-投资率或者储蓄率被假定为外生于消费或者产出 Y_t 的。这样的简化处理意味着政策闸门变量 θ 只通过影响期望投资来影响实际的投资率,或者投资率只内生于前面的投资协调博弈。

再将式(3.13)代入式(3.12),可得常见的新古典资本积累方程:

$$K_{t+1} - K_t = s(\theta) Y_t - \delta K_t \qquad (3.14)$$

从式(3.11)可以看到,政策闸门可以影响总的期望投资水平,再由式(3.12)至式(3.14)可以进一步看到,政策闸门会影响资本积累。

3.5.2 熊彼特发展过程

接下来我们再纳入 Aghion and Howitt(1998,2009)创建的熊彼特模型,分析政策闸门在与资本积累相关联的投资潮涌和与创新相关联的发展机会之间的权衡问题。

假定式(3.13)中的最终产品在完全竞争条件下由以下劳动增进型技术方式生产:

$$Y_t = L^{1-\alpha} \int_0^1 A_{it}^{1-\alpha} x_{it}^{\alpha} di \qquad (3.15)$$

其中,$\alpha \in (0,1)$;x_{it} 表示中间产品 i 的投入量,中间产品是连续的,指标区间为 $[0,1]$;生产率参数 A_{it} 表示产品质量,故也被称为熊彼特质量阶梯模型。为节约符号,不妨令 $L=1$,因此总量与人均量的表示符号相同。

按式(3.15)及 $L=1$ 的假定,每一种中间产品产出的最终产品遵循以下生产函数:

$$Y_{it} = A_{it}^{1-\alpha} x_{it}^{\alpha} \tag{3.16}$$

因此，式(3.16)的边际产出或以最终产品表示的价格为：

$$p_{it} = MY_{it} = \alpha A_{it}^{1-\alpha} x_{it}^{\alpha-1} \tag{3.17}$$

又假定投入资本并使用线性技术生产每一种中间产品：

$$x_{it} = K_{it} \tag{3.18}$$

式(3.18)意味着中间产品可被解释为向专门化资本品提供的服务。

因此，中间产品垄断生产者就面临以下问题：

$$\max_{x_{it}} \pi_{it} = \alpha A_{it}^{1-\alpha} x_{it}^{\alpha} - r_t x_{it} \tag{3.19}$$

其中，r_t 为资本利率。

由式(3.19)最优化的一阶条件可得：

$$x_{it} = \left(\frac{\alpha^2}{r_t}\right)^{\frac{1}{1-\alpha}} A_{it} \tag{3.20}$$

再由式(3.18)的资本需求方程可知，资本市场供求均衡时有：

$$K_t = \int_0^1 K_{it} di = \int_0^1 x_{it} di = X_t \tag{3.21}$$

再将式(3.20)代入式(3.21)可得：

$$K_t = \left(\frac{\alpha^2}{r_t}\right)^{\frac{1}{1-\alpha}} A_t \tag{3.22}$$

其中，$A_t = \int_0^1 A_{it} di$ 表示无加权的平均生产率参数。

记人均有效资本(因为假设了 $L=1$)为：

$$k_t = K_t / A_t \tag{3.23}$$

因此，将式(3.23)代入式(3.22)可得：

$$r_t = \alpha^2 k_t^{\alpha-1} \tag{3.24}$$

再将式(3.24)代入式(3.20)可得：

$$x_{it} = k_t A_{it} \tag{3.25}$$

将式(3.24)、式(3.25)代入式(3.19)可得中间产品垄断生产者的有效利润函数：

$$\widetilde{\pi}_{it} = \pi_{it}/A_{it} = \alpha(1-\alpha)k_t^{\alpha} \qquad (3.26)$$

在熊彼特的经济发展思想中，只有创新者才能够获得式（3.26）表达的垄断利润。因此，一个中间产品实质上就表征了一个创新机会（或者发展机会），获得发展机会实际上就是能够提供该中间产品。但是，创新（或者获得发展机会）并不是随随便便就能够成功的，需要努力和付出，我们不妨称之为约定俗成的"研发开支"。记部门 i 的研发开支与部门 i 的目标生产率之比为：

$$\eta_{it} = R_{it}/A_{it} \qquad (3.27)$$

其中，A_{it} 之所以可理解为部门 i 的目标生产率，是因为并不是在前一期生产率的基础上就一定能够达到该生产率水平，要取决于创新成功的概率（ϕ），即

$$A_{it} = \begin{cases} \gamma A_{it-1}, \text{prob}(\cdot) = \phi \\ A_{it-1}, \text{prob}(\cdot) = 1-\phi \end{cases} \qquad (3.28)$$

其中，$\gamma>1$。式（3.28）的含义是以 $\phi \in (0,1)$ 的概率获得了创新机会，以 $1-\phi$ 的概率原地踏步。因此，期望的生产率水平为：

$$E(A_{it}) = \gamma\phi A_{it-1} + (1-\phi)A_{it-1} \qquad (3.29)$$

期望的技术进步率为：

$$g_{it} = \frac{E(A_{it}) - E(A_{it-1})}{E(A_{it-1})} = (\gamma-1)\phi \qquad (3.30)$$

然而，成功创新的概率又取决于以下假定的形式：

$$\phi(\eta_{it}) = \lambda(\eta_{it})^{\rho} \qquad (3.31)$$

其中，$0<\rho<1$、$\lambda>0$。从而，创新者或机会获取者所面临的问题就是：

$$\max_{R_{it}} \Pi_{it} = \phi(\eta_{it})\pi_{it} - R_{it} \qquad (3.32)$$

由式（3.32）最优化的一阶条件可得：

$$\phi'(\eta_{it})\pi_{it}/A_{it} = 1 \qquad (3.33)$$

将式（3.26）、式（3.31）代入式（3.33）可得：

$$\eta_{it} = [\lambda\rho\alpha(1-\alpha)k_t^{\alpha}]^{\frac{1}{1-\rho}} \qquad (3.34)$$

再将式(3.34)代入式(3.31)可得：

$$\phi = \lambda \left[\lambda \rho \alpha (1-\alpha) k_t^\alpha \right]^{\frac{\rho}{1-\rho}} \qquad (3.35)$$

再将式(3.35)代入式(3.30)可得：

$$g_t = g_{it} = (\gamma - 1)\lambda \left[\lambda \rho \widetilde{\pi}_{it}(k_t) \right]^{\frac{\rho}{1-\rho}} = \Gamma k_t^\omega \qquad (3.36)$$

其中，$\Gamma = (\gamma - 1)\lambda \left[\lambda \rho \alpha (1-\alpha) \right]^{\frac{\rho}{1-\rho}} > 0$，$\omega = \frac{\alpha \rho}{1-\rho} > 0$。从式(3.36)可以看到，技术进步率是人均有效资本存量的增函数，这是因为从式(3.26)中我们可以看到资本存量的增加使得创新或获取发展机会的激励增大了。

3.5.3 政策闸门在发展机会与投资潮涌上的两难困境

将式(3.25)代入式(3.15)可得：

$$Y_t = k_t^\alpha \int_0^1 A_{it} di = A_t k_t^\alpha \qquad (3.37)$$

再将式(3.37)代入式(3.14)可得：

$$K_{t+1} = s(\theta) A_t^{1-\alpha} K_t^\alpha + (1-\delta) K_t \qquad (3.38)$$

将式(3.38)整理为人均有效形式(因为假定了 $L=1$)：

$$k_{t+1}(g_{t+1} + 1) = s(\theta) k_t^\alpha + (1-\delta) k_t \qquad (3.39)$$

再将式(3.36)代入式(3.39)可得：

$$\Gamma k_{t+1}^{\omega+1} + k_{t+1} = s(\theta) k_t^\alpha + (1-\delta) k_t \qquad (3.40)$$

式(3.40)与式(3.36)就构成了模型经济的资本积累和技术进步的动态系统。我们可以看到，如果式(3.28)中的 $\gamma = 1$，即式(3.36)中的 $\Gamma = 0$，模型不存在内生的技术升级，就退化为新古典 Solow 模型。

进一步地，可知式(3.40)两边都关于人均有效资本存量递增，并且左边的斜率 $(\omega + 1)\Gamma k_{t+1}^\omega + 1$ 大于 1，而右边的斜率 $\alpha s(\theta) k_t^{\alpha-1} + (1-\delta)$ 在人均有效资本存量无穷大时等于 $(1-\delta)$ 且小于 1。因此，式(3.40)存在唯一的稳态解 k^* 满足：

$$\Gamma (k^*)^\omega = s(\theta)(k^*)^{\alpha-1} - \delta \qquad (3.41)$$

再将式(3.41)中的人均有效资本稳态解代入式(3.36)可得：

$$g^* = \Gamma(k^*)^\omega \tag{3.42}$$

从而，式(3.41)与式(3.42)就是资本积累和技术进步动态系统的稳态解：

$$\begin{cases} k^* = \left[\dfrac{g^*+\delta}{s(\theta)}\right]^{\frac{1}{\alpha-1}} \\ g^* = \Gamma(k^*)^\omega \end{cases} \tag{3.43}$$

因为 $1>\alpha>0$、$\omega>0$，所以在解(3.43)的资本积累方程中稳态的人均有效资本关于技术进步率递减，而在技术进步方程中稳态的技术进步率关于资本积累递增，如图3.6所示。

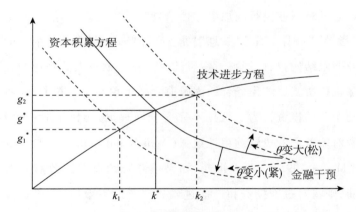

图 3.6　金融干预在产能过剩与技术进步之间的两难取舍

再由式(3.11)和式(3.13)可知：

$$\partial s(\theta)/\partial \theta > 0 \tag{3.44}$$

于是，我们可得以下结论：

命题 2　松开金融政策闸门（$\theta \in \{\theta_A, \theta_B\}$变大），促进技术进步（$g^*$变大），但是诱发投资潮涌与产能过剩（$k^*$变大）；反之，关紧金融政策闸门（$\theta \in \{\theta_A, \theta_B\}$变小），抑制投资潮涌和产能过剩（$k^*$变小），但是技术进步变缓（$g^*$变小）。

3.6 经验分析

3.6.1 计量模型设定

根据前面的理论分析,我们设定联立方程组模型为:

$$\begin{cases} \ln PS = \alpha_0 + \alpha_1 \ln DR + \alpha_2 \ln DT + \alpha_3 X + \varepsilon_1 \\ \ln TFP = \beta_0 + \beta_1 \ln PS + \beta_2 Y + \varepsilon_2 \end{cases} \quad (3.45)$$

其中,PS(投资潮涌)与 TFP(技术进步)为内生变量,其余变量为外生变量。金融干预提供的金融通道主要从资产负债率(DR)与债务期限结构(DT)两个变量对投资潮涌(PS)的影响予以识别。如前所述,发展中国家主要是通过对商业银行施加引导性信贷政策来实施金融干预,主要表现为"窗口指导""有保有压""贴息""展期"等形式,直接影响企业的资本结构和债务期限结构,从而舒解了融资约束。作为债务人的企业与作为债权人的金融机构所签署的债务合约因政府金融干预而发生扭曲,这种扭曲直接影响到企业的投资行为。根据不完全合同理论,相比于股权合约,债务合约通常对债务人的投资约束性更强(Aghion and Bolton,1992;Hart,1995;Hart and Moore,1995)。可以推断,如果债务合约没有因政府金融干预而发生扭曲,则将对过度投资和产能过剩具有紧约束效应,即投资潮涌对资产负债率的弹性 $\frac{\partial \ln PS}{\partial \ln DR} = \alpha_1$ 应显著为负,否则说明债务合约的治理功能遭到政府金融干预的破坏。如果 α_1 为正,那么意味着增加负债是刺激而不是抑制投资。此外,Hart and Moor(1995)的理论模型得出的结果也认为,短期债务比长期债务更具约束性,即弹性 $\frac{\partial \ln PS}{\partial \ln DT} = \alpha_2$ 为正。此时,如果通过政府金融干预将债务期限展期,即将短期债务延展为长期债务,实际上就相当于放松了对短期债务的约束。同时,根据前面的金融干预两难困境,预期 TFP(技术进步)对 PS(投资潮涌)的弹性 $\frac{\partial \ln TFP}{\partial \ln PS} = \beta_1$ 会显著为正,即促进了技术进步。

根据林毅夫等(2010)和Richardson(2006)的理论模型与实证研究,在投资潮涌的回归方程中再纳入以下控制变量:市场协调困难、成本因素、财税政策、产权政策、产业竞争状况、行业前景、总需求扩张情况、库存投资等。根据在行业与企业层面对技术进步影响因素的相关研究,在技术进步的回归方程中再纳入以下控制变量:行业平均企业规模、行业平均盈利状况、产业竞争状况、财税政策以及产权政策等其他可能的影响因素(吴延兵,2007;聂辉华等,2008;安同良等,2009;温军和冯根福,2012)。

3.6.2 变量与数据

在行业层面,我们选取行业总资产增长率刻画投资潮涌行为,并用工业品出厂价格指数消除通胀因素,用主营业务成本与主营业务收入之比测度成本率,用工业成本费用利润率测度利润率。实际上,在控制了正常的投资需求之后,剩下的便是过度投资(Richardson,2006)。根据林毅夫等(2010),我们用行业内企业数目不确定性(标准差)刻画市场协调难度,用行业主营业务税率描述财税政策,用行业总产值中国有企业和国有控股企业的总产值比重刻画产权政策,用行业内企业数目的多少反映竞争状况与竞争政策。根据适应性预期理论,过去的盈利状况可表征未来的产业前景。根据宏观经济学理论,用行业就业增长率代理总需求扩张,用行业实际总产值除以行业内企业数目刻画行业企业规模。根据公司金融理论,用行业资产负债率刻画资本结构,用流动性负债占总负债的比例衡量债务期限,用行业产品未销售率(1-行业产品销售率)刻画产品库存或存货投资,用行业实际总产值除以行业就业人数刻画实际行业劳动生产率。根据经济增长理论,用全要素生产率增长率测度技术进步,并用标准的Solow残差核算法测算,即全要素生产率增长率=行业实际产值增长率-行业实际资产增长率×(1-劳动收入份额)-行业就业增长率×劳动收入份额(由于样本时间较短,用资产增长率近似资本存量增长率)。

由于"五年计划"具有相对完整的政策规划,选取最近一个已经完成的"十一五"期间作为研究窗口。由于市场协调困难程度要用行业内企业数目在"十一五"期间的标准差来测度,因此无法构建一个"十一五"期间的行业面板数据集,只能将其余变量取为在"十一五"期间(2006—2010年)的平均值,并用"十五"期间(2001—2005年)行业平均利润率刻画行业在"十一五"期间的前景。38个工业行业的数据来自《中国统计年鉴》(2001—2010年),工业行业劳动收入份额的数据来自邵敏和包群(2012)的测算。相关变量及其描述性统计如表3.2所示。

表 3.2 变量、指标与描述性统计

符号	变量	代理变量或测度指标	均值	标准差	最小值	最大值
TFP	技术进步	平均行业全要素生产率增长率	0.0830	0.0465	−0.0608	0.1875
PS	投资潮涌	平均行业实际总资产增长率	0.1740	0.0737	0.0833	0.4698
MC	成本率	平均行业主营业务成本率	0.8064	0.1161	0.3201	0.9112
FP	利润率	平均行业成本费用利润率	0.0997	0.1170	0.0097	0.6841
UC	协调难度	行业内企业数目的标准差	0.1652	0.0543	0.0515	0.2804
TX	财税政策	平均行业主营业务税率	0.0598	0.0898	0.0150	0.5653
SOE	产权政策	平均行业国有经济比重	0.2383	0.2628	0.0053	0.9936
FM	竞争政策	平均行业内企业数目	10 648.79	9 241.431	158.8	32 730.8
IP	行业前景	"十五"期间行业平均利润率	7.5775	11.9925	1.042	73.298

(续表)

符号	变量	代理变量或测度指标	均值	标准差	最小值	最大值
AD	总需求扩张	平均行业就业增长率	0.0641	0.0321	0.0005	0.1218
SQ	企业规模	平均行业企业规模（亿元）	3.1488	7.1939	0.4279	35.9976
DR	资本结构	平均行业资产负债率	0.5418	0.0684	0.2542	0.6309
DT	债务期限	平均行业流动性负债与总负债之比	0.8104	0.1153	0.4416	0.9539
ST	产品库存	平均行业产品未销售率	0.0221	0.0086	0.0017	0.0500

注：以 2005 年为不变价格。

3.6.3 回归结果

回归方程（1）只纳入资本结构，回归方程（2）只纳入债务结构，回归方程（3）同时纳入资本结构和债务结构，回归结果如表3.3所示。

表3.3 金融通道、投资潮涌与技术进步的三阶段最小二乘回归结果

变量	(1) lnPS	(2) lnPS	(3) lnPS	变量	(1) lnTFP	(2) lnTFP	(3) lnTFP
lnDR	1.092 (1.56)		1.253 (1.94)	lnPS	0.899*** (4.37)	0.863*** (4.31)	0.852*** (4.26)
lnDT		−0.746* (−2.23)	−0.804* (−2.53)	lnSQ	−0.208** (−2.62)	−0.186* (−2.36)	−0.193* (−2.46)
lnUC	0.298** (2.85)	0.239* (2.27)	0.228* (2.27)	lnFP	0.158 (1.43)	0.159 (1.45)	0.159 (1.46)
lnFM	−0.0411 (−0.81)	−0.0189 (−0.43)	−0.0589 (−1.25)	lnFM	−0.0814 (−1.38)	−0.0737 (−1.26)	−0.0737 (−1.26)
lnMC	−0.0139 (−0.02)	0.0220 (0.04)	−1.018 (−1.26)	lnTX	0.0735 (0.51)	0.0634 (0.44)	0.0658 (0.46)

（续表）

变量	(1) lnPS	(2) lnPS	(3) lnPS	变量	(1) lnTFP	(2) lnTFP	(3) lnTFP
lnIP	−0.0636 (−0.76)	−0.132 (−1.57)	−0.126 (−1.57)	lnSOE	−0.00459 (−0.08)	−0.00799 (−0.14)	−0.00449 (−0.08)
lnAD	0.178*** (3.70)	0.262*** (4.29)	0.279*** (4.71)	常数	−0.181 (−0.19)	−0.357 (−0.38)	−0.363 (−0.39)
lnTX	0.248 (1.57)	0.102 (0.61)	0.0747 (0.46)				
lnSOE	0.0747 (1.73)	0.0856* (2.30)	0.0401 (0.95)				
lnST	0.0962 (1.55)	0.142* (2.25)	0.148* (2.46)				
常数	1.251 (1.45)	0.0204 (0.03)	0.741 (0.90)				
R^2	0.6468	0.6778	0.6999	R^2	0.4354	0.4502	0.4551
Chi^2	63.86	72.68	82.00	Chi^2	49.97	45.90	46.16

注：括号内为 t 统计量；*表示 $p<0.05$，**表示 $p<0.01$，***表示 $p<0.001$。

首先，发展中国家由后发优势蕴含的技术进步机会是有共识的，但市场协调困难会诱发投资潮涌的风险。变量 UC 代表的行业内企业数目标准差所测度的市场协调难度系数在三个回归方程中均显著为正，市场协调难度每增大 1%，实际总资产增长率将增大约 0.2%—0.3%，这与理论预测非常吻合。

其次，理性的市场个体同样能够预期到这种市场协调难度，不会发生严重的非理性的"羊群效应"，对有共识的技术进步机会持有谨慎态度。这一点在回归结果中也没有被否定，变量 IP 代表的行业前景系数没有显著为正，在三个回归方程中均不显著为负，行业前景每提升 1%，实际总资产增长率降低 0.1% 左右。

最后，预期到市场个体的谨小慎微会使得后发优势所蕴含的技术进步机会转瞬即逝，政府就会实施积极的金融干预，放松市场个体的金融约束；

宽松的金融约束为投资潮涌提供了通道,但同时也促进了技术进步。在投资潮涌的两个回归方程中,资产负债率(DR)的系数均没有出现显著为负的情况,反而为正,资产负债率每增加1%,实际总资产增长率提高大约1%。这意味着,债务融资并没有显著地抑制投资潮涌,尤其是在控制了总需求、行业前景等正常的投资需求之后。此外,债务期限(DT)的系数在投资潮涌的两个方程中均显著为负,弹性在0.75左右。这意味着,如果对债务展期1%,那么投资增长率会增大0.75%左右。由于我们没有准确的由于政府金融干预而被展期的短期债务数据,上述结果就只是通过金融展期政策进行的大致推测。如果下一步的研究能够获取微观企业或者银行的债务展期数据,那么就可以较为直接地测度债务期限干预对产能过剩的影响。

综合来看,这可能说明长期债务融资推动了投资潮涌,即政府金融政策干预扭曲的后果。在技术进步的方程中,可以看到投资潮涌(PS)的系数显著为正,实际总资产增长率每增大1%,全要素生产率增长率将提升约0.85%,表明投资潮涌确实促进了技术进步机会的获取。再将两个回归方程联立起来,如果资产负债率增大1%,那么总资产增长率将增大约1%,全要素生产率增长率将提升0.9%。换言之,如果金融干预使得资产负债率增大1%,其代价将会是使投资飙升大约1%,其收益将会是使全要素生产率增长率提升大约0.9%。如果金融干预对债务展期1%,其代价将会是使投资飙升大约0.8%,其收益将会是使全要素生产率增长率提升大约0.9%。这就是金融干预的成本与收益理论在中国工业行业"十一五"期间的计量结果。当然,在不同的发展战略规划期内,政府的发展目标可能有所不同,金融干预引致的产能过剩与技术进步在量上可能会有所不同。

此外,值得一提的是,由于投资行为的复杂性和政府政策组合的多样性,除金融干预政策外,行业税负、国有经济占比对总资产增长率有正向的影响,行业企业数目对总资产增长率有一定的抑制作用——这可能意味着市场竞争对产能过剩有抑制作用。

3.6.4 基于产能利用率的稳健性分析

在前文中,我们曾将投资潮涌和产能过剩视为同一现象的两个方面。实际上,用实际总资产增长率测度投资潮涌的做法可能存在一定的误差,尤其是在遗漏了影响正常投资的重要控制变量的情况下。接下来,我们就对前述实证结果进行稳健性分析。图3.7是韩国高等(2011)所测算的中国制造业28个行业的产能利用率。他们发现资产投资和产能过剩存在长期、稳定的协整关系。如图3.8所示,实际总资产增长率越高,产能利用率越低,产能过剩越严重。

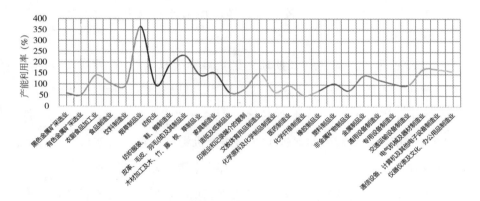

图 3.7 中国主要重工业与轻工业平均产能利用率(2006—2008年平均值)

资料来源:韩国高等(2011)。

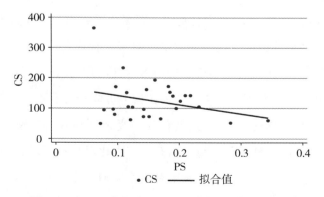

图 3.8 实际总资产增长率(PS)与产能利用率(CS)

为了检验前述实证结果的可靠性,我们再将投资潮涌(PS)的测度指标换成产能利用率(CS),表3.4是更换指标后的回归结果。① 由于实际总资产增长率与产能利用率负相关,可以发现,相应关键变量的系数和符号以及显著性并未发生大的改变,这说明前述实证结果是稳健的。具体而言,在回归方程(2)、(3)中,市场协调难度每增大1%,产能利用率将显著地下降约0.35%,这表明市场协调困难确实会诱发产能过剩风险;行业前景每提升1%,产能利用率将非常显著地下降约0.6%,这表明市场个体对有共识的技术进步机会持谨慎态度。在所有的回归方程中,资产负债率变量的系数均没有出现显著为正的情况,这表明债务融资较强的投资约束功能并未对产能过剩起作用。债务期限缩短则会非常显著地提高产能利用率,这表明对债务展期1%就会显著地诱发产能过剩增加约3.8%,非常具有弹性。然而,在所有的回归方程中,产能利用率每增大1%,全要素生产率增长率将下降约0.7%。换言之,金融干预的成本与收益理论的一个计量结果:如果金融干预将债务展期1%,那么其代价将是产能过剩增加约3.8%,其收益将是全要素生产率增长率提升约0.7%。

表3.4 金融通道、产能过剩与技术进步的三阶段最小二乘回归结果

变量	(1) lnCS	(2) lnCS	(3) lnCS	变量	(1) lnTFP	(2) lnTFP	(3) lnTFP
lnDR	1.304 (1.24)		−0.328 (−0.48)	lnCS	−0.760*** (−4.42)	−0.679*** (−4.27)	−0.677*** (−4.26)
lnDT		3.712*** (7.00)	3.804*** (6.80)	lnSQ	−0.0309 (−0.40)	−0.0495 (−0.64)	−0.0513 (−0.67)
lnUC	0.00279 (0.01)	−0.354* (−2.08)	−0.354* (−2.09)	lnFP	0.323 (1.42)	0.311 (1.36)	0.311 (1.37)

① 数据来源于韩国高等(2011),他们的测算截至2008年,这里对应变量的数据也对应于2006—2008年。因此,在稳健性分析中进一步剔除了2008年金融危机后政府救市对产能过剩的影响——这实际上可视为政府的逆周期政策目标,更多地体现了政府的发展政策目标。

（续表）

变量	（1） lnCS	（2） lnCS	（3） lnCS	变量	（1） lnTFP	（2） lnTFP	（3） lnTFP
lnFM	0.109 (1.62)	0.0798* (2.06)	0.0855* (2.09)	lnFM	0.221** (2.90)	0.215** (2.83)	0.215** (2.82)
lnMC	−5.611*** (−5.00)	−3.128*** (−5.29)	−2.872*** (−3.59)	lnTX	0.578** (2.66)	0.561** (2.62)	0.560** (2.61)
lnIP	−0.280 (−0.99)	−0.612*** (−3.51)	−0.636*** (−3.57)	lnSOE	−0.199* (−2.32)	−0.171* (−2.03)	−0.169* (−2.02)
lnAD	0.279* (2.07)	0.356*** (4.25)	0.355*** (4.26)	常数	1.332 (1.26)	0.982 (0.98)	0.980 (0.98)
lnTX	−0.584** (−3.08)	−0.148 (−1.14)	−0.135 (−1.03)				
lnSOE	−0.301*** (−4.44)	−0.111* (−2.57)	−0.0984 (−1.94)				
lnST	−0.480** (−2.96)	−0.386*** (−3.88)	−0.376*** (−3.75)				
常数	1.015 (0.73)	1.935* (2.54)	1.746* (2.03)				
R^2	0.8136	0.9315	0.9321	R^2	0.6161	0.6211	0.6211
Chi^2	119.78	367.40	370.73	Chi^2	43.88	42.44	42.38

注：括号内为 t 统计量；* 表示 $p < 0.05$，** 表示 $p < 0.01$，*** 表示 $p < 0.001$。

3.7 结论性评述

对于投资潮涌与产能过剩这一重要的经济现象，市场失灵论和政府失灵论都有一定的道理，但都没有捕获到该现象背后发展规律的完整逻辑，因此其政策主张有失偏颇。结合中国工业行业层面的经验特征和金融政策的产业发展性质，并基于新结构经济学的视角，我们提炼出了一个具有发展经济学色彩的金融干预两难理论:如果政府不实施积极的金融干预,具有协调困难的市场就难以充分利用后发优势蕴含的技术进步机会;为了充分利用技术进步机会,政府会通过金融干预来放松市场主体的融资约束;宽松的融资约束为投资潮涌提供了通道,在导致产能过剩的同时,也促进了技术进步的实现。因此,产能过剩和技术进步可分别视为金融干预的成本与收益。

事实上,20世纪60年代至80年代的韩国、中国台湾等就广为盛行具有产业发展目标的金融政策,尤其是信贷干预。不同于金融抑制的观点,张春和王一江(2005)提出了一个内含有社会收益和社会成本的金融干预理论。他们认为,低水平的贷款利率可以提高效率,因为这可以减少社会有效投资项目投入要素的逆向选择问题。政府干预成本就是银行没有激励来监控企业,因为这些银行只有在政府的补贴下才可以达到盈亏平衡,从而导致预算软约束和道德风险问题。在发展的初期阶段,这种收益与成本的权衡促使对既定的行业实行金融干预。

就政策建议而言,本章主张良好的金融政策设计应该最优地权衡其诱发的产能过剩与促进的技术进步,而非市场失灵论的大加干预以及政府失灵论的不加干预。当然,我们不应对金融政策带来的发展绩效过于沉迷,也无须对金融干预诱发的发展代价过于沮丧,只需设计合理的金融政策即可。具体而言,提升金融政策设计水平可以从以下几个方面着手:

第一,降低金融干预诱发的投资潮涌与产能过剩及其风险。一是识别放松融资约束会诱发多大的产能过剩及伴生性风险。二是根据产能过剩的可能性有针对性地实施有保有压的松紧政策。对产能过剩可能性大的产业,实施收紧融资约束的政策;对产能过剩可能性小的产业,实施放松融资约束的政策。政府还可以利用其总量信息优势帮助企业或行业增强其协调能力(林毅夫,2010;韩国高等,2011),从而降低金融干预诱发产能过剩的边际成本。与此同时,还应当加强产能过剩的伴生性风险管理,比如建立企业或行业层面的资产负债率警戒线,以及加强银行层面的风险控制。

第二,提高金融干预促进的技术进步及其收益。一是区别其他因素促进的技术进步,比如市场竞争促进的技术创新等。如果高估金融干预放松融资约束所促进的技术进步,就会在决策时放大金融干预的消极作用;如果低估,则会在决策时削弱金融干预的积极作用。二是根据技术进步机会有针对性地实施有保有压的松紧政策。对技术进步机会大的产业,实施放松融资约束的政策;对技术进步机会小的产业,实施收紧融资约束的政策。与此同时,还可以通过产业专用的基础设施配套建设来提升金融干预促进技术进步的边际收益。金融干预要使有限的金融资源起到"四两拨千斤"的作用。例如,为了鼓励企业进入战略性新兴产业,政府在金融干预时既要对新生企业锦上添花,也要对传统转型企业雪中送炭。

第三,提高金融政策设计的科学性。一是合理把握金融干预的程度,如果金融干预诱发产能过剩带来的成本超过其促进技术进步带来的收益,那么金融干预就过度了,需要减小干预力度;反之,则需要加大干预力度。二是金融干预应该作为新兴产业的"助产士",而不是"永久性保姆"(林毅夫,2012;Chang and Lin,2009)。一旦产业获取了技术进步的机会,金融干预就必须见好即收。中国的情况是,在产业发展的早期,政府的信贷支持对产业的培育发挥了积极作用;但在后期,各级政府的过度热情诱发了严重的投资潮涌与产能过剩,光伏行业便是鲜活的例证。需要特别注意的是,金融干预的成本与收益的决策是动态的。随着发展中国家向经济前沿逼近,技术进步机会的不确定性变大,政府的总量信息约束增强,甄别技术进步机会的难度增大,金融干预的针对性减弱,从而使得政府干预经济产生发展偏误的可能性变大。亦即,随着技术进步向技术前沿的演进,金融干预诱发产能过剩及其风险的代价将增加,促进技术进步的边际收益将减少,因此最优的金融干预程度将降低。在不同的发展阶段,政府应当及时调整金融干预的程度,使其起到因势利导的作用,这无疑是一门科学也是一门艺术。

本章参考文献

Aghion, P., and P. Bolton, "An Incomplete Contracts Approach to Financial Contracting", *Review of Economics Studies*, 1992, 59(3): 473—494.

Aghion, P., and P. W. Howitt, *Endogenous Growth Theory*, Cambridge, Ma: MIT Press, 1998.

Aghion, p., and P. W. Howitt, *The Economics of Growth*, Cambridge, Ma: MIT Press, 2009.

Banerjee, A., "A Simple Model of Herd Behavior", *The Quarterly Journal of Economics*, 1992, 107(3): 797—817.

Barham, B., and R. Ware., "A Sequential Entry Model with Strategic Use of Excess Capacity", *Canadian Journal of Economics*, 1993, 26(2): 286—298.

Caselli, F., and D. J. Wilson, "Importing Technology", *Journal of Monetary Economics*, 2004, 51(1): 1—32.

Demirgüc-kunt, A., E. Feyen, and R. Levine, "The Evolving Importance of Banks and Securities Markets", *The World Bank Economic Review*, 2011, 27(3): 476—490.

Hart, O., and J. Moore, "Debt and Seniority: An Analysis of the Role of Hard Claims in Constraining Management", *American Economic Review*, 1995, 85(3): 567—585.

Hart, O., *Firm, Contract and Financial Structure*, Oxford: Oxford University Press, 1995.

Hassett, K., and G. Metcalf, "Investment with Uncertain Tax Policy: Does Random Tax Policy Discourage Investment?" *Economic Journal*, 1999, 109(457): 372—393.

Kornai, J., "The Soft Budget Constraint", *Kyklos*, 1986, 39(1): 3—30.

Lin, J. Y., and H. Chang, "DPR Debate: Should Industrial Policy in Developing Countries Conform to Comparative Advantage or Defy It?" *Development Policy Review*, 2009, 27(5): 483—502.

Pindyck, R. S., "Irreversible Investment, Capacity Choice and Value of the Firm", *American Economic Review*, 1988, 78(5): 969—985.

Richardson, S., "Over-investment of Free Cash Flow", *Review of Acording Studies*, 2006, 11(2—3): 159—189.

安同良、周绍东、皮建才,"R&D 补贴对中国企业自主创新的激励效应",《经济研究》, 2009 年第 10 期,第 87—98 页。

付才辉、林民书,"合约时间",《制度经济学研究》,2012 年第 2 期,第 24—56 页。

韩国高、高铁梅、王立国等,"中国制造业产能过剩的测度、波动及成因研究",《经济研究》,2011 年第 12 期,第 18—31 页。

李维安、钱先航,"地方官员治理与城市商业银行的信贷投放",《经济学》(季刊),2012 年第 4 期,第 1239—1260 页。

林毅夫,"潮涌现象与发展中国家宏观经济理论的重新构建",《经济研究》,2007 年第 1 期,第 126—131 页。

林毅夫,《新结构经济学——反思经济发展与政策的理论框架》,苏剑译,北京:北京大学出版社,2012 年。

林毅夫、孙希芳、姜烨,"经济发展中的最优金融结构理论初探",《经济研究》,2009 年第 8 期,第 4—17 页。

林毅夫、巫和懋、邢亦青,"'潮涌现象'与产能过剩的形成机制",《经济研究》,2010 年第 4 期,第 4—19 页。

刘西顺,"产能过剩,企业共生与信贷配给",《金融研究》,2006 年第 3 期,第 166—173 页。

聂辉华、谭松涛、王宇锋,"创新、企业规模和市场竞争:基于中国企业层面的面板数据分析",《世界经济》,2008 年第 7 期,第 57—66 页。

邵敏、包群,"外资进入是否加剧中国国内工资扭曲:以国有工业企业为例",《世界经济》,2012 年第 10 期,第 3—24 页。

温军、冯根福,"异质机构、企业性质与自主创新",《经济研究》,2012 年第 3 期,第 53—64 页。

吴延兵,"企业规模、市场力量与创新:一个文献综述",《经济研究》,2007 年第 5 期,第 125—138 页。

张春、王一江,"金融抑制、金融约束与金融干预?"《经济学报》,2005 年第 1 期,第 68—82 页。

张维迎、马捷,"恶性竞争的产权基础",《经济研究》,1999年第6期,第11—20页。

周黎安,"晋升博弈中政府官员的激励与合作——兼论我国地方保护主义和重复建设问题长期存在的原因",《经济研究》,2004年第6期,第33—40页。

周业樑、盛文军,"转轨时期我国产能过剩的成因解析及政策选择",《金融研究》,2007年第2期,第183—190页。

4

为增长而失衡[1]

4.1 中国式发展的特征：总量增长与结构失衡形影相随

发展的目的不外乎就是把蛋糕做大而且相对公平地分享。效率和公平是评价任何发展模式的两个基本维度(巴苏,2003)。就中国这样的发展中大国而言,总量增长相对单一,而结构失衡涉及的面则相对广泛——重要的方面包括居民之间的差距、城乡之间的差距、地区之间的差距、产业之间的差距、环境问题等长期问题,以及国际收支差距、投资与消费结构等短期问题(项俊波,2008)。那么,中国在这两个维度上的发展绩效如何呢？[2]

图4.1直接从构成经济总量的部门结构层面统一了"总量增长与结构失衡"这两个发展维度。在增长维度上,1953—2008年这56年的年均经济增长率高达8%以上,1953—1977年这25年的年均经济增长率高达6%

---

[1] 本章首发于《南开经济研究》2015年第6期。感谢匿名审稿人的有益修改建议。

[2] 限于框架的统一性,本章对短期的投资与消费、国际收支以及环境问题不做分析,对中国结构失衡的概括性描述可参见项俊波(2008)和王保安(2010)等。林毅夫等(1994)的《中国的奇迹》一书对改革开放前重工业赶超战略的系统扭曲与其后渐进式改革的成就与问题也有全面阐述。勃兰特和罗斯基(2008)主编的《伟大的中国经济转型》(*China's Great Economic Transformation*)对中国改革开放之后经济发展的成就和存在的问题也有较为全面的评述。

以上,1978—2008年这31年的年均经济增长率高达9%以上。就三次产业部门结构失衡来看,1953—2008年这56年的年均熵指数高达30%以上,1953—1977年这25年的年均熵指数高达40%以上,1978—2008年这31年的年均熵指数高达26%以上。尽管改革开放是一个"结构虚拟变量",改革开放之后总量增长增大、结构失衡减轻,但增长与失衡的伴生关系特征并未改变。因此,总体上看,中国的发展绩效是:总量增长成就突出,结构失衡代价沉重。更重要的是,图4.1还展现出总量增长与结构失衡相互伴生的动态趋势:经济总量扩张必然拉大经济结构失衡程度;反之,经济结构失衡程度亦随经济总量回落而缩小(袁江和张成思,2009)。因此,中国不应该对总量增长过于沉迷;当然,也无须对结构失衡过于沮丧。增长与失衡只不过是发展过程中表现出来的收益和代价罢了,关键是要理解为什么中国经济发展会呈现出这种特点。

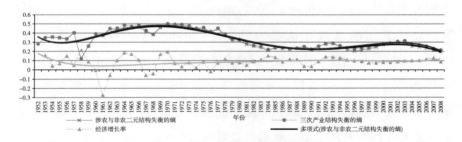

图 4.1 中国式发展:总量增长与结构失衡的伴生关系

资料来源:笔者根据《新中国六十年统计资料汇编》测算,关于用泰尔熵测算结构失衡的讨论参见本章4.3节。

4.2 中国式发展的缘由:寻找政府主导经济的阿喀琉斯之踵

(一)增长与不平等:由来已久的理论争议

正如公平与效率是人类古老的话题一样,增长与不平等的关系也是经济学重要的主题。早在半个多世纪以前,Kuznets(1955)就提出了为后世广为争议的假说:在收入水平较低阶段,经济增长与收入差距扩大相伴随;但在经济发展到一定水平之后,经济增长会缩小收入差距。① 20世纪六七十年代教科书的基调是,收入差距有利于激励,从而也有利于增长(Ahgion et al.,1999)。但在八九十年代随着新增长理论的兴起,这些传统的观点遭到了驳斥。新的观点认为,缩小收入差距的再分配有利于增进穷人的机会和教育并扩大市场,从而有利于增长,增长反过来又有利于缓解不平等。因此,更高的平等是增长自我维系和良性发展的条件(Murphy et al.,1989;Todaro,1997)。来自80年代之前数据的分析结论模棱两可(Ahgion et al.,1999)。在争议尚未平息的八九十年代之后,OECD(经济合作与发展组织)等发达国家又出现了新一轮的(工资)收入差距持续扩大的趋势。涌现了偏向型技术进步、贸易自由化、组织方式变化三种流行的解释增长放大收入差距的观点(Acemoglu,2002;Akermanet et al.,2013)。这些争议确实凸显了发达国家市场机制的复杂性②,Garcia-Penalosa and Turnovsky(2007,p.370)总结道:"实际上,这些争论都忽略了扭曲税的角色。然而,一旦意识到这一点,政策制定者显然会面临潜在的两难取舍,即促进增长的政策可能与税前税后的收入分配相抵触。"亦即,过去的文献忽略了政府财政政策在增长与不平等之间的两难效应。Garcia-Penalosa and Turnovsky(2007)在一个带有初始财富不平等和劳动供给具有弹性的理论模型中发现,增长增进型政策会引致不平等。

我们也猜测存在增长与失衡的伴生关系内生于政府政策的机制③,但这个机制在中国有其独特性。除居民个体收入分配不平等与总量增长关

---

① Piketty and Zucman(2014)利用更长的历史数据认为库兹涅茨倒U形曲线只不过是发达国家在工业革命后的短暂现象,资本回报率大于经济增长率锁定的不平等始终是发达资本主义社会一个长期的持续现象。

② 可参考 Ahgion et al.(1999)对不平等与增长的关系所做的综述。

③ 当然,不排除其他市场自身因素驱动的增长与不平等关系,比如 Bandyopadhyay and Basu(2005)。

系之外,构成经济总量的地区、城乡、产业等部门之间的结构失衡问题在发展中国家可能也有根本性的不同之处。虽然在卡尔多特征事实所刻画的平衡增长之外,发达国家与发展中国家都经历了或者正在经历由库兹涅茨特征事实所刻画的部门结构变迁,但美国经济增长率与三次产业结构失衡(见图4.2)并没有表现出中国那样的特征(见图4.1),总量增长和结构失衡都非常温和,尤其是结构近乎均等化状态。那么,究竟存在内生增长与失衡伴生关系的中国式因素吗?

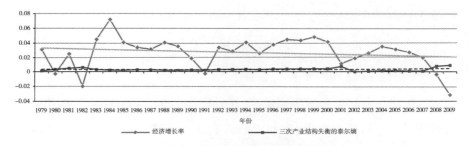

图 4.2　美国式发展:总量与结构相对平稳

资料来源:笔者根据世界银行数据测算。

(二) 中国国情:政府主导的经济增长

如果想要找到增长与失衡伴生关系背后关键的中国式因素,那么势必需要从中国式增长说起。从中华人民共和国成立后的计划经济时代再到渐进式市场转轨,就整个六十多年的发展历程来看,政府主导经济发展应该是一个基本特征事实。这一点可以从财政收支占 GDP 的比重及财政支出结构得到直观的体现。1952—2008 年,财政收入占 GDP 的比重年均高达 22.47%,财政支出占 GDP 的比重年均高达 23.18%。当然,这个比例还不足以说明问题。更重要的是,中国财政支出中直接用于拉动经济增长的经济建设费平均占到了 49% 以上。虽然 1978 年改革开放之后,政府已经把定价权让位于市场,但通过国有企业、市场准入限制、深度介入的产业政策、地区政策(包括特区政策)和城乡政策等,政府依然控制着国民经济的命脉和市场经济主体的激励机制。正如前所述,中国经济增长成就斐然。

因此，中国政府尤其是地方政府，也被誉为"发展型政府"；中国官员尤其是地方官员，也被冠以经营辖区经济的"政治企业家"。无数的文献和学者都努力地寻找中国经济增长奇迹背后的原因与动力机制，并归纳出众多的"中国模式"，诸如中国式联邦主义（Qian and Xu，1993；Qian and Weiganst，1997）、网络资本主义（Boisot and Child，1996）、为增长而竞争（张军和周黎安，2008）、中性政府（姚洋，2009；贺大兴和姚洋，2011）、地区性分权式权威主义（Xu，2011）、中国式增长（Song et al.，2011）、发展战略理论（新结构经济学）（林毅夫，2012），等等。①

（三）政府主导经济发展的阿喀琉斯之踵：部门专用性政策

1. 政府主导经济的得失

文献中所归纳的各种中国模式，在肯定政府主导经济的增长成绩时也都指出其带来的负面后果，比如中国式联邦主义诱发的保护主义（Li and Zhou，2005），网络资本主义陷入的规则困境（Li，2003；王永钦，2006），为增长而竞争所扭曲的民生支出（付勇和张晏，2007），粗狂式增长（吴敬琏，2005）。王永钦等（2007）、王贤彬和徐现祥（2014）就较为系统地总结了分权式改革的代价以及官员引领发展的风险。聂辉华（2013）也系统地总结了中国经济增长模式诱发的一系列事故——矿难、高房价、食品安全等。林毅夫等（林毅夫等，1994；林毅夫和刘培林，2003；林毅夫和苏剑，2007；林毅夫，2008；陈斌开和林毅夫，2013；林毅夫和陈斌开，2013）反复强调了政府的重工业赶超发展战略导致的"三位一体"的系统性结构失衡的负面后果，比如地区差距、城乡差距、分配恶化等失衡问题。贺大兴和姚洋（2011）也指出了中性政府（disinterested government）为追求增长而把有限资源分配给高生产能力群体的做法势必会扩大收入差距。总之，正如赫斯顿和史

---

① 许多人认为中国的发展没有一个固定的模式。赫斯顿和史泰丽（2008）在《中国与发展经济学》一书中就没有概括一个模式，只是通过与其他发展中国家的对比概括了一些中国式发展特征，并指出中国的经历特别，难以效仿。

泰丽(2008)通过与其他发展中国家的对比所总结的中国式发展的几个重要特征:增长与脱贫成就表现优良,失衡与不平等表现严峻,政府及其官员在决策中的权力巨大。

因此,在此背景下将增长与失衡视为政府主导经济的得失并无不妥。恰如许成钢所概括的:"中国改革的经验教训表明,这种根本性问题的答案由不同政府干预形式的成本和收益取舍所决定。"(Xu,2011,p.1078)虽然前述文献所指出的政府主导经济存在的得失对于理解总量增长与结构失衡很有启发性,但是在内生总量增长与结构失衡的逻辑上并不清晰流畅。姚洋的中性政府观虽然细致地揭示了中性政府追逐增长的机制,但是未深入揭示失衡的机制。聂辉华的总结过于琐碎,缺乏一个相对一致的宏观分析框架。王永钦等、王贤彬和徐现祥、许成钢等的总结更多地偏向于评述而非建构。勃兰特和罗斯基(2008)的总结过于全面而无一个核心的逻辑架构。因此,未来的研究还迫切需要一个内生总量增长与结构失衡的统一分析框架。现有文献的积累不但极具启发性,而且对于构建这样的框架提供了理论前提。本章直接承前于姚洋等的中性政府观和林毅夫等的新结构经济学。

2. 中性政府的行为

姚洋等(姚洋,2009;贺大兴和姚洋,2011)认为,中国政府是一个中性政府,这样的政府不会迁就于某些特殊利益群体,其经济政策与群体间的非生产性特征无关,能够放开手脚地把资源分配给那些最具生产力的群体,从而促进经济增长,但必然会扩大群体或地区间的差距。虽然尚未揭示失衡的机制,但这个思想其实已经蕴含了政府为增长而失衡的可能性。贺大兴和姚洋(2011,第14页)理论模型的一个重要推论是:一个中性政府会选择性地采取有利于经济增长的政策,哪怕这些政策会造成收入的不平等。中国政府之所以能够采取这些看似歧视性的政策,恰恰是因为它是中性的:由于并不特别地照顾任何群体的利益,它才可能放开手脚采取"有偏"但与生产能力匹配的经济政策。①

通过农村改革和特区政策两个具体的例子,贺大兴和姚洋(2011,第13页)认为:"在具体政策上,把政府看作一个精于计算的主体还是合适的,因为具体政策的得利者和失利者是比较明显的。政府在做决策的时候总要在社会群体之间进行取舍。"如此说来,主导经济的政府确实有动力实施"为增长而失衡"的政策动机。但是,这样的政策的特征是什么?什么样的政策能够同时产生内生增长与失衡?机制何在?他们尚未深入探讨,不过林毅夫(2012)在《新结构经济学》(New Structural Economics)一书中的论述对此极具启发性,为寻找这些问题的答案提供了思路。

3. 新结构经济学的诠释:部门专用性政策

在贺大兴和姚洋(2011,第13页)的模型中,"政府决定两个政策,一个是税率,一个是政府服务。在现实中,我们可以把这两个决策理解为政府政策对不同群体的损失和收益的实质性影响"。因此,这样的政府政策的关键特征就是群体专用。正如 Krueger(2011)所指出的,(新结构经济学)能够称为新的部分是如下断言:协调和基础设施升级应该以某种方式与一些特定产业相联系。林毅夫(2012,第57页)进一步解释:"事实上对发展中国家制定成功的发展战略来说,甄别新产业和优先利用政府资源来发展这些产业都是至关重要的。为什么?因为基础设施的改善往往是产

---

① 本章不打算深究中国式发展的政治基础,中国政府是一个中性政府的观点可视为本章的前提。与中性政府不同,民选政府通过中位数规则选择的再分配政策是有利于缓和不平等的(Persson and Tabellini,1994);与利益集团专制政府不同,中性政府的增长诉求更为一般化,而无须与利益集团"利益相容"(Olson,2000)。事实上,Acemoglu and Robinson(2002)也认为,不同的政治因素决定了不同的发展与不平等关系模式。他们认为,欧洲国家遵循库兹涅茨曲线的原因是:在工业革命之前政治权力由少数权贵独享,绝大多数政策有利于权贵,少有对普通民众的再分配;工业革命的推进提高了经济不平等,但同时也加剧了社会动荡与革命的威胁;权贵为了防止社会动荡和革命,作为可置信承诺,公民权力被扩大,扩大了对大众的再分配,降低了不平等。专制灾难之所以在非洲等国家发生,是因为非洲国家的政治流动性(political mobilization)非常低,难以产生有效的革命威胁,初始的非民主体制得以长期持续。中国台湾、韩国等东亚经济体得益于其第二次世界大战后大规模的土地革命,实现了增长与平等的双赢。

业专用的。看看非洲国家最近一些成功的案例,你就知道甄别产业的必要性:毛里求斯的纺织业,莱索托的服装业,布基纳法索的棉花产业,埃塞俄比亚的切花业,马里的芒果产业和卢旺达的猩猩旅游业。它们都需要政府提供不同类型的基础设施。把埃塞俄比亚的鲜切花运往欧洲拍卖地点要求在机场和正常航班上有冷藏设备,而毛里求斯的纺织品出口要求港口设施的改善,两者需要的基础设施显然不同。类似地,莱索托服装业所需的基础设施,与马里的芒果生产和出口或者卢旺达用以吸引猩猩观光者所需的基础设施是完全不同的。因为财政资源和实施能力的限制,每一个国家的政府必须设立优先级,以决定哪些基础设施应予优先改善、公共设施的最优位置应设在哪里,这样才能取得成功。邓小平在中国向市场经济转型初期就解释了这种实用智慧,他同意'允许一些地区和人们先富起来',最终使所有中国人能实现共同富裕。"

贺大兴和姚洋(2011)模型中的群体专用政策与林毅夫(2012)新结构经济学中的产业或地区专用政策在促进增长的作用上是一致的,并且新结构经济学中的部门专用政策也只有在中性政府的前提下才能够发挥到极致。实际上,如贺大兴和姚洋(2011)所言,任何部门专用政策都会产生得利者和失利者,得到政策优惠的群体获利,没有得到政策优惠的群体可能还要承担政策成本。也如 Krueger(2011)所言,你可以想象,要求保护力度更大、时间更持久的保护的政治压力会有多大。大家都知道,保护一些产业就意味着不保护其他产业,所以改革的收效必然会被削弱。因此,只有具备强权的中性政府才能顶住各种政治压力去实施会在不同群体之间引起利益冲突的部门专用政策。在民选或者民主政府中,部门专用政策会遭到受损者的政治压力,迫使政府难以实施这样的政策。

如果说部门或群体专用政策是内生总量增长与结构失衡关系背后直接的政策工具,那么中性政府则是实施部门专用政策的保证。林毅夫(2012)在新结构经济学中提出这种发展的部门专用政策的思想,并指出倾斜程度过于违背比较优势的严重后果,如旧结构主义的主张。贺大兴和姚洋(2011)不但指出这种群体专用政策有利于增长最大化,还可能诱发收入差距。Krueger(2011)也担心这种部门专用政策会诱发部门之间失衡的风险而质疑林毅夫(2012)。因此,部门专用政策可能是解释中国总量增长与结构失衡伴生关系的核心变量,并且可能是一个极具中国特色的概念。倘若不是如此,那么有哪个发展中大国能够以将近两位数的增长率持续数十年之久呢？又有哪个发展中大国在取得如此骄人的总量增长成就的同时面临如此严峻的不平等和结构失衡呢(赫斯顿和史泰丽,2008)？

事实上,自 Barro(1990)的开创性研究以来,政府的公共服务(税收政策与公共支出)在内生增长中得到了大量的研究。这些研究细致地分析了税收种类[劳动税、消费税、资产税、所得税和遗产税(在代际交叠模型中)]与税率,以及公共支出结构(生产性支出、消费支出、混合性支出)与转移支付(包括在多级政府架构模型中的中央政府转移支付)及其规模等对经济增长的影响。但是,具有部门专用政策特征的财税政策在这个主流框架中却被忽略了。部门专用政策实际上是根据施政群体对象不同而实施不同的政策。例如,$\{\tau_1,\cdots,\tau_n\}$在现有文献中是 n 种类型的税,而部门专用政策则意味着$\{\tau_{i1},\cdots,\tau_{im}\}$是第 i 种类型的税(比如劳动税)针对 m 个群体所实施的群体专用税(比如以户籍身份为标准的差别性劳动税)。同样,$\{G_1,\cdots,G_n\}$在现有文献中是 n 种类型的公共支出(服务),而部门专用性政策则意味着$\{G_{i1},\cdots,G_{im}\}$是第 i 种类型的公共支出(比如公共教育支出)针对 m 个群体所实施的群体专用公共支出(比如以户籍身份为标准的差别性公共教育支出)。现有文献虽然也探讨了不同的税和公共支出的类型组合对总量增长与结构失衡可能有不同的影响(如 Easterly and Rebelo,1993;Devarajan et al.,1996;Fiaschi,1999;Jha,1999;Scully,2003;Garcia-Penalosa and Turnovsky,2007),但是新结构经济学提出的部门专用政策对总量增长与结构失衡的影响却并未得到关注——部门专用政策所具有的结构性特征才可能是中国等快速发展的发展中国家(广义上的)公共政策的核心。①

部门专用政策的重要性在于其具有结构效应。部门专用政策可以利用其结构效应创造更高的总量增长,但正因为如此,同时却可能诱发结构失衡。新结构经济学的这个部门专用概念可能会突破传统公共经济学以及 AK(内生经济增长)模型的思路,但是新结构经济学在理想政府与市场关系定位分析中也可能忽略了负面后果。所以,本章将其引入 Barro(1990)的经典模型解释总量增长与结构失衡具有理论创新性,进一步在新结构经济学关于政府与市场关系定位理论的基础上夯实发展战略的成本与收益理论(付才辉,2014,2015)。

4.3 结构失衡:概念与测度

尽管各种结构失衡现象的具体内容和表现形式千差万别,但本质特征都是一种不均等状态。自 Pareto(1897)以来产生了一系列研究如何用精确的指标衡量不均等程度的文献。Cowell(2000)在《收入分配手册》(*Handbook Income Distribution*)中将现有文献中的不均等指标研究方法分为三类:第一类指标通过先验的选择性过程来界定不平等,比如基尼系数

---

① 其实,累进制个人所得税及其补贴也反映了针对"穷人"与"富人"的群体专用政策特征。米增渝等(2012)在一个政府对个人征收所得税和补贴教育的环境下,发现税收多征于富人且穷人得到更多补贴时,收入不平等减少,增长上升;反之则相反。他们基于1998—2006年中国的省级面板数据发现,中国的税收多征于穷人而富人得到更多补贴时,收入不平等加剧,增长放缓。然而,中国的教育支出占政府公共支出的比例在过去六十多年中微不足道,并且中国在20世纪80年代才开始实施个人所得税,所以他们的发现可能不足以概括中国增长与失衡的长期模式。郭凯明等(2011)也提供了类似的分析。更有趣的是,Zheng and Kuroda (2013)使用286个城市的数据对中国地区不平等和增长的研究发现,不同的基础设施类型对增长和地区不平等的影响不同,交通基础设施在地区平等和增长之间存在取舍,而教育基础设施不仅可以提高增长还降低了不平等。虽然公共基础实施可能是部门通用的,但是对地区而言可能也是地区专用的。这些经验例子暗示了部门或群体专用政策在增长与不平等关系上有重要影响。

和方差都有着非常直观的统计学与经济学意义；第二类指标由公理性方法推导出来，比如广义熵测度族——泰尔熵指数就是这一类指标；第三类指标是在福利经济学理论的基础上发展出来的，统称 Atkinson 指数。

中国经济的结构失衡主要体现在部门之间，相对而言，部门内部的失衡程度较之于部门之间的失衡程度要低得多。政策异质性也基本上表现为部门专用，而不是个人专用。加之本章的任务是分析总量增长与结构失衡的伴生关系，因此分析单元应该设置为加总成经济总量的部门，比如产业部门、地区部门、城乡部门等。所以，以部门为分析单元的话，第二类分析方法较为合适。若以个体为分析单元，基尼系数就难以将部门之间的差距分解出来，而且对中间阶层的收入较为敏感，而对两端部门之间的差距不太敏感，从而难以度量城乡部门和地区部门之间的差距。文献中就常常使用城镇居民可支配收入与农村居民纯收入之比度量城乡两部门之间的差距，但是这种做法没有考虑城乡人口比重，也就没有考虑城乡两个部门在总量中的相对重要性。因此，许多研究就广泛引入泰尔熵指数测度产业部门、地区部门、城乡部门之间的差距（王少平和欧阳志刚，2007；干春晖等，2011；万广华，2013；等等）。因此，鉴于泰尔熵指数适合以部门为分析单元的研究，而且具有公理化形式逻辑和直观的经济学含义以及便于分解的优点，本章遵循大量文献的做法，采用泰尔熵指数研究部门之间的结构失衡。当然，有必要坦诚交代的是，尽管我们在前文中将居民个体之间的（收入或工资）不平等现象也纳入结构失衡中，但后文模型的分析单元与分析居民个体收入差距的单元还是有所不同，即便思想上并无二致。①

为了不显得过于抽象，我们以产业部门为例讨论结构失衡的概念与测度，地区部门与城乡部门等类似。任何一本产业经济学教科书都会提到产业结构变迁的两个基本维度——产业结构高级化和产业结构合理化。产

---

① 以居民群体为分析单元讨论政策异质性对两极分化的影响可参考下一章的内容。

业结构高级化也就是狭义上的产业结构变迁(产业升级),即库兹涅茨特征事实或克拉克定律——农业份额的持续减少、工业和服务业份额的持续增加。产业结构失衡就直接对应于产业结构合理化。按照已有的界定,"产业结构合理化是产业之间协调程度的反映,也就是说它是要素投入结构和产出结构耦合程度的一种衡量"(干春晖等,2011,第6页)。就这种耦合而言,研究者一般采用结构偏离度对产业结构合理化进行衡量。经济越加偏离均衡状态,产业结构越不合理。由于经济的非均衡现象是一种常态,尤其是发展中国家更为突出(Chenery et al.,1986),从而结构偏离度为0便是理想的基准情况。干春晖等(2011)也认为,结构偏离度指标将各产业一视同仁,忽视了各个产业在经济体的相对重要程度。因此,遵循他们的做法,本章也在已有文献的基础上引入如下泰尔熵指数来测度产业部门之间的结构失衡程度:

$$\mathrm{TL} = \sum_{i=1}^{n}\left[\frac{Y_i}{Y}\ln\left(\frac{Y_i/L_i}{Y/L}\right)\right] = \sum_{i=1}^{n}\left[\frac{Y_i}{Y}\ln\left(\frac{y_i}{y}\right)\right] \quad (4.1)$$

4.4 政府主导经济的动态一般均衡模型

(一) CRRA 偏好与线性最终产品加总

遵循常规,我们的模型经济采取连续时间并且采纳具有如下偏好的代表性家庭:

$$U = \int_0^\infty \exp(-\rho t) u[c(t)] dt \quad (4.2)$$

其中,$\rho>0$ 是主观折现率,$u[c(t)] = \dfrac{c(t)^{1-\theta}-1}{1-\theta}$ 是定义在最终产品上的瞬时效用函数。满足 $u'(\cdot)>0$、$u''(\cdot)<0$、跨期替代弹性 $1/\theta$ 为常量,以及稻田条件 $\lim\limits_{c\to 0}u'(c)=\infty$、$\lim\limits_{c\to\infty}u'(c)=0$。

为了尽可能保持模型的简洁,我们抹去了非一致性偏好与技术进步差异这两个因素,而引入部门间的要素密度(或产出弹性)异质性——但我们不分析其对结构变迁(非平衡增长)的影响(类似的文献可参见 Acemoglu and Guerrieri,2008;Ju et al.,2015)。因此,在抹去非一致性偏好之后,最简单的最终产品加总方式便是如下线性加总:

$$Y = \sum_{i=1}^{n} Y_i \qquad (4.3)$$

式(4.3)可以视为更加一般化的 CES 加总方式的特例。当然,式(4.3)的加总方式没有考虑到城乡部门、农业与非农业部门、重工业与轻工业部门生产的产品之间的异质性,但是我们的模型也希望容纳地区部门,这是由于各地区生产的产品可能同质性大于异质性。由于地区之间结构失衡是中国经济结构失衡的重要内容,为了捕获城乡、地区及产业等部门之间的总量增长与结构失衡伴生关系的共性,最终产品的线性加总不但简单而且更加合意。

同样,为了简化分析,设定人口增长率为 0,即经济体人口 L 为常数,单位化为 1。$C(t)$ 表示 t 时刻经济体家庭的总消费,人均消费为 $c(t)=C(t)/L$;$W(t)$ 表示 t 时刻经济体家庭持有的实际总资产,人均实际资产为 $a(t)=W(t)/L$;初值 $a(0)$ 给定。同样出于简化的目的,假定家庭成员在任何 t 时刻都无弹性地供给 1 单位劳动,即无工作与闲暇的选择。此外,假定不同部门内部均有足够多的个体以保证市场是竞争性的,即行为者是工资 w、利率 r 的接受者。因此,家庭预算约束为:

$$\dot{a}(t) = r(t)a(t) + w(t) - c(t) \qquad (4.4)$$

(二)部门要素密度异质性与部门专用政策异质性

借鉴 Barro(1990)、Barro and Sala-i-Martin(1992,2004)、Turnovsky(1996,2000)、Angelopoulous et al.(2006)处理政府公共支出进入生产函数的方式,以及 Acemoglu and Guerrieri(2008)设置的部门要素密度异质性,我们将第 i 部门代表性企业采取的生产函数设为柯布-道格拉斯(C-D)生产函数形式:

$$Y_i = AL_i^{1-\alpha_i} K_i^{\alpha_i} G_i^{1-\alpha_i} \qquad (4.5)$$

以部门 i 的人均形式表示为：

$$y_i = \frac{Y_i}{L_i} = A k_i^{\alpha_i} G_i^{1-\alpha_i} \tag{4.6}$$

其中，无偏向的中性技术效率参数为 $A>0$，$k_i = \frac{K_i}{L_i}$ 为部门 i 的资本—劳动比，$\alpha_i \in (0,1)$ 为部门 i 的资本密度，存在异质性，即对于任意 i，有 $j\alpha_i \neq \alpha_j$。为了简化分析，进一步假定技术效率和要素密度不随时间变化。

我们不妨将式(4.6)表示为：

$$y_i = \phi_i(\chi_i) k_i \tag{4.7}$$

其中，

$$\phi_i(\chi_i) = A \chi_i^{1-\alpha_i} \tag{4.8}$$

按照 Barro(1990)的分析思路，部门专用的政府公共支出与部门人均资本比 $\chi_i = \frac{G_i}{k_i}$ 可设置为政府的政策操作工具，那么式(4.7)其实就是部门层面的 AK 模型，从而部门加总之后的总量增长也具备 AK 模型的内生增长特征。因此，政府可以通过政策工具影响 $\phi_i(\chi_i)$，推动部门的内生增长，但边际增长效应递减，即 $\phi'_i(\cdot) > 0$、$\phi''_i(\cdot) < 0$。

依部门 i 而定的 G_i 及 χ_i 刻画了政府支出层面的部门专用政府政策。同样，从政府收入的层面，政府也可以设置部门专用税收政策 τ_i。假定政府向部门 i 按产出征收赋税，税率分别为 $\tau_i \in (0,1)$，并对其进行生产性支出 G_i。因此，政府的总收入与总支出分别为 $T = \sum_{i=1}^{n} \tau_i Y_i$、$G = \sum_{i=1}^{n} G_i$。此外，为了尽可能更简化，假定政府支出不进入消费函数，政府也无自身消费，但必须满足预算平衡：

$$T = \sum_{i=1}^{n} \tau_i Y_i = G = \sum_{i=1}^{n} G_i \tag{4.9}$$

如果我们假定政府对每个部门的支出形成了部门内部共享的公共品，但对其他部门不具有外部性，那么政府支出就能够形成具有俱乐部品性质的公共品。其实，这就是前文提到的林毅夫(2012,第 65 页)所强调的部门专用政策。差别性的税率 $\tau_i \neq \tau_j$ 与公共支出 $G_i \neq G_j$ 反映出部门所面临的外在政策异质性(或者称之为政策倾斜),或称部门专用政策(specific-sector policies)。部门专用政策在资源误配学派中也可称异质性"税收和补贴"(Restuccia and Rogerson,2013),这里的"税收和补贴"是非常广义的,不限于政府的财税政策,可以宽泛地指政府针对部门实施的一系列影响部门损益的政策和制度安排(贺大兴和姚洋,2011)。因此,本章的模型实际上就从部门要素密度异质性与政府部门专用政策异质性两个方向上拓展了 Barro(1990)的经典政府公共服务 AK 模型,或可称为结构 AK 模型。

(三) 代表性家庭最优化行为

家庭面临的问题是在预算约束[式(4.4)]以及横截性条件 $\lim\limits_{t\to\infty} a(t)\exp\left\{-\int_0^t r(s)ds\right\} \geq 0$ 下选择消费路径最大化终身效用[式(4.2)]。构造该动态规划的 Hamilton 函数:

$$H = e^{-\rho t}u[c(t)] + \mu(t)[r(t)a(t) + w(t) - c(t)] \quad (4.10)$$

可得最优化的一阶条件为:

$$\frac{\partial H}{\partial c} = e^{-\rho t}u'[c(t)] - \mu(t) = 0$$

$$\frac{\partial H}{\partial a} = \mu(t)r(t) = -\dot{\mu}(t) \quad (4.11)$$

通过一阶条件变换可得 Euler 方程:

$$\dot{c}(t) = \frac{u'[c(t)]}{u''[c(t)]}[\rho - r(t)] \quad (4.12)$$

由力效用函数和式(4.12)可得我们熟悉的消费增长方程:

$$\frac{\dot{c}(t)}{c(t)} = \frac{r(t) - \rho}{\theta} \quad (4.13)$$

(四) 企业最优化行为与流动性均衡下的加总

任意部门 i 的代表性厂商在任意时刻最大化本期利润所面临的问

题为：

$$\max_{(k_i,L_i)} L_i\left[(1-\tau_i)k_i\phi\left(\frac{G_i}{k_i}\right)-w_i(t)-(r_i+\delta)k_i\right] \quad (4.14)$$

其中，δ 为折旧率（为简化起见，假定所有部门折旧率相同）。

式（4.14）最优化的一阶条件（FOC）为①：

$$\begin{cases} r_i=\alpha_i(1-\tau_i)\phi(\chi_i)-\delta \\ w_i=(1-\alpha_i)(1-\tau_i)\phi(\chi_i)k_i \end{cases} \quad (4.15)$$

在竞争性市场的对称性均衡条件（symmetric equilibrium condition）下，上述FOC[式（4.15）]对所有部门的代表性企业 $i(i=1,2,\cdots n)$ 均同时成立，即要素的流动使得资本利率与劳动工资在所有部门均相等，$r_i=r_j=r$、$w_i=w_j=w$。从而有：

$$\frac{\alpha_i(1-\tau_i)}{\alpha_j(1-\tau_j)}=\frac{\phi(\chi_j)}{\phi(\chi_i)}=\frac{k_i(1-\tau_i)(1-\alpha_i)}{k_j(1-\tau_j)(1-\alpha_j)} \quad (4.16)$$

由式（4.16）可得：

$$k_i=\frac{\alpha_i}{1-\alpha_i}\times\frac{1-\alpha_j}{\alpha_j}\times k_j \quad (4.17)$$

---

① 按照资源误配学派的观点（Restuccia and Rogerson，2008，2013；Hsieh and Klenow，2009），从静态的局部均衡来看，式（4.8）中的部门专用政策异质性会导致要素市场扭曲，使得面临不同要素市场扭曲程度企业的边际产出不相等，资源误配通过削减全要素生产率进而抑制总量增长。与之不同，在政府公共支出具有外部性的情况下，从动态一般均衡来看，本章发现部门专用政策异质性反而能够促进总量增长。作为一种有待进一步论证的猜想，我们觉得这或许是资源误配持续存在的根源。面对资源误配学派未能清楚地解释资源配置的来源与原因（Restuccia and Rogerson，2010；鄢萍，2012），Banerjee and Moll（2010）发问：为什么资源误配会持续存在？按照本章的思考方式，我们觉得发展中国家广泛存在的资源误配其实可能内生于经济增长方式之中，尤其是政府主导的经济增长方式之中。资源误配学派强调的效率损失的根源在于外部干预，将资源过多配置给了低效率的企业；本章中则可能正好相反，即政府将资源过多配置给了高效率（高资本密度）的企业。本质上，资源误配学派的见解没有超出"华盛顿共识"。"华盛顿共识"批评了发展中国家的政府采取了结构主义的发展观导致了严重的扭曲，有必要削减政府干预导致的扭曲并且保持价格正确。然而，正如Stigliz（2011）在后"华盛顿共识"中反思的，"华盛顿共识"错把工具当目标。总之，我们认为政府干预必有代价也必有收益。

式(4.17)对任意的 i、j 均成立,对式(4.17)两边乘以 L_i 并对 i 加总可得:

$$K = \sum_{i=1}^{n} k_i L_i = \frac{1-\alpha_j}{\alpha_j} k_j \sum_{i=1}^{n} \frac{\alpha_i}{1-\alpha_i} L_i \quad (4.18)$$

将式(4.18)以人均形式表示为:

$$k = \frac{1-\alpha_j}{\alpha_j} k_j \sum_{i=1}^{n} \frac{L_i}{L} \frac{\alpha_i}{1-\alpha_i} \quad (4.19)$$

从而得到对后文至关重要的加总关系式(也是资本的竞争性均衡配置方式):

$$k_i = \frac{z_i}{z} k \quad (4.20)$$

其中, $z_i = \frac{\alpha_i}{1-\alpha_i}$、$z = \sum_{i=1}^{n} \frac{L_i}{L} z_i$,对任意 $i(i=1,2,\cdots,n)$ 均成立。

将式(4.20)式入 FOC[式(4.15)]可得资本利率与劳动工资在对称性均衡下的加总式:

$$\begin{cases} r = \omega(1-\tau_i) G_i^{1-\alpha_i} k^{\alpha_i-1} - \delta \\ w = \upsilon(1-\tau_i) G_i^{1-\alpha_i} k^{\alpha_i} \end{cases} \quad (4.21)$$

其中, $\omega = A\left(\frac{z_i}{z}\right)^{\alpha_i-1} \alpha_i$, $\upsilon = A\left(\frac{z_i}{z}\right)^{\alpha_i}(1-\alpha_i)$。

(五)动态一般均衡

由于通过对最终产品的线性加总而简化了产品市场的均衡,而劳动供给不带弹性的假定也简化了就业市场,因此根据瓦尔拉斯法则,在一般均衡时只需资本市场出清即可: $a(t) = k(t)$。将资本利率与劳动工资[式(4.21)]代入消费增长方程[式(4.13)]和家庭预算方程[式(4.4)],可得该经济体总量增长的动态方程;再将式(4.20)与式(4.7)代入泰尔熵指数[式(4.1)],可得经济体结构失衡的状态方程;将二者联立便可得总量增长与结构失衡的动态一般均衡伴生系统:

$$\begin{cases} \dfrac{\dot{c}(t)}{c(t)} = \dfrac{1}{\theta}\left[\omega(1-\tau_i)\left(\dfrac{G_i}{k(t)}\right)^{1-\alpha_i} - \delta - \rho\right] \\ \dot{k}(t) = \left[(\omega+\upsilon)(1-\tau_i)\left(\dfrac{G_i}{k(t)}\right)^{1-\alpha_i} - \delta\right]k(t) - c(t) \\ \mathrm{TL}\left(\dfrac{G_i}{k}\right) = \sum_{i=1}^{n}\left\{\dfrac{L_i\left(\dfrac{z_i}{z}\right)^{\alpha_i}\left(\dfrac{G_i}{k}\right)^{1-\alpha_i}}{\sum_{i=1}^{n}L_i\left(\dfrac{z_i}{z}\right)^{\alpha_i}\left(\dfrac{G_i}{k}\right)^{1-\alpha_i}} \times \right. \\ \left. \left[\ln\left(\left(\dfrac{z_i}{z}\right)^{\alpha_i}\left(\dfrac{G_i}{k}\right)^{1-\alpha_i}\right) - \ln\left(\sum_{i=1}^{n}\dfrac{L_i}{L}\left(\dfrac{z_i}{z}\right)^{\alpha_i}\left(\dfrac{G_i}{k}\right)^{1-\alpha_i}\right)\right]\right\} \end{cases}$$
(4.22)

（六）政府推动的内生增长与结构失衡

式(4.22)中既包含了加总的平均变量(k,c)，也包含了部门层面的参数与变量(α_i, τ_i, G_i)，直观上看还不能够断定该模型经济存在如 Barro (1990)模型中那样的平衡增长路径(BGP)，但我们可以证明拓展模型存在 BGP(参见附录 4.1 的证明)，即：

$$\gamma = \frac{\dot{y}(t)}{y(t)} = \frac{\dot{c}(t)}{c(t)} = \frac{\dot{k}(t)}{k(t)} = \frac{A\alpha_i(1-\tau_i)\chi_i^{1-\alpha_i} - \delta - \rho}{\theta} \quad (4.23)$$

然而，式(4.23)中依然含有部门层面的参数与变量(α_i, τ_i, χ_i)，这样看上去似乎 BGP 在部门加总上需要"刀锋条件"。其实，这个"刀锋条件"由部门之间的流动性均衡自动消除了，即要求式(4.23)对任意 i、j 均成立：

$$\gamma = \frac{1}{\theta}\left[A\alpha_i(1-\tau_i)\chi_i^{1-\alpha_i} - \delta - \rho\right] = \frac{1}{\theta}\left[A\alpha_j(1-\tau_j)\chi_j^{1-\alpha_j} - \delta - \rho\right] \quad (4.24)$$

化简式(4.24)为：

$$A\alpha_i(1-\tau_i)\chi_i^{1-\alpha_i} = A\alpha_j(1-\tau_j)\chi_j^{1-\alpha_j} \quad (4.25)$$

这就是竞争性市场的对称性均衡条件[式(4.16)]。

综上，政府可以使得该模型经济直接登上增长率为 γ［式(4.24)］的 BGP，起点为 $k(0)$、$c(0)=(\eta-\gamma_c)k(0)$、$y(0)=\zeta k(0)$。模型经济不存在转移动态，如图 4.3 所示。

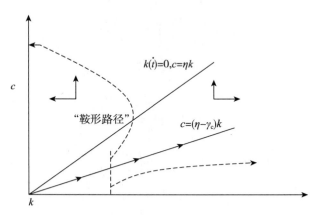

图 4.3 政府推动的内生经济增长

由此，我们就得到了用以解释图 4.1 所描绘的总量增长与结构失衡的伴生系统：

$$\begin{cases} \gamma(\chi_i) = \gamma = \dfrac{1}{\theta}[A\alpha_i(1-\tau_i)\chi_i^{1-\alpha_i} - \delta - \rho] \\[2ex] \mathrm{TL}(\chi_i) = \sum_{i=1}^{n} \left\{ \dfrac{L_i\left(\dfrac{z_i}{z}\right)^{\alpha_i}(\chi_i)^{1-\alpha_i}}{\sum_{i=1}^{n} L_i\left(\dfrac{z_i}{z}\right)^{\alpha_i}(\chi_i)^{1-\alpha_i}} \times \right. \\[2ex] \left. \left[\ln\left(\left(\dfrac{z_i}{z}\right)^{\alpha_i}(\chi_i)^{1-\alpha_i}\right) - \ln\left(\sum_{i=1}^{n}\dfrac{L_i}{L}\left(\dfrac{z_i}{z}\right)^{\alpha_i}(\chi_i)^{1-\alpha_i}\right)\right] \right\} \end{cases}$$

(4.26)

4.5 为增长而失衡的机制

我们从式(4.26)中可以看到，就结构性变量而言，政府的部门专用政策异质性 $\{\chi_i|i=1,2,\cdots,n\}$（$\chi_i$ 由 G_i 传导，而 G_i 与 τ_i 由政府预算约束联系

在一起,所以直观的部门专用政策异质性是$\{(\tau_i, G_i) | i=1,2,\cdots,n\}$)和市场的部门要素密度异质性$\{\alpha_i | i=1,2,\cdots,n\}$均可能影响总量增长与结构失衡。如前所述,我们的模型经济正是从这两个方向上拓展了 Barro(1990)的政府公共服务 AK 模型:第一个方向是将同质性部门拓展到异质性部门(要素密度异质性);第二个方向是将政府的同质性政策拓展到异质性政策(部门专用政策)。

(一)基准情景(退化情景1):既无部门要素密度异质性,也无部门专用政策异质性

第一种情景便是在两个方向上都做退化后的 Barro(1990)基准情景。第一个方向上的退化意味着对任意部门 i 均有 $\alpha_i = \alpha$,即所有部门的要素密度相同。第二个方向上的退化意味着对任意部门 i 均有 $\tau_i = \tau$ 与 $G_i = G$,即公共支出是部门通用的,而且所有的(广义上的)税收政策也是平等的。在此既无部门要素密度异质性也无部门专用政策异质性的退化模型经济中,参数变化为 $z_i = z$、$k_i = k$、$\omega = A\alpha$、$\upsilon = A(1-\alpha)$,政府预算约束变化为 $G = T = \tau Y$,(由于没有部门要素密度异质性,加总后可知)任意部门 i 的代表性厂商生产函数变化为整个经济的代表性厂商生产函数:

$$y_i = y = \frac{Y}{L} = Ak^\alpha G^{1-\alpha} = Ak\left(\frac{G}{k}\right)^{1-\alpha} = A(\chi)^{1-\alpha} k \tag{4.27}$$

由政府的预算约束可知税率为 $\tau = \dfrac{G}{Y}$,代入式(4.27)可得政府公共支出—人均资本比为:

$$\chi = \frac{G}{k} = (AL\tau)^{\frac{1}{\alpha}} \tag{4.28}$$

因此,系统(4.22)中的经济增长动态一般均衡伴生系统就退化为 Barro(1990)的经典政府公共服务 AK 模型:

$$\begin{cases} \dfrac{\dot{c}(t)}{c(t)} = \dfrac{1}{\theta}\left[A\alpha(1-\tau)\left(\dfrac{G}{k(t)}\right)^{1-\alpha} - \delta - \rho\right] \\ \dot{k}(t) = \left[A(1-\tau)\left(\dfrac{G}{k(t)}\right)^{1-\alpha} - \delta\right]k(t) - c(t) \end{cases} \tag{4.29}$$

再将式(4.28)代入式(4.29)可知此模型经济以

$$\gamma = \frac{\dot{y}(t)}{y(t)} = \frac{\dot{k}(t)}{k(t)} = \frac{\dot{c}(t)}{c(t)} = \frac{1}{\theta}[A\alpha(1-\tau)\chi^{1-\alpha}-\delta-\rho] \quad (4.30)$$

的增长率在 BGP 上运行[可参见 Barro(1990)]。

根据 Barro(1990)的分析,政府在预算约束下通过政策组合(τ,G)设计可以使得增长率[式(4.30)]最大化,即政府面临的问题可以表述为:

$$\begin{cases} \max_{\chi} \frac{1}{\theta}[A\alpha(1-\tau)\chi^{1-\alpha}-\delta-\rho] \\ s.t., G=\tau Y \Leftrightarrow \frac{G}{L}=\tau y=\tau AG\left(\frac{G}{k}\right)^{-\alpha} \Leftrightarrow \tau = \frac{\chi^{\alpha}}{AL} \end{cases} \quad (4.31)$$

规划式(4.31)的最优解为:

$$\begin{cases} \chi^* = \frac{G}{k} = [AL(1-\alpha)]^{\frac{1}{\alpha}} \\ \tau^* = \frac{G}{Y} = 1-\alpha \end{cases} \quad (4.32)$$

此时,将(4.32)代入退化后的总量增长与结构失衡的伴生系统[式(4.26)]可知:

$$\begin{cases} \gamma_{\max}^{Barro} = \frac{1}{\theta}[A^{\frac{1}{\alpha}}\alpha^2 \, [L(1-\alpha)]^{\frac{1-\alpha}{\alpha}}-\delta-\rho] \\ TL^{Barro} = 0 \end{cases} \quad (4.33)$$

式(4.33)中的最大化增长率便是 Barro(1990)的基本结论。与此同时,在前述退化的 Barro(1990)模型经济中,式(4.26)中的泰尔熵指数始终为 0,不论增长率最大化与否,这与图 4.2 所示的美国式发展比较吻合。

(二) 市场自身的问题(退化情景 2):在退化情景 1 中纳入部门要素密度异质性

第二种情景是只在第二个方向上的退化,这就意味着对任意部门 i 均有 $\tau_i=\tau$ 与 $G_i=G$,即不存在部门专用政策异质性。但是,部门之间依然存在要素密度异质性,即 $\alpha_i \neq \alpha_j$。因此,式(4.22)中的动态一般均衡伴生系

统就退化为:

$$\begin{cases} \dfrac{\dot{c}(t)}{c(t)} = \dfrac{1}{\theta}\left[\omega(1-\tau)\left(\dfrac{G}{k(t)}\right)^{1-\alpha_i} - \delta - \rho\right] \\ \dot{k}(t) = \left[(\omega+v)(1-\tau)\left(\dfrac{G}{k(t)}\right)^{1-\alpha_i} - \delta\right]k(t) - c(t) \end{cases} \quad (4.34)$$

政府的预算约束也退化为 $\tau Y = G$,将加总关系式(4.20)代入退化后的部门 i 的生产函数可得:

$$y_i = A k_i^{\alpha_i} G^{1-\alpha_i} = A\left(\dfrac{z_i}{z}\right)^{\alpha_i}(k)^{\alpha_i} G^{1-\alpha_i} = A\left(\dfrac{z_i}{z}\right)^{\alpha_i}(\chi)^{1-\alpha_i} k \quad (4.35)$$

将式(4.35)稍作变形并将退化后的政府预算约束代入其中可得:

$$\chi^{\alpha_i} = A\left(\dfrac{z_i}{z}\right)^{\alpha_i}\dfrac{G}{y_i} = A\left(\dfrac{z_i}{z}\right)^{\alpha_i}\dfrac{\tau Y}{y_i} = AL\tau\left(\dfrac{z_i}{z}\right)^{\alpha_i}\dfrac{y}{y_i} \quad (4.36)$$

对式(4.35)进行加总可得:

$$y = \dfrac{1}{L}\sum_{i=1}^{n} Y_i = \dfrac{1}{L}\sum_{i=1}^{n} AL_i k_i^{\alpha_i} G^{1-\alpha_i} = \dfrac{1}{L}\sum_{i=1}^{n} AL_i\left(\dfrac{z_i}{z}\right)^{\alpha_i}\chi^{1-\alpha_i} k \quad (4.37)$$

由式(4.37)和式(4.35)可得:

$$\dfrac{y}{y_i} = \left(\dfrac{z_i}{z}\right)^{-\alpha_i}\sum_{j=1}^{n}\dfrac{L_j}{L}\left(\dfrac{z_j}{z}\right)^{\alpha_j}(\chi)^{\alpha_i - \alpha_j} \quad (4.38)$$

将式(4.38)代入式(4.36)可得:

$$AL\tau\sum_{j=1}^{n}\dfrac{L_j}{L}\left(\dfrac{z_j}{z}\right)^{\alpha_j}\chi^{-\alpha_j} = 1 \quad (4.39)$$

然后,将满足式(4.39)的 χ 代入式(4.34)可知该模型经济以

$$\gamma = \dfrac{\dot{y}(t)}{y(t)} = \dfrac{\dot{k}(t)}{k(t)} = \dfrac{\dot{c}(t)}{c(t)} = \dfrac{1}{\theta}\left[\omega(1-\tau)\chi^{1-\alpha_i} - \delta - \rho\right] \quad (4.40)$$

的增长率在 BGP 上运行(证明与附录 4.1 的证明类似)。与 Barro(1990)的分析思路一致,政府在预算约束下通过政策组合 (τ, G) 设计可以使得增长率[式(4.40)]最大化:

$$\begin{cases} \max_{\chi} \dfrac{1}{\theta}[\omega(1-\tau)(\chi)^{1-\alpha_i}-\delta-\rho] \\ s.t., G=\tau Y \Leftrightarrow \dfrac{G}{L}=\tau y \Leftrightarrow \tau = \dfrac{1}{\sum_{i=1}^{n} AL_i\left(\dfrac{z_i}{z}\right)^{\alpha_i}(\chi)^{-\alpha_i}} \end{cases} \quad (4.41)$$

规划式(4.41)的最优解为满足下式的 χ^* 以及相应的税率为 τ^*：

$$\begin{cases} (1-\alpha_i)\left[A\sum_{i=1}^{n}L_i\left(\dfrac{z_i}{z}\right)^{\alpha_i}(\chi^*)^{-\alpha_i}-1\right]=\dfrac{\sum_{i=1}^{n}\alpha_i L_i\left(\dfrac{z_i}{z}\right)^{\alpha_i}(\chi^*)^{-\alpha_i}}{\sum_{i=1}^{n}L_i\left(\dfrac{z_i}{z}\right)^{\alpha_i}(\chi^*)^{-\alpha_i}} \\ \tau^* = \dfrac{1}{AL\sum_{j=1}^{n}\dfrac{L_j}{L}\left(\dfrac{z_j}{z}\right)^{\alpha_j}(\chi^*)^{-\alpha_j}} \end{cases}$$

(4.42)

此时,该模型经济的总量增长率和结构失衡程度为：

$$\begin{cases} \gamma_{\max}^{Barro-1}(\chi^*)=\dfrac{1}{\theta}\left[A\left(\dfrac{z_i}{z}\right)^{\alpha_i-1}\alpha_i\left(1-\dfrac{1}{AL\sum_{j=1}^{n}\dfrac{L_j}{L}\left(\dfrac{z_j}{z}\right)^{\alpha_j}(\chi^*)^{-\alpha_j}}\right)(\chi^*)^{1-\alpha_i}-\delta-\rho\right] \\ TL^{Barro-1}(\chi^*)=\sum_{i=1}^{n}\left\{\dfrac{L_i\left(\dfrac{z_i}{z}\right)^{\alpha_i}(\chi^*)^{1-\alpha_i}}{\sum_{j=1}^{n}L_j\left(\dfrac{z_j}{z}\right)^{\alpha_j}(\chi^*)^{1-\alpha_j}}\ln\dfrac{\left(\dfrac{z_i}{z\chi^*}\right)^{\alpha_i}}{\sum_{j=1}^{n}\dfrac{L_j}{L}\left(\dfrac{z_j}{z\chi^*}\right)^{\alpha_j}}\right\} \end{cases}$$

(4.43)

式(4.43)是在只存在部门要素密度异质性而不存在部门专用政策异质性的模型经济中,政府最大化总量增长情况下的总量增长与结构失衡。由此也可以看到,仅由市场自身的异质性也可能引发结构失衡,那么政府的干预就可能加剧或者抑制结构失衡。

(三) 一般情景：在退化情景 2 中纳入部门专用政策异质性

在退化情景 2 中纳入部门专用政策异质性便是本章模型的一般情景。同样,政府面临的问题也是在预算约束下最大化总量增长率。首先,将加总关系式(4.20)代入总的政府收入中：

$$T = \sum_{i=1}^{n} \tau_i Y_i = \sum_{i=1}^{n} \tau_i L_i y_i = \sum_{i=1}^{n} \tau_i L_i A k_i^{\alpha_i} G_i^{1-\alpha_i}$$

$$= \sum_{i=1}^{n} \tau_i L_i A k_i \chi_i^{1-\alpha_i} = \frac{Ak}{z} \sum_{i=1}^{n} \tau_i L_i z_i \chi_i^{1-\alpha_i} \quad (4.44)$$

将加总关系式(4.20)代入总的政府支出中：

$$G = \sum_{i=1}^{n} G_i = \sum_{i=1}^{n} \chi_i k_i = \frac{k}{z} \sum_{i=1}^{n} z_i \chi_i \quad (4.45)$$

由此，政府预算约束变为：

$$T = G \Leftrightarrow A \sum_{i=1}^{n} \tau_i L_i z_i \chi_i^{1-\alpha_i} = \sum_{i=1}^{n} z_i \chi_i \quad (4.46)$$

那么，政府面临的问题便是：

$$\begin{cases} \max_{\chi_i} \gamma = \frac{1}{\theta}[A\alpha_i(1-\tau_i)\chi_i^{1-\alpha_i} - \delta - \rho] \\ s.t., T = G \Leftrightarrow \tau_i = \frac{\chi_i^{\alpha_i}}{AL_i} + \frac{1}{AL_i z_i \chi_i^{1-\alpha_i}} \sum_{\substack{j=1 \\ j \neq i}}^{n} z_j \chi_j - \frac{1}{L_i z_i \chi_i^{1-\alpha_i}} \sum_{\substack{j=1 \\ j \neq i}}^{n} \tau_j L_j z_j \chi_j^{1-\alpha_j} \end{cases}$$

$$(4.47)$$

规划式(4.47)的解为：

$$\begin{cases} \chi_i^* = [AL_i(1-\alpha_i)]^{\frac{1}{\alpha_i}} \\ \tau_i^* = \frac{(\chi_i^*)^{\alpha_i}}{AL_i} + \frac{(\chi_i^*)^{\alpha_i-1}}{AL_i z_i} \sum_{\substack{j=1 \\ j \neq i}}^{n} z_j \chi_j^* - \frac{(\chi_i^*)^{\alpha_i-1}}{L_i z_i} \sum_{\substack{j=1 \\ j \neq i}}^{n} \tau_j^* L_j z_j (\chi_j^*)^{1-\alpha_j} \end{cases}$$

$$(4.48)$$

注意，解(4.48)中的 χ_j^*、τ_j^* 带有 * 号，这是因为解(4.48)对任意 i、j 均同时成立，即有：

$$\frac{G_i}{G_j} = \frac{z_i (AL_i(1-\alpha_i))^{\frac{1}{\alpha_i}}}{z_j (AL_j(1-\alpha_j))^{\frac{1}{\alpha_j}}} \quad (4.49)$$

此时，该模型经济的总量增长率和结构失衡程度[式(4.26)]为：

$$\begin{cases} \gamma_{\max}(\chi_i^*) = \dfrac{1}{\theta}\left[A\left(\dfrac{z_i}{z}\right)^{\alpha_i-1} \alpha_i(1-\tau_i^*)(\chi_i^*)^{1-\alpha_i} - \delta - \rho \right] \\[2mm] \mathrm{TL}(\chi_i^*) = \sum_{i=1}^{n} \left\{ \dfrac{L_i\left(\dfrac{z_i}{z}\right)^{\alpha_i}(\chi_i^*)^{1-\alpha_i}}{\sum_{i=1}^{n} L_i\left(\dfrac{z_i}{z}\right)^{\alpha_i}(\chi_i^*)^{1-\alpha_i}} \times \right. \\[2mm] \left. \left[\ln\left(\left(\dfrac{z_i}{z}\right)^{\alpha_i}(\chi_i^*)^{1-\alpha_i}\right) - \ln\left(\sum_{i=1}^{n} \dfrac{L_i}{L}\left(\dfrac{z_i}{z}\right)^{\alpha_i}(\chi_i^*)^{1-\alpha_i}\right) \right] \right\} \end{cases}$$

(4.50)

式(4.49)其实刻画了解[式(4.50)]所包含的部门专用政策异质性程度,或者说政策倾斜程度。这样的政策倾斜(不妨称之为最优政策结构)实现了经济总量增长率的最大化,然而必然也会导致部门结构之间的失衡。我们将这一结论概括为"为增长而失衡"的理论命题(参见附录4.2的证明):

命题 若 $g_i = \dfrac{G_i}{L_i} \neq g_j = \dfrac{G_j}{L_j}$,则 $\mathrm{TL} \neq 0$,存在这样的 $i \neq j$ ($i,j = 1, 2, \cdots, n$) 使其成立。

前述命题反映的政府追求总量增长率最大化所实施的部门专用政策诱发部门之间收入差距或结构失衡的结论,与新结构经济学强调的重工业赶超战略导致收入差距的结论是一致的(林毅夫和刘培林,2003;林毅夫,2012;林毅夫和陈斌开,2013),但是与他们前期对增长的看法有所不同。按照"为增长而失衡"的机制,总量增长可被视为政府发展战略的收益,而结构失衡则可被视为政府发展战略的代价。那么,如果考虑外部性,全盘否定重工业赶超战略的观点(林毅夫等,1994;乌杰,1995;于光远,1996)便十分欠妥,姚洋和郑东雅(2008)就强调了这一点。

(四) 总量增长与结构失衡的分解

为了更加清晰地揭示总量增长作为政府发展战略的收益这一点,我们不妨在抹去部门要素密度异质性后与 Barro(1990) 的基准模型做比较,这样便可以看到部门专用政策异质性的单独作用。在抹去部门要素密度异质性后,式(4.50)中的最大化增长率变为:

$$\gamma(\chi_i^*) = \frac{1}{\theta}[A\alpha(1-\tau_i^*)[AL_i(1-\alpha)]^{\frac{1-\alpha}{\alpha}} - \delta - \rho] \tag{4.51}$$

式(4.51)减去式(4.33)中的 Barro(1990)基准模型中的最大化增长率可得:

$$\gamma_{\max} - \gamma_{\max}^{Barro} = \frac{1}{\theta}A\alpha(1-\tau_i^*)[AL_i(1-\alpha)]^{\frac{1-\alpha}{\alpha}} - \frac{1}{\theta}A^{\frac{1}{\alpha}}\alpha^2[L(1-\alpha)]^{\frac{1-\alpha}{\alpha}} \tag{4.52}$$

于是我们知道,当且仅当政府将部门专用税设置为 $\tau_i^* < 1 - \alpha \left(\dfrac{L_i}{L}\right)^{\frac{\alpha}{1-\alpha}}$ 时,有 $\gamma_{\max} > \gamma_{\max}^{Barro}$。

我们曾在第 3 节讨论结构失衡时提到,泰尔熵的一个优点是便于进行具有经济学意义的具体分解,这个分解机制使我们能够更加直观地理解前面复杂的机制。于是对式(4.1)进行如下分解:

$$\begin{aligned} TL &= \sum_{i=1}^{n}\left[\frac{Y_i}{Y}\ln\left(\frac{y_i}{y}\right)\right] = \sum_{i=1}^{n}\left[\frac{Y_i}{Y}\ln\left(\frac{G}{Y}\times\frac{G_i}{G}\times\frac{y_i}{G_i}L\right)\right] \\ &= \sum_{i=1}^{n}\left[\frac{Y_i}{Y}\ln\left(\frac{G}{Y}\times\frac{G_i}{G}\times\frac{\phi_i(\chi_i)}{\chi_i}\times L\right)\right] \end{aligned} \tag{4.53}$$

由式(4.48)的解可知:

$$\frac{\phi_i(\chi_i^*)}{\chi_i^*} = A(\chi_i^*)^{-\alpha_i} = \frac{1}{L_i(1-\alpha_i)} \tag{4.54}$$

因此,将式(4.54)代入分解式(4.53),便可把结构失衡分解为:

$$TL^* = TL_M^* + TL_{GS}^* + TL_{GD}^* \tag{4.55}$$

其中,

$$\begin{aligned} TL_M{}^* &= \sum_{i=1}^n \left[\frac{Y_i}{Y} \ln\left(\frac{1}{1-\alpha_i}\right) \right] \\ TL_{GS}{}^* &= \sum_{i=1}^n \left[\frac{Y_i}{Y} \ln\left(\frac{G_i/L_i}{G/L}\right) \right] \\ TL_{GD}{}^* &= \sum_{i=1}^n \left[\frac{Y_i}{Y} \ln\left(\frac{G}{Y}\right) \right] \end{aligned} \quad (4.56)$$

$TL_M{}^*$、$TL_{GS}{}^*$ 和 $TL_{GD}{}^*$ 分别对应为部门要素密度异质性引致的结构失衡、政府结构型干预引致的结构失衡、政府总量型干预引致的结构失衡。回顾泰尔熵公式(4.1)的形式,第二项实际上也可以看成部门专用政策异质性的泰尔熵指数,只不过权重是收入份额而非政府支出份额。需要注意的是,由于权重的更换,上述三种类型的结构失衡可能包括了对结构失衡的抑制作用与诱发作用。

同样,我们可将式(4.48)的解代入式(4.50)中的增长率,并分解为:

$$\gamma^* = \gamma_G{}^* + \gamma_S{}^* \qquad (4.57)$$

其中,

$$\gamma_G{}^* = \frac{1}{\theta}\left[\left(\frac{z_i}{z}\right)^{\alpha_i-1} \alpha_i (1-\tau_i^*) \phi(\chi_i^*) - \delta - \rho\right] \qquad (4.58)$$

$$\gamma_S{}^* = \frac{1}{\theta}\left(\frac{z_i}{z}\right)^{\alpha_i-1} \frac{\alpha_i}{L_i z_i} \sum_{j=1}^n \left(z_j \left(\tau_j^* L_j \phi(\chi_j^*) - \chi_j^*\right)\right) \qquad (4.59)$$

与前面 Barro(1990)的基准情景相对比,式(4.58)对应于在既无部门要素密度异质性又无部门专用政策异质性模型中的增长率,而式(4.59)可称为部门专用政策异质性制造的结构性增长。

4.6 结构失衡的经验分析

(一) 具有理论基础的计量模型设定

根据前面结构失衡的分解方程式(4.55),可将基准计量模型设定为:

$$TL = (\beta_0 + \kappa_0 D) + \sum_{i=1}^3 (\beta_i + \kappa_i D) X_i + \varepsilon \qquad (4.60)$$

其中，$X_1 = \sum_{i=1}^{n}\left[\frac{Y_i}{Y}\ln\left(\frac{1}{1-\alpha_i}\right)\right]$、$X_2 = \sum_{i=1}^{n}\left[\frac{Y_i}{Y}\ln\left(\frac{G_i/L_i}{G/L}\right)\right]$、$X_3 = \sum_{i=1}^{n}\left[\frac{Y_i}{Y}\ln\left(\frac{G}{Y}\right)\right]$。如前所述，$X_1$ 刻画了与部门要素密度异质性相关的结构失衡的来源，X_2 刻画了与部门专用政策异质性（结构性干预）相关的结构失衡的来源，X_3 刻画了与政府干预程度相关的结构失衡的来源，ε 为随机扰动项。鉴于式（4.60）的计量模型是从理论模型中推导出来的，具有严格的理论基础，我们不轻易纳入其他控制变量。此外，考虑到改革开放前后的差异较大，设置一个虚拟变量 D 以反映其前后变化。如前所交代的，由于变量 X_1、X_2、X_2 的加总权重，其系数符号可正可负，正的符号表示诱发作用，负的符号表示抑制作用。

（二）来自二元经济的经验分析

1. 变量与指标

我们首先以城乡二元经济部门（农业与非农业部门，$n=2$）为例，这不仅是因为中国城乡二元结构失衡最为严重，更主要的是城乡政策异质性泾渭分明。中国城乡政策差异不仅体现在财税政策上，诸如户籍、选举权等制度层面的政策也有较大的异质性。如图 4.1 所示，涉农与非农二元结构失调的熵与三次产业结构失衡的熵高度一致，相关系数为 0.9974。城乡二元结构失衡与农业和非农业两大部门划分的产业部门间的结构失衡较为一致。当然，要量化广义上及更加细分产业部门的政策异质性具有一定的难度。在此，我们对经济结构简要进行涉农与非农二元划分，以此建立相应的指标（见表 4.1）。

表 4.1 变量、计算公式与说明及其含义

变量	计算公式	内容说明	含义
TL	$TL = \sum_{i=1}^{2}\left[\frac{Y_i}{Y}\ln\left(\frac{Y_i/L_i}{Y/L}\right)\right]$	Y 为国民生产总值，Y_1 为农业生产总值、Y_2 为非农业生产总值，L_1 为农业就业人口、L_2 为非农业就业人口	定义的城乡二元部门间（农业与非农业）的结构失衡

（续表）

变量	计算公式	内容说明	含义
X_1	$X_1 = \sum_{i=1}^{2}\left[\dfrac{Y_i}{Y}\ln\left(\dfrac{1}{1-\alpha_i}\right)\right]$	Y 为国民生产总值，Y_1 为农业生产总值、Y_2 为非农业生产总值，α_1 为农业部门的资本密度，α_2 为非农业部门的资本密度	理论模型中分解出的与部门要素密度异质性相关的结构失衡的来源
X_2	$X_2 = \sum_{i=1}^{2}\left[\dfrac{Y_i}{Y}\ln\left(\dfrac{G_i/L_i}{G/L}\right)\right]$	Y 为国民生产总值，Y_1 为农业生产总值、Y_2 为非农业生产总值，G_1 为支农支出；G_2 为财政支出减支农支出，用以测度宽口径的非农支出	理论模型中分解出的与部门专用政策异质性相关的结构失衡的来源
X_3	$X_3 = \sum_{i=1}^{2}\left[\dfrac{Y_i}{Y}\ln\left(\dfrac{G}{Y}\right)\right]$	Y 为国民生产总值，Y_1 为农业生产总值、Y_2 为非农业生产总值，G 为政府财政支出	理论模型中分解出的与政府干预程度相关的结构失衡的来源
D	$D=0$, if year<1978; or $D=1$	1978 年之前取值为 0，之后取值为 1	虚拟变量

2. 数据来源与样本构建

通过二元经济结构划分之后，《新中国六十年统计资料汇编》有财政支出和支农支出的数据，可利用表 4.1 中的公式计算出 X_2、X_3。限于财税政策的统计口径在 2006 年前后非常不一致，因此我们的样本也截至 2006 年。与政策异质性一样，市场异质性的测度也并非易事。为了尽可能地捕获市场异质性，我们采取多角度测度策略，构建多个样本。第一类样本是部门要素密度不随时间变化，第二类样本则是部门要素密度在不同时间可能会不同。参考中国资本份额的已有研究，由于农业部门是劳动密集型，α_1 取值为 0.3 或 0.4；非农业部门是资本密集型，α_2 取值为 0.6 或 0.7。因此，α_1、α_2 不同的取值组合可以构造四个样本[样本 1($\alpha_1=0.3$、$\alpha_2=0.6$)、样本 2($\alpha_1 = 0.3$、$\alpha_2 = 0.7$)、样本 3($\alpha_1 = 0.4$、$\alpha_2 = 0.6$)、样本 4($\alpha_1 = 0.4$、$\alpha_2 = 0.7$)],用于稳健性比较。在第二类样本中,章上峰和许冰(2009)测算了中国 1979—2005 年的平均资本密度。利用农业与非农业部门的两组权重(0.3,0.7;0.4,0.6),可构造两个部门要素密度时变样本[样本 5(权重为:0.3,0.7)、样本 6(权重为:0.4,0.6)]。

3. OLS 回归结果

表 4.2 是样本 1 的 OLS 回归结果。① 第二、三列是单独回归刻画部门要素密度异质性的变量,不论控制时间趋势与否,变量 X_1 的系数均不显著,没有太大的解释力。第四、五列是单独回归刻画部门专用政策异质性的变量,不论控制时间趋势与否,变量 X_2 的系数均显著为正,调整可决系数均超过 0.63。第六、七列是完整设定模型的回归结果,在没有控制时间趋势的模型中,除 X_3 外,X_1、X_2 的系数均显著,在控制时间趋势的模型中,变量 X_1、X_2、X_3 的系数均显著;变量 X_1 的系数为负,而变量 X_2、X_3 的系数为正,这表明市场异质性对结构失衡可能具有抑制作用,而政策异质性却有着非常显著的诱发作用,模型的调整可决系数在 0.8 左右,具有较高的拟合效果。表 4.3 是改革开放之后部门要素密度时变样本的 OLS 回归结果,刻画部门专用政策异质性和政府干预程度的变量对结构失衡都有显著的诱发作用;而刻画市场异质性的变量只有在单独回归的第二、三列中表现出了显著的诱发作用。②

表 4.2 二元经济样本 1($\alpha_1 = 0.3$、$\alpha_2 = 0.6$)的 OLS 回归结果

	(1-1)	(1-2)	(2-1)	(2-2)	(3-1)	(3-2)
X_1	0.424	-0.418			-2.142**	-3.904***
	(1.11)	(-1.02)			(-3.18)	(-6.02)

---

① 回归结果参见附表 4.1 到附表 4.15。

② 限于篇幅,我们没有在本章中报告样本 2 到样本 4 与样本 6 的 OLS 回归结果,它们基本上也是稳健的。

（续表）

	（1-1）	（1-2）	（2-1）	（2-2）	（3-1）	（3-2）
X_2			0.132***	0.134**	0.304***	0.254***
			(4.09)	(3.33)	(5.72)	(5.75)
X_3					0.002	0.411**
					(0.02)	(3.51)
D	0.135	0.465	−0.187***	−0.185***	−0.868	−0.778
	(0.37)	(1.36)	(−9.15)	(−5.48)	(−1.24)	(−1.38)
DX_1	−0.394	−0.956*			1.158	0.250
	(−0.79)	(−2.04)			(1.36)	(0.35)
DX_2			0.018	0.025	0.268	0.625***
			(0.17)	(0.19)	(1.45)	(3.77)
DX_3					0.079	−0.317*
					(0.72)	(−2.66)
year		0.0068***		−0.0002		0.0096***
		(3.74)		(−0.10)		(5.05)
常数	0.110	0.612*	0.441***	0.443***	1.998**	3.614***
	(0.41)	(2.22)	(31.88)	(14.91)	(3.38)	(6.27)
F	20.23	22.53	32.74	24.08	28.68	41.38
Adj R^2	0.5165	0.6146	0.6381	0.6309	0.7821	0.8568

注：*、**、*** 分别表示显著性水平为 5%、1%、0.1%。

表 4.3　二元经济样本 5（时变要素密度，权重为 0.3、0.7）的 OLS 回归结果

	（1-1）	（1-2）	（2-1）	（2-2）	（3-1）	（3-2）
X_1	0.117***	0.147***			−0.0982*	0.0262
	(3.88)	(4.43)			(−2.70)	(0.59)
X_2			0.132*	0.436***	0.422***	0.432***
			(2.43)	(5.53)	(6.55)	(8.37)
X_3					0.152***	0.0667*
					(6.70)	(2.29)
year		−0.0013		−0.0048***		−0.0036**
		(−1.83)		(−4.51)		(−3.75)

（续表）

	(1-1)	(1-2)	(2-1)	(2-2)	(3-1)	(3-2)
常数	0.0662	2.587	0.252***	9.748***	0.657***	7.440***
	(1.29)	(1.88)	(32.78)	(4.62)	(7.19)	(4.11)
F	15.04	9.91	5.89	15.37	29.86	38.59
Adj R^2	0.3507	0.4066	0.1583	0.5250	0.7690	0.8526

注：*、**、*** 分别表示显著性水平为 5%、1%、0.1%。

4. ARIMA 回归结果

由于时间序列数据中的随机扰动项可能存在自相关，因此 OLS 估计可能有偏。鉴于此，我们重新采用 ARIMA 方法对样本 1 到样本 6 进行回归。表 4.4 是样本 1 的 ARIMA 回归结果，与 OLS 回归结果一样，刻画部门专用政策异质性和政府干预程度的变量 X_2、X_3 的系数显著为正，在完整设定模型的第六、七列中刻画市场异质性的变量 X_1 的系数显著为负。表 4.5 是改革开放之后部门要素密度时变样本 5 的 ARIMA 回归结果，刻画部门专用政策异质性的变量同样具有显著的诱发作用，刻画政府干预程度及市场异质性的变量的诱发作用不太明显。① 在部门要素密度时变样本中，我们进一步采取了 GMM 估计（见表 4.6），结果依然是稳健的。总之，政策异质性对结构失衡具有显著的诱发作用，市场异质性反而表现出一定的抑制作用。

表 4.4　二元经济样本 1（$\alpha_1 = 0.3$、$\alpha_2 = 0.6$）的 ARIMA 回归结果

	(1-1)	(1-2)	(2-1)	(2-2)	(3-1)	(3-2)
X_1	0.0066	0.0923			−1.973***	−3.621***
	(0.01)	(0.12)			(−3.95)	(−7.64)
X_2			0.534***	0.516***	0.558***	0.267***
			(7.40)	(11.05)	(15.56)	(5.61)

---

① 限于篇幅，我们没有在本章中报告样本 2 到样本 4 与样本 6 的 ARIMA 回归结果，它们基本上也是稳健的。

（续表）

	（1-1）	（1-2）	（2-1）	（2-2）	（3-1）	（3-2）
X_3					0.137	0.404**
					（1.82）	（3.18）
D	-0.360	-0.510	-0.0475	-0.0602	-0.298	-1.041
	（-0.29）	（-0.30）	（-0.23）	（-0.30）	（-0.14）	（-1.29）
DX_1	0.333	0.549			0.136	0.641
	（0.20）	（0.24）			（0.04）	（0.59）
DX_2			-0.0277	0.0490	0.380	0.553
			（-0.04）	（0.08）	（0.54）	（1.54）
DX_3					-0.0395	-0.316*
					（-0.12）	（-2.35）
year		-0.0012		-0.0093*		0.0071*
		（-0.21）		（-2.09）		（2.26）
常数	0.372	0.328	0.440	0.660***	2.102***	3.445***
	（1.13）	（0.70）	（1.48）	（11.91）	（4.91）	（7.73）
L.ar	0.590**	0.612**	1.545***	1.311***	1.119***	0.179
	（3.17）	（2.88）	（6.46）	（8.45）	（9.78）	（1.02）
L2.ar	0.0469	0.0551	-0.496	-0.258	0.109	0.0946
	（0.32）	（0.34）	（-1.30）	（-1.04）	（0.63）	（0.56）
L3.ar	0.127	0.117	-0.0829	-0.264	-0.457***	0.226
	（0.73）	（0.63）	（-0.45）	（-1.80）	（-5.55）	（1.71）
sigma cons	0.0498***	0.0497***	0.0356***	0.0318***	0.0312***	0.0326***
	（11.69）	（7.96）	（9.33）	（15.68）	（11.67）	（8.90）
Wald chi2	29.90	32.77	1 720.99	800.72	830.35	212.97

注：*、**、*** 分别表示显著性水平为 5%、1%、0.1%。

表 4.5　二元经济样本 5（时变要素密度，权重为 0.3、0.7）的 ARIMA 回归结果

	（1-1）	（1-2）	（2-1）	（2-2）	（3-1）	（3-2）
X_1	0.113*	0.148**			0.0183	0.0296
	（2.00）	（2.72）			（0.29）	（0.69）

（续表）

	(1-1)	(1-2)	(2-1)	(2-2)	(3-1)	(3-2)
X_2			0.489***	0.486***	0.481***	0.486***
			(6.01)	(8.30)	(5.93)	(7.85)
X_3					0.0422	0.0478
					(0.65)	(1.87)
year		−0.0014		−0.0055***		−0.0045***
		(−1.38)		(−4.78)		(−4.52)
常数	0.0735	2.932	0.217***	11.34***	0.251	9.362***
	(0.77)	(1.40)	(4.47)	(4.88)	(1.29)	(4.77)
L.ar	0.915***	0.860***	1.313*	1.022***	1.248**	0.884***
	(4.07)	(3.41)	(2.50)	(4.48)	(3.02)	(3.39)
L2.ar	−0.272	−0.249	0.0120	0.295	0.109	0.230
	(−0.82)	(−0.80)	(0.01)	(0.68)	(0.17)	(0.52)
L3.ar	−0.105	−0.0505	−0.358	−0.537	−0.402	−0.537*
	(−0.49)	(−0.25)	(−0.79)	(−1.64)	(−1.14)	(−2.11)
sigma 常数	0.0169***	0.0163***	0.0083***	0.0070***	0.0077***	0.0061***
	(6.28)	(5.59)	(8.48)	(5.47)	(6.01)	(6.76)
Wald chi2	28.59	23.70	611.40	205.52	489.97	137.22

注：*、**、*** 分别表示显著性水平为 5%、1%、0.1%。

表 4.6　二元经济样本 5（时变要素密度，权重为 0.3、0.7）的 GMM 估计

	(1)	(2)	(3)
常数	0.0281	0.247***	0.843***
	(0.84)	(40.37)	(5.66)
X_1	0.139***		−0.168**
	(6.97)		(−3.11)
X_2		0.151***	0.551***
		(4.50)	(5.23)
X_3			0.198***
			(5.10)

注：解释变量的一阶滞后作为工具；*、**、*** 分别表示显著性水平为 5%、1%、0.1%。

(三) 来自区域经济的经验分析

1. 变量与指标

如前所述,除二元经济表现出严重的结构失衡之外,就是中国区域经济之间的结构失衡了。相对于二元经济而言,区域经济的市场异质性可能较政策异质性程度要大得多,而区域政策异质性的区分可能更加明显。同样,除财税政策的区域差异之外,诸如特区政策之类的广义的政策异质性也较难以测度。由于海南省缺乏改革开放之前的数据,我们将其排除在样本之外,令 $n=30$。表 4.7 是以省市为单元构建的变量指标。

表 4.7 变量、计算公式与说明及其含义

变量	计算公式	内容说明	含义
TL	$TL = \sum_{i=1}^{30}\left[\frac{Y_i}{Y}\ln\left(\frac{Y_i/L_i}{Y/L}\right)\right]$	Y 为国民生产总值,Y_i 为第 i 个省市的生产总值,L_i 为第 i 个省市的就业人口	定义的区域经济部门(省市)之间的结构失衡
X_1	$X_1 = \sum_{i=1}^{30}\left[\frac{Y_i}{Y}\ln\left(\frac{1}{1-\alpha_i}\right)\right]$	Y 为国民生产总值,Y_i 为第 i 个省市的生产总值,α_i 为第 i 个省市的资本密度	理论模型中分解出的与部门要素密度异质性相关的结构失衡的来源
X_2	$X_2 = \sum_{i=1}^{30}\left[\frac{Y_i}{Y}\ln\left(\frac{G_i/L_i}{G/L}\right)\right]$	Y 为国民生产总值,Y_i 为第 i 个省市的生产总值,G_i 为第 i 个省市的财政支出	理论模型中分解出的与部门专用政策异质性相关的结构失衡的来源
X_3	$X_3 = \sum_{i=1}^{30}\left[\frac{Y_i}{Y}\ln\left(\frac{G}{Y}\right)\right]$	Y 为国民生产总值,Y_i 为第 i 个省市的生产总值,G 为所有省市的财政支出之和	理论模型中分解出的与政府干预程度相关的结构失衡的来源
D	$D=0, \text{if year}<1978; \text{or } D=1$	1978 年之前取值为 0,之后取值为 1	虚拟变量

2. 数据来源与样本构建

要构造变量 X_1 的样本,需要省市的要素密度,由于缺乏近六十年整个时间序列的要素密度数据,我们以傅晓霞和吴利学(2006)测算的省级平均资本密度为近似值,其余数据来自《新中国六十年统计资料汇编》。

3. OLS 回归结果

表 4.8 是区域经济样本的 OLS 回归结果。不论是单独回归(第二、三列)还是完整回归模型(第六、七列)中,刻画地区要素密度异质性的变量 X_1 均非常显著地诱发了地区之间的结构失衡,这表明市场异质性在地区收入差距中具有十分重要的影响(可决系数超过 0.8)。在单独回归模型(第四、五列)中,刻画部门专用政策异质性的变量 X_2 也具有显著的影响(可决系数超过 0.6),但是在完整回归模型(第六、七列)中却不显著,这表明政策异质性在地区结构失衡中的相对重要性较市场异质性要低得多。而刻画政府干预程度的变量 X_3 在所有回归模型中均不显著,这意味着仅观察政府对经济的介入程度的意义可能远不如观察政府部门专用政策这样的政策结构特征。整个模型的可决系数接近 0.9,可以说市场异质性和政策异质性确实是地区结构失衡最重要的两个因素。

表 4.8 区域经济样本的 OLS 回归结果

	(1-1)	(1-2)	(2-1)	(2-2)	(3-1)	(3-2)
X_1	6.037***	6.769***			6.612***	6.376***
	(6.71)	(8.71)			(3.75)	(4.15)
X_2			0.120**	0.112**	0.0447	-0.0049
			(3.23)	(2.96)	(1.52)	(-0.17)
X_3					-0.0157	0.0055
					(-1.01)	(0.38)
D	-4.124*	-3.173	-0.0661**	-0.0508*	-2.120	-2.562
	(-2.13)	(-1.92)	(-3.35)	(-2.17)	(-0.76)	(-1.05)
DX_1	3.452*	2.673			1.827	2.185
	(2.11)	(1.92)			(0.78)	(1.08)

（续表）

	(1-1)	(1-2)	(2-1)	(2-2)	(3-1)	(3-2)
DX_2			−0.0941	−0.0803	−0.0576	0.0080
			(−1.66)	(−1.39)	(−1.35)	(0.20)
DX_3					0.0412	0.0142
					(1.76)	(0.67)
year		−0.0009***		−0.0004		−0.0009***
		(−4.69)		(−1.19)		(−4.10)
常数	−6.989***	−7.847***	0.208***	0.212***	−7.699***	−7.369***
	(−6.54)	(−8.50)	(26.27)	(24.81)	(−3.62)	(−3.98)
F	106.21	116.72	36.29	27.79	47.29	56.82
Adj R^2	0.8493	0.8921	0.6540	0.6568	0.8526	0.8886

注：*、**、*** 分别表示显著性水平为 5%、1%、0.1%。

4. ARIMA 回归结果

同样，时间序列数据中的随机扰动项也可能存在自相关，基本的 OLS 估计可能是有偏的。我们进一步对区域经济样本采取 ARIMA 回归，回归结果如表 4.9 所示。刻画地区要素密度异质性的变量 X_1 的系数大小和显著性并未发生太大的改变，市场异质性对地区结构失衡确实有着重要而稳健的影响。在单独回归模型（第四、五列）中，刻画部门专用政策异质性的变量 X_2 的系数也显著为正，但是有意思的是，DX_2 的系数却显著为负，这可能意味着改革开放之后的财政政策尤其是转移支付，可能对地区结构失衡有一定的抑制作用。整个回归模型（第六、七列）与 OLS 回归结果是一致的。

表 4.9 区域经济样本的 ARIMA 回归结果

	(1-1)	(1-2)	(2-1)	(2-2)	(3-1)	(3-2)
X_1	9.425***	9.388***			9.693***	9.704***
	(33.35)	(30.30)			(17.48)	(16.50)
X_2			0.159***	0.149***	0.0354	0.0338
			(6.23)	(5.70)	(0.97)	(1.04)

（续表）

	(1-1)	(1-2)	(2-1)	(2-2)	(3-1)	(3-2)
X_3					−0.0108	−0.0108
					(−0.54)	(−0.54)
D	2.534	3.379	−0.0801**	−0.0675*	5.188*	6.205*
	(0.69)	(0.66)	(−3.27)	(−2.37)	(2.03)	(2.04)
DX_1	−2.132	−2.841			−4.341*	−5.197*
	(−0.69)	(−0.66)			(−2.01)	(−2.02)
DX_2			−0.184**	−0.173*	−0.0728	−0.0725*
			(−2.87)	(−2.52)	(−1.82)	(−2.01)
DX_3					0.0272	0.0252
					(0.85)	(0.78)
year		−0.0014		−0.0007		−0.0014
		(−1.43)		(−0.96)		(−1.55)
常数	−11.020***	−10.940***	0.208***	0.220***	−11.360***	−11.340***
	(−32.79)	(−29.86)	(16.68)	(14.60)	(−16.49)	(−15.34)
L.ar	0.995***	0.912***	0.559***	0.566***	1.038***	0.972***
	(5.61)	(4.94)	(5.26)	(5.43)	(7.92)	(6.20)
L2.ar	0.207	0.202	−0.0612	−0.0758	0.354	0.355
	(1.14)	(1.10)	(−0.40)	(−0.45)	(1.93)	(1.93)
L3.ar	−0.225*	−0.237	0.312**	0.290*	−0.421**	−0.445**
	(−1.98)	(−1.66)	(2.65)	(2.38)	(−2.86)	(−2.75)
sigma	0.0067***	0.0063***	0.0147***	0.0145***	0.0060***	0.0057***
常数	(12.95)	(12.30)	(10.35)	(10.14)	(9.64)	(8.57)
Wald chi2	2 897.56	2 076.97	116.09	101.31	4 229.59	3 598.22

注：*、**、*** 分别表示显著性水平为 5%、1%、0.1%。

5. 区域经济与二元经济结构失衡成因的差异及可能原因的讨论

在结构失衡的成因上，区域经济和二元经济在回归中表现出较大的差异：首先，市场异质性的作用方向不同，二元经济中起的是抑制作用，区域经济中起的是诱发作用；其次，政策异质性的作用力度不同，二元经济中政策异质性在诱发结构失衡上起到了主导作用,而在区域经济中政策异质性相对于市场异质性而言重要性则较低;最后,改革开放之后,政策异质性加剧了二元经济结构失衡,对区域经济结构失衡则有一定的缓和作用。造成这种差异的原因可能有以下几方面:第一,二元经济的要素密度异质性在收入差距中的重要性比区域经济低得多,模型忽略了的区域经济的集聚效应可能与市场异质性密切相关;第二,较之二元经济而言,用财税政策测度的政策异质性可能低估了区域经济的政策异质性,例如对区域经济的特区政策而言中央政府采取的是"给政策权力而不给钱";第三,地区转移支付可能比城乡转移支付力度要大得多,从而影响了政策异质性程度。

4.7 经济增长的经验分析

(一) 具有理论基础的计量模型设定

将式(4.48)的解代入式(4.50)中的增长率并进行对数线性化,稍作整理可得:

$$\ln g(\chi_i^*) = \ln\frac{1}{\theta} + \ln A^{\frac{1}{\alpha_i}} + \ln L_i^{\frac{1-\alpha_i}{\alpha_i}} +$$

$$\ln\left[\left(\sum_{j=1}^n \frac{L_j}{L}\frac{\alpha_j}{1-\alpha_j}\right)^{(1-\alpha_i)}(1-\alpha_i)^{\frac{1}{\alpha_i}-\alpha_i}\alpha_i^{\alpha_i}\right] + \ln(1-\tau_i^*) \quad (4.61)$$

其中,$g(\chi_i^*) = \gamma(\chi_i^*) + \frac{1}{\theta}(\delta+\rho)$。鉴于$\frac{1}{\theta}(\delta+\rho)$可视为不变常数,基于式(4.61)可将计量模型设定为:

$$\widetilde{g} = (\lambda_0 + \zeta_0 D) + \sum_{i=1}^3(\lambda_i + \zeta_i D)Z_i + \widetilde{\varepsilon} \quad (4.62)$$

其中,$\widetilde{g} = \ln\left[\gamma^* + \frac{1}{\theta}(\delta+\rho)\right]$是经固定参数修正后的经济增长率对数,均值会改变,但方差不会改变,回归系数正负号不变;$Z_1 = \ln A^{\frac{1}{\alpha_i}}$是经要素密度系

数修正后的技术水平;$Z_2 = \ln L_i^{\frac{1-\alpha_i}{\alpha_i}}$ 是经要素密度系数修正后的部门就业分布;$Z_3 = \ln\left[\left(\sum_{i=1}^{n}\frac{L_j}{L}\frac{\alpha_i}{1-\alpha_i}\right)^{(1-\alpha_i)}(1-\alpha_i)^{\frac{1}{1-\alpha_i}}\alpha_i^{\alpha_i}\right]$ 是加总反映要素密度异质性的变量;$Z_4 = \ln(1-\tau_i^*)$ 是部门专用(广义的)税收政策分布;$\tilde{\varepsilon}$ 是随机扰动项。同样,由于改革开放前后有较大的不同,我们设置虚拟变量 D 予以反映。

(二)来自二元经济的经验分析

1. 变量与指标

与前面的二元经济划分一致,这一小节我们分析二元经济中的总量增长。由于农业或农村部门与非农业或城市部门之间在要素密度异质性以及政府部门专用政策异质性上较为突出,通过二元经济划分能够揭示总量增长的结构性市场动力和结构性政策动力,构建的二元经济指标如表4.10所示。

表 4.10 变量、计算公式与说明及其含义

变量	计算公式	内容说明	含义
$\tilde{g}$	$\tilde{g} = \ln\left[\gamma^* + \frac{1}{\theta}(\delta+\rho)\right]$	γ^* 为人均实际 GDP 增长率;参考 Barro(1990)的取值,$\theta=1, \rho=0.02, \delta=0.08$	修正后的经济增长率
Z_1	$Z_1 = \ln A^{\frac{1}{\alpha_i}}$	a_i 为部门 i 的资本密度,A 为总体的技术水平或 TFP 水平(以部门 i 为基准)	理论模型中分解出的修正技术水平
Z_2	$Z_2 = \ln L_i^{\frac{1-\alpha_i}{\alpha_i}}$	a_i 为部门 i 的资本密度,L_i 为部门 i 的就业比重(以部门 i 为基准,L 已经单位化为1)	理论模型中分解出的修正部门就业分布

（续表）

变量	计算公式	内容说明	含义
Z_3	$Z_3 = \ln\left[\left(\sum_{j=1}^{2} \frac{L_j}{L} \frac{\alpha_j}{1-\alpha_j}\right)^{(1-\alpha_i)} \times (1-\alpha_i)^{\frac{1}{\alpha_i}-\alpha_i} \alpha_i^{\alpha_i}\right]$	α_1为农业部门的资本密度，α_2为非农业部门的资本密度；L_1为农业部门的就业比重，L_2为非农业部门的就业比重（以部门i为基准）	理论模型中分解出的要素密度异质性
Z_4	$Z_4 = \ln(1-\tau_i^*)$	τ_i为部门i的税负（以部门i为基准）	理论模型中分解出的部门专用税负
D	$D = 0$, if year<1978; or $D = 1$	1978年之前取值为0，之后取值为1	虚拟变量

2. 样本构建与数据来源

与前面结构失衡的二元经济分析中的数据口径一致，我们可以构建相应的数据样本。技术水平我们以全要素生产率（TFP）水平测度，相关数据来自张军和施少华（2003）及赵志耕和杨朝峰（2011）。农业部门与非农业部门的资本密度依然分别取：0.3 或 0.4；0.6 或 0.7。不同的取值组合生成不同的样本。其余数据均来自《新中国六十年统计资料汇编》。

3. 回归结果

表4.11是二元经济样本（以农业部门为基准，$\alpha_1 = 0.3$、$\alpha_2 = 0.6$）的回归结果。在所有的回归模型中，刻画技术水平的变量Z_1的系数均非常显著，这意味着技术水平始终是经济增长稳健的动力。刻画部门专用税负的变量Z_4的系数为正，尽管不太显著，但是系数值相对而言特别大。刻画部门要素密度异质性的变量Z_3的系数为负，尽管也不太显著，但系数值也相对较大。这可能表明虽然技术水平驱动的增长是稳健的，但是来自市场异质性和部门专用政策异质性的影响可能更大。另外，在增长模式上，改革开放前后并无显著的差异。同样，此时间序列样本中的随机扰动项也可能存

在自相关,我们进一步采取了 ARIMA 回归(见表 4.12),整体上与 OLS 回归结果是一致的。[①]

表 4.11 二元经济样本(以农业部门为基准,$\alpha_1 = 0.3$、$\alpha_2 = 0.6$)的 OLS 回归结果

	(1-1)	(1-2)	(2-1)	(2-2)	(3-1)	(3-2)
Z_1	0.775**	0.856***	0.946***	1.075***	0.992***	1.060***
	(3.49)	(3.68)	(3.80)	(4.25)	(4.03)	(4.15)
Z_2	−3.466	−7.916	0.167	−0.386	−9.380	−6.887
	(−0.74)	(−1.30)	(0.35)	(−0.70)	(−1.69)	(−1.13)
Z_3	−11.72	−25.92			−29.73	−20.88
	(−0.80)	(−1.35)			(−1.73)	(−1.08)
Z_4			6.332	30.11*	12.67	25.84
			(1.12)	(2.13)	(1.90)	(1.75)
D	−17.65	11.24	10.95	7.397	6.182	6.202
	(−0.24)	(0.15)	(1.18)	(0.80)	(0.07)	(0.07)
DZ_1	0.328	0.207	−0.719	−0.536	0.266	0.0738
	(0.24)	(0.15)	(−1.06)	(−0.80)	(0.19)	(0.05)
DZ_2	1.374	6.198	0.248	0.139	6.172	4.388
	(0.24)	(0.87)	(0.16)	(0.09)	(0.85)	(0.59)
DZ_3	−8.695	5.382			3.042	2.500
	(−0.28)	(0.16)			(0.08)	(0.07)
DZ_4			−8.553	−40.05	−6.951	−27.48
			(−0.56)	(−1.75)	(−0.38)	(−1.00)
year		0.0192		−0.0588		−0.0373
		(1.14)		(−1.83)		(−1.00)
常数	−36.07	−64.77	−15.87***	−16.12***	−73.38*	−56.41
	(−1.31)	(−1.74)	(−4.49)	(−4.67)	(−2.19)	(−1.50)
F	3.69	3.42	3.71	3.83	3.39	3.15
Adj R^2	0.2623	0.2672	0.2635	0.2993	0.2889	0.2888

注:*、**、*** 分别表示显著性水平为 5%、1%、0.1%。

---

① 限于篇幅,我们没有在本章中报告以非农业部门为基准构造的样本(以非农业部门为基准,$\alpha_1 = 0.3$、$\alpha_2 = 0.6$)的回归结果。

表 4.12　二元经济样本(以农业部门为基准,$\alpha_1 = 0.3$、$\alpha_2 = 0.6$)的 ARIMA 回归结果

	(1-1)	(1-2)	(2-1)	(2-2)	(3-1)	(3-2)
Z_1	0.575***	0.602***	0.683***	0.899***	0.740***	0.903***
	(4.42)	(4.58)	(4.80)	(4.32)	(4.84)	(3.99)
Z_2	-1.629	-3.486	0.0505	-0.545	-6.723	1.189
	(-0.59)	(-0.71)	(0.14)	(-0.86)	(-1.18)	(0.17)
Z_3	-5.659	-11.43			-20.95	5.524
	(-0.65)	(-0.74)			(-1.23)	(0.25)
Z_4			3.459	33.95*	8.162	35.48*
			(1.03)	(2.18)	(1.55)	(2.09)
D	-11.34	0.622	9.600	5.136	9.118	3.809
	(-0.07)	(0.00)	(0.39)	(0.24)	(0.04)	(0.02)
DZ_1	0.111	0.0732	-0.633	-0.401	0.0246	-0.534
	(0.03)	(0.02)	(-0.35)	(-0.26)	(0.01)	(-0.19)
DZ_2	0.466	2.476	-0.0819	-0.0877	4.423	-1.331
	(0.06)	(0.28)	(-0.02)	(-0.02)	(0.29)	(-0.11)
DZ_3	-6.344	-0.419			3.421	-1.334
	(-0.10)	(-0.01)			(0.04)	(-0.02)
DZ_4			-1.874	-44.18	-2.324	-47.82
			(-0.04)	(-1.06)	(-0.04)	(-0.90)
year		0.00567		-0.0716*		-0.0781
		(0.46)		(-2.06)		(-1.67)
常数	-21.47	-33.05	-12.12***	-13.21***	-53.04	-2.508
	(-1.29)	(-1.11)	(-6.08)	(-5.24)	(-1.58)	(-0.06)
L.ar	0.137	0.141	0.175	0.196	0.170	0.198
	(1.31)	(1.40)	(1.56)	(1.57)	(1.77)	(1.49)
L2.ar	-0.297**	-0.294**	-0.299**	-0.331**	-0.293*	-0.338**
	(-2.72)	(-2.68)	(-2.78)	(-2.73)	(-2.57)	(-2.77)
L3.ar	-0.322*	-0.312*	-0.300*	-0.316*	-0.282*	-0.322*
	(-2.53)	(-2.31)	(-2.35)	(-2.27)	(-2.09)	(-2.31)
sigma	0.351***	0.351***	0.350***	0.323***	0.342***	0.323***
常数	(11.10)	(10.98)	(11.12)	(12.21)	(10.87)	(11.70)
Wald chi2	67.60	65.52	72.11	88.17	70.40	91.75

注:*、**、*** 分别表示显著性水平为 5%、1%、0.1%。

(三)来自区域经济的经验分析

1. 变量与指标

与前面的区域经济划分一致,我们在此分析区域经济中的总量增长。与总量增长的二元结构一样,区域结构也是重要的结构性增长内容。由于海南省缺乏改革开放之前的数据,我们将其排除在样本之外,令 $n=30$,变量的内容和计算方式如表 4.13 所示。

表 4.13 变量、计算公式与说明及其含义

变量	计算公式	内容说明	含义
$\widetilde{g}$	$\widetilde{g}=\ln\left[\gamma^{*}+\dfrac{1}{\theta}(\delta+\rho)\right]$	γ^{*} 为人均实际 GDP 增长率;参考 Barro(1990)的取值,$\theta=1,\rho=0.02,\delta=0.08$	修正后的经济增长率
Z_1	$Z_1=\ln A^{\frac{1}{\alpha_i}}$	a_i 为省市 i 的资本密度,A 为总体的技术水平或 TFP 水平(以省市 i 为基准)	理论模型中分解出的修正技术水平
Z_2	$Z_2=\ln L_i^{\frac{1-\alpha_i}{\alpha i}}$	a_i 为省市 i 的资本密度,L_i 为省市 i 的就业比重(以省市 i 为基准,L 已经单位化为 1)	理论模型中分解出的修正部门就业分布
Z_3	$Z_3=\ln\left[\left(\sum_{j=1}^{30}\dfrac{L_j}{L}\dfrac{\alpha_j}{1-\alpha_j}\right)^{(1-\alpha_i)}\times(1-\alpha_i)^{\frac{1}{\alpha_i}-\alpha_i}\alpha_i^{\alpha_i}\right]$	a_j 为省市 j 的资本密度,α_i 为省市 i 的资本密度;L_j 为省市 j 的就业比重,L_i 为省市 i 的就业比重(以省市 i 为基准)	理论模型中分解出的要素密度异质性
Z_4	$Z_4=\ln(1-\tau_i^{*})$	τ_i 为省市 i 的财政收入占省市 i 的 GDP 的比重(以省市 i 为基准)	理论模型中分解出的部门专门税负
D	$D=0,\text{if year}<1978;\text{or } D=1$	1978 年之前取值为 0,之后取值为 1	虚拟变量

2. 数据与样本

同样,计算变量的值需要省市的要素密度,由于缺乏近六十年整个时间序列的要素密度数据,我们以傅晓霞和吴利学(2006)测算的省级平均资本密度为近似值。其余数据来自《新中国六十年统计资料汇编》。

3. 回归结果①

表4.14是区域经济样本(以资本最不密集的江西为基准)的OLS回归结果。同二元经济中的增长一样,刻画技术水平的变量Z_1也是显著的增长来源。然而,与二元经济有所不同的是,刻画部门专用税负的变量Z_4的系数显著为负,DZ_4的系数为正,这意味着改革开放前后部门专用税负对增长的影响有较大的差异,改革开放之前对劳动力最密集的省市实施的部门专用税负不利于增长,之后却有正向的调整。在表4.15的ARIMA回归结果中,除刻画技术水平的变量Z_1的系数在整体回归模型中发生了不显著的改变外,其他结果相对稳健。

表4.14 以劳动最密集省份(江西)为基准的区域样本的OLS回归结果

	(1-1)	(1-2)	(2-1)	(2-2)	(3-1)	(3-2)
Z_1	2.066**	2.066**	1.462***	1.554***	1.036	0.773
	(3.34)	(3.31)	(3.54)	(3.68)	(1.47)	(1.08)
Z_2	−4.260	−5.262	−0.283	−3.966	1.482	−2.981
	(−0.92)	(−0.87)	(−0.07)	(−0.72)	(0.30)	(−0.53)
Z_3	448.3	421.8			−379.9	−751.4
	(1.07)	(0.97)			(−0.75)	(−1.35)
Z_4			−7.738**	−8.220**	−9.388*	−11.81**
			(−2.82)	(−2.96)	(−2.65)	(−3.07)
D	−341.6	−315.6	15.13	24.11	308.7	630.8
	(−1.03)	(−0.90)	(1.17)	(1.56)	(0.77)	(1.41)

---

① 限于篇幅,我们只报告了资本密度最高(上海)和最低(江西)的以省市为基准的样本回归结果,没有逐一报告以其他每个省市为基准的样本回归结果。

（续表）

	（1-1）	（1-2）	（2-1）	（2-2）	（3-1）	（3-2）
DZ_1	-1.808*	-1.949*	-1.034	-1.621	-0.597	-1.193
	(-2.42)	(-2.10)	(-1.36)	(-1.72)	(-0.62)	(-1.17)
DZ_2	4.929	6.490	3.981	6.900	0.411	8.011
	(0.35)	(0.42)	(0.43)	(0.72)	(0.03)	(0.55)
DZ_3	-451.8	-423.8			376.5	756.2
	(-1.08)	(-0.97)			(0.74)	(1.36)
DZ_4			5.685	6.362	7.346	10.07
			(0.90)	(1.00)	(1.08)	(1.45)
year		0.00478		0.0169		0.0284
		(0.26)		(1.04)		(1.52)
常数	336.5	313.4	-13.76	-21.05*	-313.1	-618.1
	(1.02)	(0.91)	(-1.95)	(-2.12)	(-0.79)	(-1.40)
F	4.06	3.50	5.60	5.04	4.29	4.20
$Adj\ R^2$	0.2805	0.2663	0.3691	0.3703	0.3501	0.3681

注：*、**、***分别表示显著性水平为5%、1%、0.1%。

表4.15 以劳动最密集省份（江西）为基准的区域样本的ARIMA回归结果

	（1-1）	（1-2）	（2-1）	（2-2）	（3-1）	（3-2）
Z_1	1.469*	1.566**	1.533***	1.443***	-0.273	-0.460
	(2.51)	(2.70)	(5.58)	(4.83)	(-0.28)	(-0.40)
Z_2	1.704	6.690*	6.165*	8.206*	9.419***	8.171**
	(0.79)	(2.13)	(2.17)	(2.56)	(3.69)	(2.66)
Z_3	75.08	230.8			-1207.2	-1380.6
	(0.21)	(0.63)			(-1.96)	(-1.91)
Z_4			-7.819**	-7.400**	-11.80***	-12.76***
			(-3.22)	(-2.83)	(-4.67)	(-4.07)
D	-53.22	-196.8	4.255	-0.170	961.2	1105.5
	(-0.18)	(-0.66)	(0.23)	(-0.01)	(1.94)	(1.90)

（续表）

	(1-1)	(1-2)	(2-1)	(2-2)	(3-1)	(3-2)
DZ_1	−1.271	−0.753	−1.226	−0.799	0.566	0.470
	(−1.34)	(−0.76)	(−0.96)	(−0.58)	(0.39)	(0.32)
DZ_2	−0.672	−6.969	−3.159	−4.021	−4.725	−3.204
	(−0.02)	(−0.32)	(−0.21)	(−0.27)	(−0.26)	(−0.17)
DZ_3	−76.00	−237.2			1209.4	1385.0
	(−0.21)	(−0.64)			(1.96)	(1.91)
DZ_4			6.531	5.717	10.90	12.18
			(0.66)	(0.57)	(1.23)	(1.35)
year		−0.0201		−0.00986		0.00816
		(−1.79)		(−0.80)		(0.53)
常数	51.13	184.4	−3.121	1.216	−955.2	−1095.7
	(0.18)	(0.63)	(−0.64)	(0.20)	(−1.95)	(−1.91)
L.ar	0.224	0.267	0.339*	0.356*	0.318*	0.304*
	(1.94)	(1.87)	(2.44)	(2.29)	(2.12)	(2.03)
L2.ar	−0.316**	−0.338**	−0.375***	−0.399***	−0.518***	−0.525***
	(−3.00)	(−2.97)	(−4.00)	(−3.88)	(−4.08)	(−4.02)
L3.ar	−0.279*	−0.292*	−0.204	−0.203	−0.177	−0.172
	(−2.22)	(−2.26)	(−1.47)	(−1.35)	(−1.05)	(−0.93)
sigma 常数	0.344***	0.336***	0.314***	0.312***	0.296***	0.295***
	(10.78)	(10.38)	(10.65)	(10.68)	(11.22)	(10.77)
Wald chi2	66.52	69.63	125.92	135.15	173.32	165.34

注：*、**、*** 分别表示显著性水平为 5％、1％、0.1％。

4. 对增长效果拟合相对乏力的讨论

在二元经济样本和区域经济样本中，模型对结构失衡的拟合效果较好（调整可决系数均超过 0.8），而模型对总量增长的拟合效果不太好（调整可决系数均未超过 0.4）。换言之，在上述经验回归中，"为增长而失衡"的机制生成的计量模型很好地解释了二元经济和区域经济之间的结构失衡，而对总量增长的解释相对较差。究其原因，我们猜测可能有两方面的因素值得讨论:其一,限于数据,尽管财税政策是政府政策的重要内容,但本章采取的财税政策可能不足以测度更加广义的政府政策,那么就有可能低估政策对增长的影响。例如,黄玖立等(2013)基于中国海关细分贸易数据考察了经济特区的制度,发现凭借各种优惠和政策,除拥有更多的平均出口之外,设立经济特区的城市在契约密集型行业上具有比较优势,这种制度优势主要是沿着集约边际实现的。其二,过度的公共支出削弱了正外部性,迫使边际收益出现递减(严成樑和龚六堂,2009;王麒麟,2011)。当然,还有许多因素不可能在一个简单的模型中都考虑到,这也是出现上述总量增长解释相对乏力的原因。

4.8 增长与失衡伴生关系的经验分析

(一) 计量模型设定

首先,我们设置一个似不相关方程组模型(SUR),观察总量增长与结构失衡互不影响而只是市场异质性和政策异质性的两个内生结果的情景:

$$\begin{cases} \text{TL} = (\beta_0 + \kappa_0 D) + \sum_{i=1}^{3}(\beta_i + \kappa_i D)X_i + \varepsilon \\ \widetilde{g} = (\lambda_0 + \zeta_0 D) + \sum_{i=1}^{3}(\lambda_i + \zeta_i D)Z_i + \widetilde{\varepsilon} \end{cases} \quad (4.63)$$

其次,我们再设置一个联立方程组模型(SEM),观察总量增长和结构失衡互相影响并且也是市场异质性和政策异质性的两个内生结果的情景:

$$\begin{cases} \text{TL} = (\beta_0 + \kappa_0 D) + \mu\widetilde{g} + \sum_{i=1}^{3}(\beta_i + \kappa_i D)X_i + \varepsilon \\ \widetilde{g} = (\lambda_0 + \zeta_0 D) + \xi\text{TL} + \sum_{i=1}^{3}(\lambda_i + \zeta_i D)Z_i + \widetilde{\varepsilon} \end{cases} \quad (4.64)$$

(二) 来自二元经济的经验分析

由于数据来源和口径都一样,我们将前面的二元经济中解释结构失衡的样本和解释总量增长的样本结合起来分析增长与失衡的伴生关系。由于两个子样本均有多个生成的数据样本,因此也有多个样本组合。①表 4.16 是回归方程组(4.63)对二元经济样本组合(1-1)的 SUR 回归结果。方程组的 SUR 估计考虑到了结构失衡方程和总量增长方程的随机扰动项之间(受共同的背景因素影响)可能存在的相关性,进而提高了显著性。对比前面的单方程估计,可以发现显著性及调整可决系数并没有发生较大的变化,整体上看市场异质性和政策异质性确实是增长与失衡强有力的共同影响因素。但是,"为增长而失衡"的机制对结构失衡具有较强的解释力度,对总量增长的解释则相对乏力。同前文一样,不论控制时间趋势与否,反映市场异质性的部门要素密度异质性均显著地抑制了结构失衡,而部门专用政策异质性却显著地诱发了结构失衡;技术水平依然是总量增长的稳健性增长动力,部门专用税负和市场异质性均对增长具有重要的影响。表 4.17 是回归方程组(4.64)对二元经济样本组合(1-1)的三阶段完全信息最小二乘(3SLS)回归结果。其他变量的表现与表 4.16 相差无几,而结构失衡和总量增长表现出显著的伴生关系,且增长对失衡的诱发作用相对失衡对增长的刺激作用要低得多。

表 4.16 二元经济样本组合(1-1)的 SUR 回归结果

	TL		$\tilde{g}$		TL		$\tilde{g}$
X_1	−2.037**	Z_1	0.914***	X_1	−3.777***	Z_1	1.017***
	(−3.25)		(4.13)		(−6.37)		(4.49)
X_2	0.291***	Z_2	−10.10*	X_2	0.236***	Z_2	−7.739
	(5.68)		(−2.02)		(5.61)		(−1.44)
X_3	−0.0176	Z_3	−31.46*	X_3	0.385***	Z_3	−22.88
	(−0.18)		(−2.03)		(3.61)		(−1.33)
D	−0.755	Z_4	11.73	D	−0.653	Z_4	27.03*
	(−1.16)		(1.95)		(−1.26)		(2.07)

① 限于篇幅,本章中没有报告其他样本组合的回归结果,尽管其他变量的影响有所不同,但总量增长与结构失衡的伴生关系均稳健,整体上不同样本组合的回归结果是稳健的。

（续表）

TL		$\tilde{g}$		TL		$\tilde{g}$	
DX_1	1.035	D	12.57	DX_1	0.121	D	26.19
	(1.31)		(0.17)		(0.19)		(0.35)
DX_2	0.286	DZ_1	0.262	DX_2	0.647***	DZ_1	−0.192
	(1.66)		(0.20)		(4.25)		(−0.15)
DX_3	0.0981	DZ_2	7.060	DX_3	−0.292**	DZ_2	6.017
	(0.95)		(1.08)		(−2.69)		(0.91)
常数	1.896***	DZ_3	6.423	year	0.00956***	DZ_3	11.45
	(3.45)		(0.19)		(5.48)		(0.35)
		DZ_4	−5.927	常数	3.499***	DZ_4	−30.11
			(−0.36)		(6.64)		(−1.23)
		常数	−75.67*			year	−0.0398
			(−2.51)				(−1.20)
						常数	−59.64
							(−1.79)
Chi2	228.71	Chi2	36.14	Chi2	388.51	Chi2	39.35
R^2	0.8094	R^2	0.4066	R^2	0.8783	R^2	0.4197

注：*、**、***分别表示显著性水平为 5%、1%、0.1%。

表 4.17　二元经济样本组合（1-1）的 3SLS 回归结果

TL		$\tilde{g}$		TL		$\tilde{g}$	
$\tilde{g}$	0.0679**	TL	5.185***	$\tilde{g}$	0.0414*	TL	6.300***
	(2.96)		(3.47)		(2.24)		(3.85)
X_1	−2.609***	Z_1	1.223***	X_1	−3.859***	Z_1	1.177***
	(−4.22)		(5.93)		(−6.61)		(5.52)
X_2	0.371***	Z_2	−11.47*	X_2	0.288***	Z_2	−10.71*
	(7.03)		(−2.35)		(6.29)		(−2.11)
X_3	−0.0317	Z_3	−35.45*	X_3	0.314**	Z_3	−29.76
	(−0.31)		(−2.39)		(2.78)		(−1.89)

(续表)

TL		$\tilde{g}$		TL		$\tilde{g}$	
D	−1.352*	Z_4	5.179	D	−0.969	Z_4	22.22
	(−2.14)		(0.86)		(−1.89)		(1.87)
DX_1	1.845*	D	59.51	DX_1	0.670	D	59.68
	(2.39)		(0.91)		(1.02)		(0.86)
DX_2	0.0694	DZ_1	−0.629	DX_2	0.470**	DZ_1	−0.518
	(0.43)		(−0.58)		(3.13)		(−0.45)
DX_3	0.116	DZ_2	9.740	DX_3	−0.217	DZ_2	9.112
	(1.08)		(1.62)		(−1.90)		(1.46)
常数	2.440***	DZ_3	24.69	year	0.00853***	DZ_3	26.32
	(4.55)		(0.85)		(4.72)		(0.86)
		DZ_4	15.50	常数	3.578***	DZ_4	−5.065
			(0.97)		(6.92)		(−0.23)
		常数	−90.53**			year	−0.0627*
			(−3.06)				(−1.96)
						常数	−78.29*
							(−2.53)
Chi2	213.61	Chi2	60.14	Chi2	371.44	Chi2	58.56
R^2	0.7740	R^2	0.3721	R^2	0.8662	R^2	0.4456

注:*、**、*** 分别表示显著性水平为 5%、1%、0.1%。

(三) 来自区域经济的经验分析

同样,表 4.18 是回归方程组(4.63)对区域经济样本组合(1-1)的 SUR 回归结果。① 相对于单方程回归而言,除技术水平变量 Z_1 的显著性降低之外,其他变量及模型的调整可决系数并无大的改变。与二元经济一样,"为增长而失衡"的机制对结构失衡具有较强的解释力度,对总量增长的解释则相对乏力。表 4.19 是回归方程组(4.64)对区域经济样本组合(1-1)的

---

① 限于篇幅,本章中没有报告其他样本组合的回归结果,尽管其他变量的影响有所不同,但总量增长与结构失衡的伴生关系均稳健,整体上不同样本组合的回归结果是稳健的。

三阶段完全信息最小二乘(3SLS)回归结果。也与二元经济的回归结果一样,区域经济中增长与失衡表现出显著的伴生关系,且失衡对增长的刺激作用高于增长对失衡的诱发作用。

表 4.18 区域经济样本组合(1-1)的 SUR 回归结果

TL		$\tilde{g}$		TL		$\tilde{g}$	
X_1	8.570***	Z_1	1.068	X_1	8.046***	Z_1	0.791
	(4.89)		(1.65)		(5.26)		(1.23)
X_2	−0.0213	Z_2	4.387	X_2	−0.00141	Z_2	−1.136
	(−1.52)		(1.05)		(−0.11)		(−0.23)
X_3	0.0306	Z_3	−563.0	X_3	−0.0123	Z_3	−1008.6*
	(1.16)		(−1.22)		(−0.49)		(−2.04)
D	0.198	Z_4	−9.157**	D	−0.575	Z_4	−12.05***
	(0.07)		(−2.81)		(−0.25)		(−3.46)
DX_1	−0.110	D	462.3	DX_1	0.526	D	864.4*
	(−0.05)		(1.26)		(0.27)		(2.13)
DX_2	0.0467*	DZ_1	−0.672	DX_2	0.0214	DZ_1	−1.335
	(2.24)		(−0.76)		(1.11)		(−1.44)
DX_3	−0.0445	DZ_2	1.686	DX_3	0.0130	DZ_2	17.18
	(−1.17)		(0.10)		(0.36)		(0.91)
常数	−10.04***	DZ_3	564.5	year	−0.000866***	DZ_3	1026.4*
	(−4.76)		(1.23)		(−4.28)		(2.05)
		DZ_4	7.375	常数	−9.373***	DZ_4	10.77
			(1.18)		(−5.09)		(1.70)
		常数	−455.3			year	0.0344*
			(−1.25)				(1.98)
						常数	−821.8*
							(−2.09)
Chi2	422.97	Chi2	47.30	Chi2	579.16	Chi2	55.84
R^2	0.8831	R^2	0.4325	R^2	0.9116	R^2	0.4691

注:*、**、*** 分别表示显著性水平为 5%、1%、0.1%。

表 4.19 区域经济样本组合(1-1)的 3SLS 回归结果

TL		$\tilde{g}$		TL		$\tilde{g}$	
$\tilde{g}$	0.0207***	TL	1.823	$\tilde{g}$	0.0171***	TL	2.918
	(3.71)		(0.61)		(3.49)		(1.00)
X_1	9.768***	Z_1	1.067	X_1	9.348***	Z_1	0.893
	(5.71)		(1.82)		(6.30)		(1.56)
X_2	−0.0248	Z_2	4.418	X_2	−0.0102	Z_2	1.318
	(−1.84)		(1.20)		(−0.79)		(0.31)
X_3	−0.0002	Z_3	−829.1*	X_3	−0.0272	Z_3	−1 152.6**
	(−0.01)		(−2.10)		(−1.11)		(−2.71)
D	2.024	Z_4	−6.737*	D	1.483	Z_4	−8.138**
	(0.79)		(−2.32)		(0.67)		(−2.67)
DX_1	−1.640	D	697.9*	DX_1	−1.192	D	979.1**
	(−0.77)		(2.22)		(−0.65)		(2.78)
DX_2	0.0509*	DZ_1	−1.098	DX_2	0.0318	DZ_1	−1.271
	(2.45)		(−1.45)		(1.67)		(−1.60)
DX_3	−0.0109	DZ_2	7.457	DX_3	0.0249	DZ_2	15.39
	(−0.31)		(0.48)		(0.75)		(0.92)
常数	−11.44***	DZ_3	841.9*	year	−0.0008***	DZ_3	1 173.9**
	(−5.56)		(2.13)		(−3.86)		(2.73)
		DZ_4	6.908	常数	−10.91***	DZ_4	8.352
			(1.22)		(−6.11)		(1.47)
		常数	−668.9*			year	0.0259
			(−2.15)				(1.62)
						常数	−933.7**
							(−2.75)
Chi2	378.35	Chi2	60.04	Chi2	504.08	Chi2	67.61
R^2	0.8467	R^2	0.3511	R^2	0.8891	R^2	0.3855

注：*、**、*** 分别表示显著性水平为 5%、1%、0.1%。

4.9 结论性评述

耀眼的总量增长与堪忧的结构失衡相互伴生是中国六十多年来发展的一个典型特征。站在新的历史时期，总结中国长期的发展特征背后的规律，反思前人对中国发展特征的总结，不论是在理论还是实践上意义都非同小可。本章旨在为总量增长与结构失衡的伴生关系这一中国长期发展的特征事实提供一个理论分析框架。

（1）基于中性政府观（姚洋等，2011）和新结构经济学（林毅夫，2012）对政府行为及经济发展的解释，以及中国的城乡政策、地区政策（包括特区政策）、产业政策等部门层面的特征，本章提炼出政府部门专用政策这一核心概念作为解释增长与失衡伴生关系的核心变量。

（2）本章将宽泛的结构失衡问题聚焦于长期的、直接构成经济总量的部门之间的结构失衡，将中国非常严重的城乡差距、地区差距及产业差距等问题统一定义为部门结构失衡，用常用的泰尔熵操作化为部门间的结构失衡。基于部门专用政策的概念，拓展了 Barro（1990）经典的政府公共服务 AK 模型来内生解释增长与失衡的伴生关系。在任意的 n 部门要素密度异质性与政府部门专用政策异质性的一般情景设定下，我们的模型经济存在 BGP，而在 BGP 上却存在部门之间的结构失衡状态。在经典的 Barro（1990）模型中，由于政府公共服务具有正外部性而不会使得边际收益递减，从而使得模型经济具有 AK 型内生增长。相比于经典的 Barro（1990）模型，部门专用政策异质性通过结构效应可以制造更高的总量增长，但会诱发结构失衡，本章将这个理论机制概括为"为增长而失衡"。

（3）理论上，增长与失衡可视为政府主导经济的收益与代价，而部门专用政策是政策操作工具。因此，对应的政策建议也是非常明确的：熨平倾斜性的部门专用政策是治理结构失衡的首要切入点。对于具体的可操作的政策尤其是产业政策设计来讲，在设计实施力度和范围时，有必要设置有限倾斜原则。比如,为了支持六位数层面的产业(当然是该产业中的企业获得政策优惠),相应的补贴来源可以设定在该六位数产业所属的五位数、四位数或两位数产业(当然是该产业中的企业承担政策负担)范围内。设置这样的产业政策隔断机制,可以有效避免政策优惠过度支持某些企业进入某些不符合比较优势的产业,规避没有自生能力的企业大量出现,进而减缓结构失衡。举例来讲,为了支持一个六位数层面的太阳能新能源产业,补贴金额应该控制在来自四位数能源产业税收总量的一个比例之内,而不应该过度来自其他两位数的非能源产业。

附录4.1 平衡增长路径(BGP)存在性的证明

遵循 Barro(1990)的分析思路,记任意部门 i 的政府部门专用公共支出(或部门俱乐部品)与部门资本之比为 $\chi_i = \dfrac{G_i}{k_i}$,假定政府将 χ_i 设置为可随部门 i 但不随时间 t 变化的政策工具,则式(4.22)中加总的人均消费增长率为:

$$\gamma_c = \frac{\dot{c}(t)}{c(t)} = \frac{1}{\theta}[A\alpha_i(1-\tau_i)\chi_i^{1-\alpha_i}-\delta-\rho] \qquad (4.65)$$

因此,人均消费为:

$$c(t) = c(0)e^{\gamma_c t} \qquad (4.66)$$

其中,$c(0)$ 为初始人均消费。

因此,式(4.22)中的资本运动方程变为:

$$\dot{k}(t) = \eta k(t) - c(0)e^{\gamma_c t} \qquad (4.67)$$

其中,$\eta = A\alpha_i\left(1+\dfrac{1}{z}\right)(1-\tau_i)\chi_i^{1-\alpha_i}-\delta$。求解关于 $k(t)$ 的一阶线性微分方程,其通解为:

$$k(t) = be^{\eta t} + \frac{c(0)}{\eta-\gamma_c}e^{\gamma_c t} \qquad (4.68)$$

其中,b 为任意常数。将 $k(t)$ 的通解代入横截性条件可得:

$$\lim_{t\to\infty}\left[be^{\eta t}+\frac{c(0)}{\eta-\gamma_c}e^{\gamma_c t}\right]e^{-[A\alpha_i(1-\tau_i)\chi_i^{1-\alpha_i}-\delta]t}$$

$$=\lim_{t\to\infty}\left[be^{\left[\frac{1}{z}A\alpha_i(1-\tau_i)\chi_i^{1-\alpha_i}\right]t}+\frac{c(0)}{\eta-\gamma_c}e^{-[A\alpha_i(1-\tau_i)\chi_i^{1-\alpha_i}-\delta-\gamma_c]t}\right]=0 \quad (4.69)$$

将式(4.65)代入力效用函数可得:

$$U=\frac{1}{1-\theta}\int_0^\infty e^{-\rho t}\left[c(0)e^{\frac{1-\theta}{\theta}[A\alpha_i(1-\tau_i)\chi_i^{1-\alpha_i}-\delta-\rho]\ t}-1\right]dt \quad (4.70)$$

为了确保终身效用(4.70)有界(稻田条件),要求:

$$\rho>\frac{1-\theta}{\theta}[A\alpha_i(1-\tau_i)\chi_i^{1-\alpha_i}-\delta-\rho]\Leftrightarrow\rho+$$

$$\delta>(1-\theta)A\alpha_i(1-\tau_i)\chi_i^{1-\alpha_i}+\theta\delta \quad (4.71)$$

有:

$$A\alpha_i(1-\tau_i)\chi_i^{1-\alpha_i}-\delta-\gamma_c=\left(1-\frac{1}{\theta}\right)[A\alpha_i(1-\tau_i)\chi_i^{1-\alpha_i}-\delta]+\frac{\rho}{\theta}>0 \quad (4.72)$$

因此,有:

$$\lim_{t\to\infty}\left[\frac{c(0)}{\eta-\gamma_c}e^{-[A\alpha_i(1-\tau_i)\chi_i^{1-\alpha_i}-\delta-\gamma_c]\ t}\right]=0 \quad (4.73)$$

那么,由式(4.69)可知:

$$\lim_{t\to\infty}be^{\left[\frac{1}{z}A\alpha_i(1-\tau_i)\chi_i^{1-\alpha_i}\right]\ t}=0 \quad (4.74)$$

又由于 $A\alpha_i(1-\tau_i)\chi_i^{1-\alpha_i}>0$,$b=0$,因此式(4.68)变为:

$$k(t)=\frac{c(0)e^{\gamma_c t}}{\eta-\gamma_c}=\frac{1}{\eta-\gamma_c}c(t) \quad (4.75)$$

其中,$\eta-\gamma_c>0$。因此,有:

$$\gamma_c=\frac{\dot{c}(t)}{c(t)}=\frac{\dot{k}(t)}{k(t)} \quad (4.76)$$

然后,将加总关系式(4.20)代入部门 i 的生产函数(4.6)中,再对部门 i 加总有:

$$\sum_{i=1}^n y_iL_i=\frac{k}{z}\sum_{i=1}^n\phi(\chi_i)z_iL_i \quad (4.77)$$

因此，由式(4.77)可得加总的人均收入为：

$$y(t) = \zeta k(t) \tag{4.78}$$

其中，$\zeta = \sum_{i=1}^{n} \dfrac{L_i}{L} \dfrac{z_i}{z} \phi(\chi_i)$（根据假定，$L$、$L_i$、$z_i$、$\chi_i$ 不随时间 t 变动但可随 i 变动）。

所以，由式(4.78)有 $\dfrac{\dot{y}(t)}{y(t)} = \dfrac{\dot{k}(t)}{k(t)}$，从而：

$$\gamma = \dfrac{\dot{y}(t)}{y(t)} = \dfrac{\dot{c}(t)}{c(t)} = \dfrac{\dot{k}(t)}{k(t)} = \dfrac{A\alpha_i(1-\tau_i)\chi_i^{1-\alpha_i} - \delta - \rho}{\theta} \tag{4.79}$$

附录 4.2 "为增长而失衡"理论命题的证明

证明：（反证法）我们假设对任意的 $i \neq j$（$i, j = 1, 2, \cdots, n$），若 $g_i = \dfrac{G_i}{L_i} \neq g_j = \dfrac{G_j}{L_j}$，则 TL = 0 成立。

首先，由加总关系式(4.20) $k_i = \dfrac{z_i}{z} k$ 可知：

$$y_i = k_i \phi\left(\dfrac{G_i}{k_i}\right) = k_i \phi(\chi_i) = \dfrac{z_i}{z} k \phi(\chi_i) \tag{4.80}$$

对式(4.80)进行加总可得：

$$y = \dfrac{Y}{L} = \dfrac{1}{L} \sum_{i=1}^{n} y_i L_i = \dfrac{k}{z} \sum_{i=1}^{n} \dfrac{L_i}{L} z_i \phi(\chi_i) \tag{4.81}$$

由式(4.80)和式(4.81)有：

$$\dfrac{y_i}{y} = \dfrac{z_i \phi(\chi_i)}{\sum_{j=1}^{n} \dfrac{L_j}{L} z_j \phi(\chi_j)} \tag{4.82}$$

因为式(4.80)对任意 i、j 均成立，那么其对任意 i、h 也均成立，即有：

$$z_i \left(AL_i(1-\alpha_i)\right)^{\frac{1}{\alpha_i}} = \frac{G_i}{G_h} z_h \left(AL_h(1-\alpha_h)\right)^{\frac{1}{\alpha_h}} \quad (4.83)$$

由式(4.48)中的解和式(4.83)可得:

$$z_i \phi(\chi_i) = z_i A \left[AL_i(1-\alpha_i)\right]^{\frac{1-\alpha_i}{\alpha_i}} = \frac{G_i}{L_i(1-\alpha_i)} B_h \quad (4.84)$$

其中,$B_h = \frac{z_h}{G_h}[AL_h(1-\alpha_h)]^{\frac{1}{\alpha_h}}$。将式(4.84)代入式(4.82)可得:

$$\frac{y_i}{y} = \frac{z_i \phi(\chi_i)}{\sum_{j=1}^n \frac{L_j}{L} z_j \phi(\chi_j)} = \frac{\frac{g_i}{(1-\alpha_i)}}{\sum_{j=1}^n \left[\frac{L_j}{L} \frac{g_j}{(1-\alpha_j)}\right]} \quad (4.85)$$

其中,$g_i = \frac{G_i}{L_i}$ 为部门 i 的人均部门专用公共支出。

再次,我们讨论不同情景下 TL 的取值。

(1) 当 $\alpha_i = \alpha$,即存在部门专用政策异质性而不存在部门要素密度异质性(这也是一种退化情景,即在 Barro(1990)的基准模型中纳入部门专用政策异质性),此时式(4.85)变为:

$$\frac{y_i}{y} = \frac{g_i}{\sum_{j=1}^n \left(\frac{L_j}{L} g_j\right)} \quad (4.86)$$

又根据假设,对任意 $i \neq j$ ($i,j = 1,2,\cdots,n$) 有 $g_i \neq g_j$,那么不妨令 $g_i = \max\{g_1, g_2, \cdots, g_n\}$,因此:

$$\frac{y_i}{y} = \frac{g_i}{\sum_{j=1}^n \left(\frac{L_j}{L} g_j\right)} > \frac{g_i}{\sum_{j=1}^n \left(\frac{L_j}{L} g_i\right)} = \frac{1}{\sum_{j=1}^n \left(\frac{L_j}{L}\right)} = 1 \quad (4.87)$$

所以,由式(4.87)可知 TL $\neq$ 0。这个事实与假设矛盾,故原命题成立。

(2) 当 $\alpha_i \neq \alpha_j$,对任意 i、j,即既存在部门专用政策异质性又存在部门要素密度异质性的一般情景,不妨令部门 i 为资本最密集型部门,即

$\alpha_i = \max\{\alpha_1, \alpha_2, \cdots, \alpha_n\}$。同样,又根据假设,对任意 $i \neq j$ (i、$j = 1, 2, \cdots, n$) 有 $g_i \neq g_j$,那么不妨令 $g_i = \max\{g_1, g_2, \cdots, g_n\}$,即资本最密集部门的人均政府支出也最大,这其实就是林毅夫所谓的"政府重工业优先发展战略"(徐朝阳和林毅夫,2010;林毅夫,2012;林毅夫和陈斌开,2013)。因此有:

$$\frac{y_i}{y} = \frac{\dfrac{g_i}{(1-\alpha_i)}}{\sum_{j=1}^{n}\left[\dfrac{L_j}{L}\dfrac{g_j}{(1-\alpha_j)}\right]} > \frac{\dfrac{g_i}{(1-\alpha_i)}}{\sum_{j=1}^{n}\left[\dfrac{L_j}{L}\dfrac{g_i}{(1-\alpha_i)}\right]} = \frac{1}{\sum_{j=1}^{n}\left(\dfrac{L_j}{L}\right)} = 1 \tag{4.88}$$

所以,由式(4.88)可知 $TL \neq 0$。这个事实与假设矛盾,故原命题成立。

本章参考文献

Acemoglu, D., "Technical Change, Inequality and the Labor Market", *Journal of Economic Literature*, 2002, 40(1): 7—72.

Acemoglu, D., and J. A. Robinson, "The Political Economy of the Kuznets Curve", *Review of Development Economics*, 2002, 6(2): 183—203.

Acemoglu, D., and V. Guerrieri, "Capital Deepening and Non-balanced Economic Growth", *Journal of Political Economy*, 2008, 116(3): 467—98.

Aghion, P., E. Caroli, and C. Garcia-Penalosa, "Inequality and Economic Growth: The Perspective of the New Growth Theories", *Journal of Economic Literature*, 1999, 37(4): 1615—60.

Akerman, A., E. Helpman, O. Itskhoki, M-A. Muendler, and S. Redding, "Source of Wage Inequality", *American Economic Review: Paper & Proceeding*, 2013, 103(3): 214—19.

Angelopoulos, K., G. Economides, and P. Kammas, "Tax Spending Policies and Economic Growth: Theoretical Predictions and Evidence from the OECD", *European Journal of Political Economy*, 2006, 23(4): 885—902.

Bandyopadhyay, D., and P. Basu, "What Drives the Cross-country Growth and Inequality Correlation?" *Canadian Journal of Economics*, 2005, 38(4): 1272—1297.

Banerjee A. V., and B. Moll, "Why Does Misallocation Persist", *American Economic Journal: Macroeconomics*, 2010, 2(1): 189—206.

Barro, R., "Government Spending ina Simple Model of Endogenous Growth", *Journal of Political Economy*, 1990, 98(S5): 103—125.

Barro, R., and X. Sala-i-Martin, "Public Finance in Models of Economic Growth", *Review of Economic Studies*, 1992, 59(4): 645—661.

Barro, R., and X. Sala-i-Martin, *Economic Growth* (2nd edition), New York: McGraw Hill, 2004.

Boisot, M., and J. Child, "From Fiefs to Clans and Network Capitalism: Explaining China's Emerging Economic Oder", *Administrative Science Quarterly*, 1996, 41 (4): 600—628.

Chenery, H. B., S. Robinson, and M. Syrquin, *Industrialization and Growth: A Comparative Study*, New York: Oxford University Press, 1986.

Cowell, F., "Measurement of Inequality", in A. Atkinson and F. Bourguignon (eds.), *Handbook of Income Distribution*, Amsterdam: North Holland, 2000.

Devarajan, S., V. Swaroop, and Heng-fu Zou, "The Composition of Public Expenditure and Economic Growth", *Journal of Monetary Economics*, 1996, 37(2): 313—344.

Easterly, W., and S. Rebelo, "Fiscal Policy and Economic Growth: An Empirical Investigation", *Journal of Monetary Economics*, 1993, 32(3): 417—458.

Fiaschi, D., "Growth and Inequality in an Endogenous Fiscal Policy Model with Taxes on Labor and Capital", *European Journal of Political Economy*, 1999, 15(4): 727—46.

Garcia-Penalosa, C., and S. J. Turnovsky, "Growth, Income Inequality, and Fiscal Policy: What are the Relevant Trade-offs", *Journal of Money, Credit and Banking*, 2007, 39 (2/3): 369—394

Hsieh, C., and P. J. Klenow, "Misallocation and Manufacturing TFP in China and India", *The Quarterly Journal of Economics*, 2009, 124(4): 1403—1448.

Jha, S. K., "Fiscal Policy, Income Distribution, and Growth", *EDRC Report Series*, No.

67, 1999.

Ju, J., J. Y. Lin, and Y. Wang, "Endowment Structures, Industrial Dynamics, and Economic Growth", *Journal of Money Economics*, 2015, 76: 244—263.

Krueger, A., "Comments on 'New Structural Economics' by Justin Lin", *World Bank Research Observer*, 2011, 26(2): 222—226.

Kuznets, S., "Economic Growth and Income Inequality", *American Economic Review*, 1955, 45(1): 1—28.

Li, H., and L. Zhou, "Political Turnover and Economic Performance: The Incentive Role of Personnel Control in China", *Journal of Public Economics*, 2005, 89(9—10): 1743—62.

Li, S., "Relation-based versus Rule-based Governance: An Explanation of the East Asian Miracle and Asian Crisis", *Review of International Economics*, 2003, 11(4): 651—673.

Murphy, K. M., A. Shleifer, and R. W. Vishny, "Income Distribution, Market Size, and Industrialization", *The Quarterly Journal of Economics*, 1989, 104(3): 537—564.

Olson, M., *Power and Prosperity: Outgrowing Communist and Capitalist Dictatorships*, New York: Basic Books, 2000.

Pareto, V., *Course d'Economice Politique*, tome 2, Paris: Pichon, 1897.

Perotti, R., "Political Equilibrium, Income Distribution, and Growth", *Review of Economic Studies*, 1993, 60(4): 755—776.

Persson, T., and G. Tabellini, "Is Inequality Harmful for Growth?" *American Economic Review*, 1994, 84(3): 600—621.

Piketty, T., and G. Zucman, "Capital is Back: Wealth-income Ratios in Rich Countries: 1700—2010", *The Quarterly Journal of Economics*, 2014, 129(3): 1255—1310.

Qian, Y., and B. R. Weingast, "Federalism as a Commitment to Preserving Market Incentives", *Journal of Economic Perspectives*, 1997, 11(4): 83—92.

Qian, Y., and C. Xu, "Why China's Economic Reforms Differ: The M-form Hierarchy and Entry/Expansion of the Non-state Sector", *Economics of Transition*, 1993, 1(2): 135—170.

Restuccia D., and R. Rogerson, "Misallocation and Productivity", *Review of Economic Dynamics*, 2013, 16(1): 1—10.

Restuccia D., and R. Rogerson, "Policy Distortions and Aggregate Productivity with Heterogeneous Establishments", *Review of Economic Dynamics*, 2008, 11(4): 707—720.

Scully, G. W., "Optimal Taxation, Economic Growth and Income Inequality", *Public Choice*, 2003, 115(3): 299—312.

Song, Z., K, Storesletten, and F. Zilibotti, "Growing like China", *American Economic Review*, 2011, 101(1): 202—241.

Stiglitz, J., "Rethinking Development Economics", *The World Bank Research Observer*, 2011, 26(2): 230—236.

Todaro, M. P., *Economic Development*, London: Longman, 1997.

Turnovsky, S., "Fiscal Policy, Elastic Labor Supply, and Endogenous Growth", *Journal of Monetary Economics*, 2000, 45(1): 185—210.

Turnovsky, S., "OptimalTax, Debt, and Expenditure Policies in a Growing Economic", *Journal of Public Economics*, 1996, 60(1): 21—44.

Xu, C., "The Fundamental Institutions of China's Reforms and Development", *Journal of Economic Literature*, 2011, XLLX: 1076—151.

Zheng, D., and T. Kuroda, "The Role of Public Infrastructure in China' Regional Inequality and Growth: A Simultaneous Equations Approach", *The Development Economics*, 2013, 51(1): 79—109

阿兰·赫斯顿、特瑞·史泰丽,"中国与发展经济学",载《伟大的中国经济转型》,劳伦·勃兰特、托马斯·罗斯基主编,方颖、赵杨等译,上海:格致出版社和上海人民出版社,2008年。

陈斌开、林毅夫,"发展战略、城市化与城乡收入差距",《中国社会科学》,2013年第4期,第81—102页。

付才辉,"发展战略的成本与收益——对新结构经济学的目标、争议与拓展的探讨",《南方经济》,2014年第1期,第29—48页。

付才辉,"金融干预的成本与收益:产能过剩与技术进步",《当代经济科学》,2015年第4期,第1—13页。

付才辉,"政府、市场与两极分化——一个新结构经济学视角下的不平等理论",《经济学》(季刊),2016年第16卷第1期,第1—44页。

傅晓霞、吴利学,"全要素生产率在中国地区差距中的贡献",《世界经济》,2006年第9期,第12—22页。

傅勇、张晏,"中国式分权与财政支出偏向:为增长而竞争的代价",《管理世界》,2007年第3期,第4—12页。

干春晖、邓若谷、余典范,"中国产业结构变迁对经济增长与波动的影响",《经济研究》,2011年第5期,第4—16页。

郭凯明、张全升、龚六堂,"公共政策、经济增长与不平等演化",《经济研究》(增刊),2011年第2期,第5—15页。

贺大兴、姚洋,"社会平等、中性政府与中国经济增长",《经济研究》,2011年第1期,第4—17页。

黄玖立、吴敏、包群,"经济特区、契约制度与比较优势",《管理世界》,2013年第11期,第28—38页。

考克斯·巴苏,"论发展的目标",载《发展经济学前沿:未来展望》,杰拉尔德·迈耶、约瑟夫·斯蒂格利茨主编,本书翻译组译,北京:中国财政经济出版社,2003年。

劳伦·勃兰特、托马斯·罗斯基,《伟大的中国经济转型》,方颖、赵杨等译,上海:格致出版社和上海人民出版社,2008年。

林毅夫,《经济发展与转型:思潮、战略和自生能力》,北京:北京大学出版社,2008年。

林毅夫,《新结构经济学——反思经济发展与政策的理论框架》,苏剑译,北京:北京大学出版社,2012年。

林毅夫、蔡昉、李周,"中国经济转型时期的地区差距分析",《经济研究》,1998年第6期,第3—10页。

林毅夫、蔡昉、李周,《中国的奇迹:发展战略与经济改革》,上海:上海人民出版社,1994年。

林毅夫、陈斌开,"发展战略、产业结构与收入分配",《经济学》(季刊),2013年第4期,第1109—1140页。

林毅夫、刘培林,"中国的经济发展战略与地区收入差距",《经济研究》,2003年第3期,第19—25页。

林毅夫、苏剑,"论经济增长方式的转变",《管理世界》,第 2007 年第 11 期,第 5—13 页。

米增渝、刘霞辉、刘穷志,"经济增长与收入不平等:财政均衡激励政策研究",《经济研究》,2012 年第 12 期,第 43—54 页。

聂辉华,《政企合谋与经济增长:反思"中国模式"》,北京:中国人民大学出版社,2013 年。

万广华,"城镇化与不均等:分析方法和中国案例",《经济研究》,2013 年第 5 期,第 62—73 页。

王保安,"中国经济结构失衡:基本特征、深层原因与对策建议",《财贸经济》,第 2010 年第 7 期,第 8—12 页。

王麒麟,"生产性公共支出、最优税收与经济增长",《数量经济技术经济研究》,2011 年第 5 期,第 21—36 页。

王少平、欧阳志刚,"我国城乡收入差距的度量及其对经济增长的效应",《经济研究》,2007 年第 10 期,第 44—55 页。

王贤彬、徐现祥,"官员主导发展的得失",《经济社会体制比较》,2014 年第 5 期,第 69—81 页。

王永钦,"市场互联性、关系型合约与经济转型",《经济研究》,2006 年第 6 期,第 79—90 页。

王永钦、李明,"理解中国的经济奇迹:互联合约的视角",《管理世界》,2008 年第 10 期,第 5—20 页。

王永钦、张晏、章元等,"中国的大国发展道路——论分权式改革的得失",《经济研究》,2007 年第 1 期,第 4—16 页。

乌杰,《中国经济文库》,北京:中央编译出版社,1995 年。

吴敬琏,《中国增长模式抉择》,上海:上海远东出版社,2005 年。

项俊波,"中国经济结构失衡的测度与分析",《管理世界》,2008 年第 9 期,第 1—11 页。

徐朝阳、林毅夫,"发展战略与经济增长",《中国社会科学》,2010 年第 3 期,第 94—108 页。

鄢萍,"资源误配置的影响因素初探",《经济学》(季刊),2012 年第 2 期,第 489—

519 页。

严成樑、龚六堂,"财政支出、税收和长期经济增长",《经济研究》,2009 年第 6 期,第 4—15 页。

姚洋,"中性政府:对转型期中国经济成功的一个解释",《经济评论》,2009 年第 3 期,第 5—13 页。

姚洋、郑东雅,"重工业与经济发展:计划经济时代再考察",《经济研究》,2008 年第 4 期,第 26—40 页。

于光远,《中国理论经济学史》,郑州:河南人民出版社,1996 年。

袁江、张成思,"强制性技术变迁、不平衡增长与中国经济周期模型",《经济研究》,2009 年第 12 期,第 17—29 页。

张军、施少华,"中国经济全要素生产率变动:1952—1998",《世界经济文汇》,2003 年第 2 期,第 17—24 页。

张军、周黎安,《为增长而竞争:中国增长的政治经济学》,上海:格致出版社和上海人民出版社,2008 年。

章上峰、许冰,"时变生产函数与全要素生产率",《经济学》(季刊),2009 年第 2 期,第 551—568 页。

赵志耕、杨朝峰,"中国全要素生产率的测算与解释:1979—2009",《财经问题研究》,2011 年第 9 期,第 3—12 页。

5

市场、政府与两极分化①

5.1 引 言

 时下讨论收入分配问题,如果言不称《21世纪资本论》,似乎便不是一件时髦之事。皮凯蒂利用较长的历史数据,否认了发达工业国家在整个历史时期遵循库兹涅茨倒U形曲线的成见(Piketty and Zucman, 2014; Piketty, 2014)。然而,将《21世纪资本论》推上风口浪尖的却是一个简单的公式:$r>g$(资本回报率大于经济增长率)。这个简单的公式给许多人常常用来为不平等辩护的"涓滴经济学"(trickle-down economics)当头一棒——过去许多文献发现的发达资本主义社会在经济发展过程中不平等所遵循的库兹涅茨倒U形曲线蕴含的众多经济社会平衡机制似乎不复存在了。②《21世纪资本论》点燃了全球金融危机之后关于发达资本主义国

---

① 本章首发于《经济学》(季刊)2016年第16卷第1期。感谢匿名审稿人的有益修改建议。

② 理论上,尽管在不同的机制下不平等在经济增长和发展过程中会出现不同的变化趋势,但在很多平衡机制下不平等有可能出现库兹涅茨倒U形曲线的变化趋势(Tamura, 1991; Dahan and Tsiddon, 1998; Li et al., 2000; Acemoglu and Robinson, 2002),也可参见王弟海和龚六堂(2006)等的综述。

家不平等的这场旷日持久的争论。①

纵观基于发达市场经济国家经验的主流的不平等理论,引致持续性不平等的主要因素来自市场经济中诸如偏好、能力、年龄、运气及初始财富等市场异质性(market heterogeneity),加剧和抑制不平等的中间机制也在于市场机制本身(王弟海和龚六堂,2008)。然而,在这场争论中,左翼极力声张的、连右翼也难以反对的观点是:市场力量和政治力量同时强有力地造就了不平等。正如 Stiglitz(2012,p.49)在《不平等的代价》一书中的发问:"如果市场是主要的驱动力量,那么为何看上去相似的发达工业化国家之间差异如此之大?"Stiglitz(2012,p.49)提出的假设是:"市场力量真实存在,但它们被政治过程塑造了。市场是由法律、规章和制度共同塑造的。每一部法律、每一条规章、每一项制度安排都对分配造成影响——我们美国市场经济的方式是有利于上层群体而不利于其他人的。"美国主要的表现形式是,缺乏有效竞争规制导致的垄断租、缺乏有效监管和公司治理下华尔街金融业及公司高管的贪婪、各种政治游戏下的寻租、没起效果甚至起负面效果的累进税制、对下层群体公共支出的漠视,等等(Stiglitz,2012)。

林毅夫(2007,2008,2012)在新结构经济学系列论著中认为:发达经济体和发展中经济体经济发展的特征是不同的,发达经济体由于处于经济前沿,发展机会是不确定的;发展中经济体由于处于前沿内部,发展机会是可预期的;发展中经济体如果遵循比较优势发展战略,充分利用后发优势决定的发展机会,经济便能够实现又好又快的发展;否则,适得其反。亚洲"四小龙"之所以创造了在收入水平提高的同时收入分配也得到改善的奇迹(Fei et al.,1979),是因为其发展战略遵循比较优势,充分利用了后发优势;而那些收入和分配关系处于灾难与两难境地的发展中经济体大都采取

---

① 可参考最近 *Journal of Economic Literature* 刊发的以 Solow 和 Mankiw 各自为一方代表的诸多西方当代经济学权威之间的争论。

了违背比较优势的赶超战略,放弃了后发优势。① 因此,政府的发展战略锁定了发展中经济体的收入与分配的关系模式(林毅夫和刘培林,2003;Lin,2003,2009;陈斌开和林毅夫,2012,2013;林毅夫和陈斌开,2013)。② 正如 Rodrick(2011)所言,发展中经济体不只是发达经济体的缩小版本,两者的经济结构存在根本性的差异。理论的有效性依赖于前提条件的相似性(林毅夫,2012),因此不同性质的问题需要不同的理论解释与政策措施。秉承新结构经济学的基本逻辑,本章认为:发展中经济体决定收入分配的关键因素与机制也会有别于发达经济体,从而基于发达经济体经验的理论与政策在解释发展中经济体的不平等及其动态的成因与治理乃至发展思潮上均不适合,有必要构建基于发展中经济体的不平等理论与政策体系,以便解释与治理发展中经济体独特的收入分配问题。本章将继续深化收入分配的新结构经济学,采取比较分析的视角,聚焦于市场异质性和政策异质性这两股推动收入分配的关键动力,对比分析两者在塑造收入分配机制上的角色,揭示发达经济体和发展中经济体收入分配机制的差异,提出针对发展中经济体防范两极分化的策略。

本章的结构安排如下:第2、3节基于中国和跨国经验阐述理论假说;第4节构建模型;第5节是模型求解;第6、7、8、9节通过退化模型,对比分析来自市场和政府的力量在塑造持续性不平等与两极分化中的角色;第10节利用中国改革开放前后二十余年城乡收入、消费差距和城乡政策差异的数据,对模型的关键结果进行模拟和测算;第11节是结论、政策含义与展望。

---

① 收入与分配的关系模式在人类历史上大致有四种模式(Acemoglu and Robinson,2002):库兹涅茨倒 U 形曲线(Kuznets curve),主要以工业革命之后的发达国家为代表,专制灾难(autocratic disaster),主要以撒哈拉沙漠以南的非洲为代表;东亚奇迹(East Asian miracle),两难舍舍(trade-off),主要以大部分发展中经济体为代表。也可参见 William(1975)、Aghion et al.(1999)等的综述。

② 可参考《新结构经济学文集》中的"新结构经济学与收入分配"部分,上海:上海格致出版社,2012年,第 373—456 页。

5.2 基于中国经验的理论假说

(一) 中国收入差距问题的简要回顾

在改革开放初期,按照邓小平的战略构想,"沿海地区要加快对外开放……从而带动内地更好地发展……内地要顾全这个大局""发展到一定的时候,又要求沿海拿出更多力量帮助内地发展……那时沿海也要服从这个大局""走社会主义道路,就是要逐步实现共同富裕。共同富裕的构想是这样提出的:一部分地区有条件先发展起来,一部分地区发展慢点,先发展起来的地区带动后发展的地区,最终达到共同富裕。如果富的愈来愈富,穷的愈来愈穷,两极分化就会产生,而社会主义制度就应该而且能够避免两极分化"。[①] 改革开放三十多年过去了,邓小平的战略强有力地开启了中国年均9%以上的高速增长,但与此同时中国的不平等也开始恶化。[②] 相对于改革开放之前的态势,改革开放之后的不平等或许只是小巫见大巫。1952—1977年非农人均产值与涉农人均产值之比平均高达6.4倍,为1978—2010年平均值的近1.3倍。[③] 可以说,正是因为重工业赶超战略时代的两极分化到了极端状态,才迫使中国开启了改革开放。对于解决长期积累的不平等问题,中国政府二十多年前就雄心勃勃。1994年的分税制改革后,中央政府通过事权下放和财权上收获取了全国一半以上的财政收入,只负担1/4的财政支出责任,这为通过转移支付来化解不平等提供了财政基础。为了缩小地区差距,内陆省份获得的转移支付占全国转移支付

[①] 邓小平,《邓小平文选》第三卷,北京:人民出版社,1995年,第277—288、373—374页。

[②] 有许多文献研究了中国的地区及城乡差距,可参考 Benjamin et al.(2008) 的概述。

[③] 由于改革开放之前的居民收入分布数据缺乏,因此我们用非农人均产值与涉农人均产值之比刻画城乡居民收入分布。鉴于严格的户籍制度和经济活动的城乡分布特点,这个代理变量还是合适的。此外,考虑到改革开放之后乡镇企业的兴起及民工进城都显著地改善了农村居民收入,改革开放前后城乡居民收入差距之比远大于这里的1.3倍。

的比重从 1995 年的 68.1% 升至 2007 年的 82.8%。然而,如此大力度的转移支付仍然未能有效抑制日益扩大的两极分化,甚至在一定程度上反而加剧了分化(Tsui,2005)。为了缩小城乡差距,中国 2001 年开始了农业税费改革,2006 年废除了农业税,并通过工业反哺农业,以期化解巨大的城乡收入差距。这些分配政策尽管对缓解不平等有所帮助,但收效甚微。究其原因,一些实证研究也发现,转移支付分配操作过程中存在诸如讨价还价、人情款、"撒胡椒面"等人为因素。此外,转移支付还改变了落后地区政府与群体的激励,导致政府财政供养人员的膨胀,从而抑制了经济增长。[①]但根本原因可能还在于,如此简单的再分配政策对于改善中国的地区与城乡收入差距于事无补,有必要弄清事前导致不平等的真正原因。

(二) 中国收入分配问题的新结构经济学

许多文献从经验实证上探讨了中国不平等与城乡差距、地区差异和行业差距的原因。[②] 这些实证文献归结起来,落脚点不外乎是新结构经济学理论的基本论断,即违背比较优势发展战略产生的劳动抑制和金融抑制(陈斌开和林毅夫,2012;林毅夫和陈斌开,2013)。发展战略是收入分配动态路径和稳态分布的根本性决定因素,不同发展战略可能导致截然不同的收入分配模式:在一个劳动力丰富、资本相对稀缺的发展中国家,如果政府遵循比较优势发展战略,大力发展劳动密集型产业,这将为穷人提供更多的就业机会,进而提高穷人的平均收入水平,改善收入分配;相反,如果政府推行重工业优先发展战略,那么资本密集型部门能够吸纳的就业会减少,穷人的劳动收入降低,导致收入分配恶化。与此同时,为支持不符合发展中国家禀赋比较优势的重工业优先发展战略,政府会扭曲金融结构,从而产生金融抑制;金融抑制使得存款利率被严重低估,作为存款者的穷人

[①] 可参见范子英(2011)的综述。

[②] 例如,徐现祥和王海港(2008)基于中国 1978—2002 年居民在初次分配中要素所得数据,发现中国收入分布呈现出两极分化直接的主要原因是"由劳动贡献这个分配标准在产业间的差异造成的,要素贡献的其他差异对我国收入分布的扭曲程度为 2%—15%"。

的资本收入降低,而廉价的资本被用于补贴国有银行和获得贷款的企业,形成了一种居民补贴企业、穷人补贴富人的"倒挂"机制,加速了收入的两极分化(陈斌开和林毅夫,2012;林毅夫和陈斌开,2013)。以发展中国家普遍存在的城乡二元经济为例,陈斌开和林毅夫(2009,2013)的研究显示:如果政府推行比较优势发展战略,经济中单位资本吸纳的劳动力最多,城市就业最多,城市化水平最高,农村剩余劳动力最少,城乡收入差距最小;相反,如果政府实施以赶超为目的的重工业优先发展战略,则经济中单位资本吸纳的劳动力减少,这就必然导致更少的城市就业率和更低的城市化水平。城市吸纳劳动力减少将导致农村劳动力无法向城市转移,农业从业人员增加,农村平均工资水平下降,这将导致更大的城乡工资差距。重工业优先发展战略不仅对当期的城市就业水平和城乡工资差距有影响,长期的就业水平和城乡工资差距也与发展战略密切相关。落后国家推行重工业优先发展战略,将降低资本积累率,直接导致更低的城市就业增长率和更慢的城市化进程,进而使得农村劳动力向城市转移更慢,导致更持久的城乡收入差距。

(三)一个新的理论假说:发展战略的政策异质性特征与不平等

相对于基于发达国家经验的不平等理论所聚焦的市场异质性(market heterogeneity)概念,本章认为在新结构经济学发展战略对收入分配的影响机制上,可以衍生出一个对应的政策异质性(policy heterogeneity)概念。林毅夫等(1994)在《中国的奇迹:发展战略与经济改革》一书中就系统地论述了赶超战略如何内生出一系列劳动抑制和金融抑制的体制:在中华人民共和国成立初期,禀赋水平非常低,依靠市场经济体系的税收和补贴手段将无法实现偏离禀赋结构的重工业赶超战略目标,这就需要建立一套替代竞争性市场相对价格体系的动员资源的计划体制,以支持没有自生能力的资本密集型重工业的发展;提高重工业产品的相对价格,同时人为地降低发展重工业的成本,包括为重工业发展提供廉价的劳动力、资金、原料及进口的机器设备;相应的配套政策还包括低利率政策、低汇率政策、低工资政策、低原材料价格政策、低农产品和其他生活必需品及服务价格政策等。这一高一低的扭曲性计划机制就对不同的居民群体产生了"政策倾斜"：重工业经营者（工人）获得了政策优惠，轻工业和农业经营者（农民）承担了政策成本；贷款者获得了政策优惠，存款者承担了政策成本；资本回报获得了政策优惠，劳动回报承担了政策成本；管理者获得了政策优惠，普通劳动者承担了政策成本；进口设备者获得了政策优惠，出口创汇者承担了政策成本；如此等等。再考虑到公有制以及再分配的社会福利政策，赶超战略时代最为突出的政策倾斜主要体现在城乡的市民和农民身上。计划经济时代城乡两极分化极其严重，根本原因便是赶超战略之下过度的城乡政策倾斜。其实，这也是广大发展中经济体二元经济产生的根本性原因。①

政策异质性在计划经济时代的赶超部门和非赶超部门之间表现得泾渭分明。改革开放初期实施的"梯度战略"显著的政策倾斜是沿海地区和经济特区获得了政策优惠，内陆地区承担了政策成本（Yao and Zhang, 2001）。改革开放之后通过农村改革在一定程度缓和了赶超战略时代城乡之间严重的政策倾斜，但是在增长导向的发展战略下，城市依然获得了更多的财政支持和基础设施建设（陈钊和陆铭, 2004）。增长导向的发展战略实际上正是通过控制针对不同群体的政策倾斜来实现更高的总量增长，只不过这些政策倾斜已经不再是赶超战略时代深层次的制度安排，而是直接体现在财税政策、产业政策和区域政策上。一个显著的政策倾斜就是对培育战略新兴产业和新经济增长点的政策倾斜，身处这些领域的居民群体获得了政策优惠，那么也就必须有另外的居民群体为这些政策优惠埋单，承担政策成本，因为政府并不从事生产。当今时代，普通居民群体往往因高房价而间接地承担了发展战略的政策成本。总之，不论发展战略的目标

---

① 刘易斯发明的"二元经济"差不多是整个发展经济学的核心议题，但令人遗憾的是，现有文献都将二元经济作为发展中经济体给定的特征事实，对二元经济的内生形成缺乏有效的解释。

是工业化还是总量增长,从居民群体角度看发展战略的可操作特征,关键就在于不同居民群体的工资收入和资本收入乃至消费所获得的政策态度是不同的——政策倾斜。尽管这些政策倾斜在不同的发展战略之下的具体形式不同,比如赶超战略下"三位一体"的制度体系,梯度战略下的区域政策,新型工业化战略下的财税支持政策等,但从居民群体收入角度讲实质都一样:获得政策优惠的居民群体在劳动工资收入或资本利息收入等初次分配收入以及转移支付收入等再分配收入上或者综合起来进账更多;相反,承担政策成本的居民群体在这些方面或者综合起来进账更少。所以,分析发展战略对收入分配的影响可聚焦于发展战略内生的政策倾斜,而不论改革开放前后发展战略具体内容的差异,也不论发展战略影响的是劳动工资收入或资本利息收入等初次分配收入还是转移支付收入等再分配收入。

因此,我们提出一个新的理论假说:发展战略越是违背比较优势,其政策异质性就越大;如果政策异质性过大(即政策倾斜过度),就会导致不同群体之间的两极分化。笔者认为,政策异质性这一概念蕴含着新结构经济学对发展中国家经济特征与政府行为的深刻洞见。其原因在于发展中国家的发展机会是可预期的,这意味着前沿内部国家存在有别于前沿国家的后发优势,只要能够充分发挥比较优势、利用后发优势,发展中国家就能够以超过发达国家的增长率快速发展。然而,发展中国家的基本事实是禀赋条件和实施能力极为有限,不可能一步到位地消除所有妨碍充分利用后发优势的各种约束和障碍。要快速地登上动态的结构转型和增长之路,明智之举是通过经济特区或工业园区等方式集中有限的资源和实施能力来改善局部发展条件,选择符合潜在比较优势的产业,小步快跑地启动增长(林毅夫,2012)。这种务实的新结构经济学发展之路,之所以遭到了主流发展经济学思潮的质疑,一方面是因为主流发展经济学思潮主张一步到位的"大爆炸"(a big-bang),反对循序渐进的"双轨法"(gradual dual-track approach);另一方面是担忧挑选优先部门和群体的专用政策会引致严重的结构失衡与不平等（Krueger,2011）。这些担忧是有道理的,旧结构主义的失败便是佐证。但是,这些担忧没有深刻领会到新结构经济学在挑选优先部门与群体以及实施专用政策时与旧结构主义的根本差异（林毅夫,2012）。① 与"华盛顿共识"一样,旧结构主义以发达国家为参照,看落后国家缺什么或做得不好的地方,幻想一步到位地建立起发达国家那样的先进产业和对应的软硬基础设施。然而,落后国家有限的禀赋条件不可能支撑起这种前沿的技术选择和完善的软硬基础设施。按照旧结构主义思路所挑选的优先部门或群体必须获得非常大的政策优惠才可以勉强存活,而未被优先选到的部门或群体则必须承担非常之大的政策负担。所以,获得政策优惠的群体就生活在"成本洼地"之中,承担政策成本的群体就居住在"成本高原"之上,违背比较优势的发展战略导致的政策倾斜造就的异质性政策群体之间的不平等由此产生。与之相反,新结构经济学从发展中国家的现实条件出发,看现在的禀赋条件是什么、能够做什么,集中力量把能够做好的做大做强。所挑选的产业与禀赋条件决定的潜在比较优势是一致的,由于存在协调、信息、外部性等问题,要求政府发挥因势利导的作用消除约束,激励而非保护这些与潜在比较优势相一致的产业的出现与壮大。加之落后国家政府的资源和实施能力有限,不可能一步到位地为所有部门和群体提供发展所需的优质基础设施,而只能实施部门或群体专用政策;并且,由于与禀赋条件决定的潜在比较优势相一致,这些优先部门具备自生能力,政府只需向正确的产业提供有限的激励而非保护,未被优先挑选的部门或群体就无须承担高昂的政策负担。因此,其结果是异质性政策群体之间的政策倾斜程度较小,不会引致两极分化。

更进一步,群体之间的政策异质性有可能源于不同群体之间的权力分布和政治经济学方面的原因,但是普遍的政策异质性产生过度的政策倾斜

---

① 优先部门或群体专用政策其实就是指政策异质性,如 Krueger(2011)所指出的,(新结构经济学)能够称为"新的部分"是以下断言:协调和基础设施升级应该以某种方式与一些特定产业相联系。当然,她的评论有些片面。

根本上源于好心办坏事的政府实施的违背比较优势的发展战略。在计划经济时代，对于政府偏好重工业赶超战略、实施政策倾斜的动机，林毅夫等（1994）已经做了系统论述。对于改革开放之后，政府出于患寡而不均的动机实施的政策异质性引致的不平等问题，贺大兴和姚洋（2011）提出的中性政府（disinterested government）观点也有所阐述。他们认为，中国政府是一个中性政府，这样的政府不会迁就于某些特殊利益群体，经济政策与群体间的非生产性特征无关，能够放开手脚把资源分配给那些最具生产力的群体，从而促进经济增长，但必然会扩大群体或地区之间的差距。贺大兴和姚洋（2011，第14页）理论模型的一个重要推论是：一个中性政府会选择性地采取有利于经济增长的政策，哪怕这些政策会造成收入的不平等。中国政府之所以能够采取这些看似歧视性的政策，恰恰是因为它是中性的：因为并不特别地照顾任何群体的利益，它才可能放开手脚采取"有偏"但与生产能力匹配的经济政策。贺大兴和姚洋（2011）也以城乡差距和地区差距为例阐述了上述思想，并认为对外开放是比农村改革更加"有偏"的举措。对外开放以特区为先导，在特区设立之初，中央政府给予它们非常优厚的政策待遇，其他地区对此表现出极大的不满。中央政府的反应不是取消特区，而是确立沿海开放政策，给予沿海开放城市和特区差不多的政策。这个政策开启了沿海和内地差距拉大的大门，但对中国经济的起飞起到了关键性作用，中国由此完成了从进口替代战略到出口导向战略的转型。通过这两个具体的例子，贺大兴和姚洋（2011，第13页）认为，在具体政策上，把政府看作一个精于计算的主体还是合适的，因为具体政策的得利者和失利者是比较明显的。政府在做决策时总要在社会群体之间进行取舍。从这样的发展战略的成本与收益角度（回顾第1章），第4章将部门专用基础设施引入政府公共服务AK模型中，论证了政策异质性在引致部门结构失衡和经济总量增长之间的权衡取舍，并将中国的经验概括为"为增长而失衡"。

5.3 基于跨国经验的理论假说[①]

如前所述,新结构经济学认为,发展战略才是收入分配的根本性决定因素,尤其是对于发展中经济体。图 5.1 是发展战略(TCI 指数)与基尼系数(GINI)的散点图。[②] 就相关性而言,与新结构经济学的理论预期和前期实证研究相吻合,发展战略违背比较优势的程度越大(TCI 指数越高),不平等程度越高。就全球整体状况而言,拉丁美洲和非洲的发展战略违背比较优势程度较高且不平等程度较高;与此相反,高收入经济体的发展战略违背比较优势程度较低且不平等程度较低;欧洲和中亚非经合组织经济体、中东和北非、东亚和太平洋地区的情况居中。

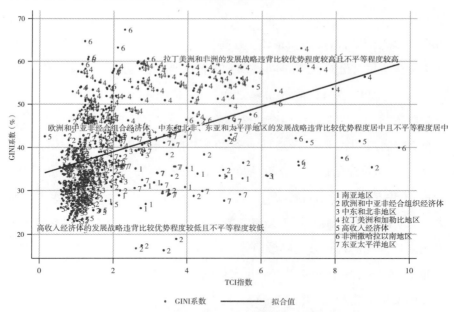

图 5.1 1978—2010 年发展战略与基尼系数的散点图

---

① 本小节的内容主要来自付才辉(2016)的工作论文。

② 我们用 UNIDO 2013 年的制造业数据和 WDI 2014 年的数据将林毅夫(2008,第 62 页)关于发展战略的代理变量 $TCI = \dfrac{AVM/LM}{Y/L}$ 指数更新为 1963—2010 年。

在新结构经济学的一些早期实证研究中，TCI指数与GINI系数之间存在稳健的正相关关系。后文还要进一步定义两者的区别：GINI系数刻画的是以个人为单位的全社会不平等程度，而TCI指数捕获的政策异质性信息是对事不对人，以群体为作用对象。因此，我们有必要更进一步地直接讨论TCI指数对以群体为单位的不平等程度的影响。与GINI系数不同，与两极分化(polarization)这一概念相关的不平等测度突出了群体之间的不平等，TCI指数有很好的契合性。[①] 根据Piketty and Saez(2003)以及美国CHT(Census Historical Tables, H9, H-1)的数据，1980年最上层5%的家庭收入与家庭收入中位数的比率是2.6，而家庭收入中位数与最底层20%家庭收入的比率是2.4；而到了2010年，前一种比率变成了3.0，后一种比率仍是2.4。基于这些类似的文献，我们使用如下六个简单常用的两极分化指标：Polarization1.1 = 最低一个20%占有的收入份额/第三个20%占有的收入份额；Polarization1.2 = 最高一个20%占有的收入份额/第三个20%占有的收入份额；Polarization2.1 = 最低一个20%占有的收入份额/(第二、三、四个20%占有的收入份额之和)；Polarization2.2 = 最高一个20%占有的收入份额/(第二、三、四个20%占有的收入份额)；Polarization3.1 = 最高一个20%占有的收入份额/最低一个20%占有的收入份额；Polarization3.2 = 最高一个10%占有的收入份额/最低一个10%占有的收入份额。如图5.2所示，不论是相对于窄口径(第三个20%)还是宽口径(第二、三、四个20%之和)的中产阶级，最低一个20%占有的收入份额与中产阶级占有的收入份额之比测度的两极分化指数(Polarization1.1、Polarization2.1)与TCI指数负相关，而最高一个20%占有的收入份额与中产阶级占有的收入份额之比测度的两极分化指数(Polarization1.2、Polarization2.2)与TCI指数正相关；最高一个20%(或10%)占有的收入份额与最低一个20%(或10%)占有的收入份额之比也与TCI指数正相关。如表5.1的跨国回归结果所示，在控

[①] 关于以GINI系数等指数测度的收入不平等与两极分化的区别可参见洪兴建与李金昌(2007)的评述。

制了收入不平等文献中经常强调的库兹涅茨倒 U 形曲线机制、自然资源租金、社会偏见、全球化、通用技术（IT）、技能偏向等因素后，TCI 指数对收入不平等（GINI 系数）和两极分化都有显著的影响。

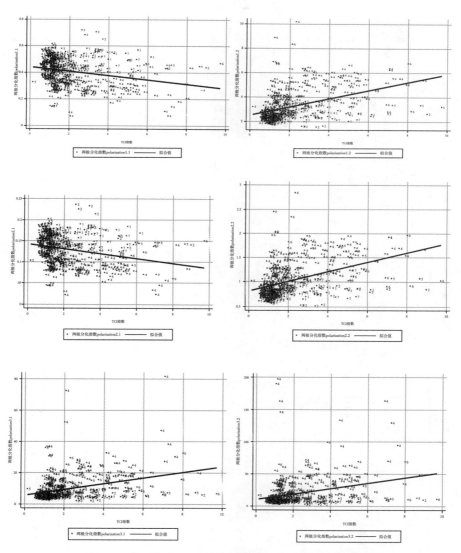

图 5.2　发展战略（TCI 指数）分别与六个两极分化指数 Polarization（1.1、1.2；2.1、2.2；3.1、3.2）的关系

表 5.1 发展战略对不平等与两极分化的影响：不纳入税收的回归结果

	(1) 基尼系数 GINI	(2) 两极分化指数 polarization1.1	(3) 两极分化指数 Polarization1.2	(4) 两极分化指数 Polarization2.1	(5) 两极分化指数 Polarization2.2	(6) 两极分化指数 Polarization3.1	(7) 两极分化指数 Polarization3.2
TCI 指数（发展战略违背比较优势的程度）	0.911*** (4.14)	−0.00772** (−2.96)	0.121*** (4.81)	−0.00264** (−2.99)	0.0354*** (4.93)	1.162*** (5.88)	5.122*** (4.99)
人均 GDP（2005年不变价美元）	−0.00025* (−2.42)	0.00000 (0.87)	−0.00002* (−2.36)	0.00000 (1.00)	−0.00000* (−2.43)	−0.0018 (−1.95)	−0.00066 (−1.36)
人均 GDP 的平方项	1.16e−09 (0.57)	1.17e−11 (0.48)	1.61e−10 (0.69)	3.18e−12 (0.39)	4.71e−11 (0.71)	1.64e−09 (0.89)	7.85e−09 (0.82)
自然资源租金总额占 GDP 的百分比	−0.0258 (−0.44)	0.00132 (1.91)	−0.00024 (−0.04)	0.00041 (1.76)	−0.00006 (−0.03)	−0.0624 (−1.19)	−0.269 (−0.99)
中小学女生与男生的入学比例(%)	0.348*** (4.68)	−0.00360*** (−4.07)	0.0469*** (5.54)	−0.00124*** (−4.17)	0.0133*** (5.49)	0.308*** (4.61)	1.231*** (3.54)
货物和服务进出口额占 GDP 的百分比	−0.0834*** (−7.03)	0.00098*** (6.95)	−0.00849*** (−6.27)	0.00033*** (6.96)	−0.00250*** (−6.45)	−0.0512*** (−4.80)	−0.159** (−2.87)
高等院校入学率	−0.0741* (−2.50)	0.00003 (0.10)	−0.0107** (−3.18)	0.00002 (0.24)	−0.00312** (−3.23)	−0.00532 (−0.20)	0.0445 (0.32)
每100人互联网用户	0.0469 (1.78)	−0.000110 (−0.35)	0.00658* (2.19)	−0.00004 (−0.41)	0.00194* (2.26)	0.00715 (0.30)	−0.0430 (−0.35)
常数	12.43 (1.67)	0.695*** (7.88)	−0.653 (−0.77)	0.230*** (7.72)	−0.0768 (−0.32)	−18.39** (−2.76)	−95.05** (−2.74)
Prob > F	0.0000	0.0000	0.0000	0.0000	0.0000	0.0000	0.0000
Adj R^2	0.3303	0.2150	0.3350	0.2203	0.3465	0.2354	0.1331
N	313	313	313	313	313	313	313

注：括号内为 t 统计量，$^* p < 0.05$，$^{**} p < 0.01$，$^{***} p < 0.001$。

资料来源：TCI 指数由笔者更新计算，其他数据来自 WDI。

非常有意思的是,当我们在表 5.1 的回归模型中纳入政府的税收政策(税收占 GDP 的百分比)时,发生了两个显著的变化(见表 5.2):其一,税收政策在一定程度上确实能够抑制收入不平等和两极分化,尤其是对最高一个 10% 占有的收入份额与最低一个 10% 占有的收入份额之比有显著的抑制作用;其二,TCI 指数对收入不平等和两极分化的影响程度和显著性急剧下降,TCI 指数与税收政策有较强的共线性。据此,我们推出一个耐人寻味的猜测:税收政策在再次分配中可能有助于抑制不平等和两极分化,但是违背了比较优势的发展战略(TCI 指数),从而放大了不平等和两极分化。但由于在跨国层面,我们还没有发展战略政策异质性的测度变量,下面以中国为例直接分析政策异质性对不平等和两极分化的影响。

因此,基于中国这个全球最大的发展中国家及跨国经验,我们可以将众多影响收入分配的重要因素归结到发展战略产生的劳动抑制和金融抑制上,其中的机制明确地与发展战略的政策异质性有关,这与前沿发达国家强调的影响收入分配的偏好、能力、年龄、运气和初始财富等市场异质性因素极为不同。除增进了对不平等的理解外,政策异质性概念的引入拓展了文献中对政府行为的结构性分析。现有文献中政府的财税政策可以存在收入税、消费税、工资税与企业所得税等税收类别的差异,以及生产性财政支出、消费性财政支出与混合财政支出等财政支出类别的差异。政策异质性刻画了政府对不同群体实施的差别性政策[1],政府的行为空间得到大大的拓展,不仅可以调整量与类别的差异,还可以调整实施对象的结构差异。因此,本章比较分析市场异质性和政策异质性在收入分配中的理论机制问题具有很强的一般性。

---

[1] 如贺大兴和姚洋(2011)所言,在现实中,可以把政府政策理解为对不同群体的损失和收益的实质性影响。

表 5.2 发展战略对不平等与两极分化的影响:纳入税收的回归结果

	(1) 基尼系数 GINI	(2) 两极分化指数 polarization1.1	(3) 两极分化指数 Polarization1.2	(4) 两极分化指数 Polarization2.1	(5) 两极分化指数 Polarization2.2	(6) 两极分化指数 Polarization3.1	(7) 两极分化指数 Polarization3.2
TCI 指数(发展战略违背比较优势的程度)	0.507 (1.60)	0.000476 (0.12)	0.0752* (2.36)	-0.0000568 (-0.04)	0.0215* (2.32)	0.212 (1.09)	0.279 (0.33)
人均 GDP (2005 年不变价美元)	-0.000226* (-2.18)	0.000000327 (0.26)	-0.0000251* (-2.41)	0.000000187 (0.44)	-0.00000742* (-2.44)	-0.0000754 (-1.18)	-0.0000910 (-0.33)
人均 GDP 的平方项	1.12e-09 (0.59)	1.82e-11 (0.79)	1.73e-10 (0.91)	5.19e-12 (0.66)	5.04e-11 (0.90)	5.77e-10 (0.49)	2.53e-09 (0.50)
自然资源租金总额占 GDP 的百分比	-0.0391 (-0.71)	0.00100 (1.49)	-0.00313 (-0.56)	0.000312 (1.37)	-0.000944 (-0.58)	-0.0413 (-1.22)	-0.150 (-1.02)
中小学女生与男生的入学比例(%)	0.184* (2.02)	-0.00205 (-1.86)	0.0224* (2.46)	-0.000734 (-1.96)	0.00620* (2.33)	0.116* (2.08)	0.249 (1.03)
货物和服务进出口额占 GDP 的百分比	-0.0801*** (-6.25)	0.000873*** (5.58)	-0.00750*** (-5.82)	0.000298*** (5.62)	-0.00223*** (-5.94)	-0.0312*** (-3.95)	-0.0204 (-0.60)
高等院校入学率	-0.0611* (-2.02)	0.000103 (0.28)	-0.00719* (-2.36)	0.0000406 (0.32)	-0.00219* (-2.47)	-0.0219 (-1.17)	-0.0342 (-0.42)
每 100 人互联网用户	0.0392 (1.53)	-0.000164 (-0.52)	0.00486 (1.88)	-0.0000615 (-0.58)	0.00145 (1.92)	0.00975 (0.62)	-0.0426 (-0.62)
税收占 GDP 的百分比	-0.0353 (-0.34)	0.00155 (1.23)	-0.00326 (-0.31)	0.000477 (1.12)	-0.000916 (-0.30)	-0.103 (-1.62)	-0.678* (-2.47)
常数项	28.49** (3.03)	0.525*** (4.58)	1.598 (1.69)	0.175*** (4.50)	0.586* (2.13)	1.183 (0.20)	4.596 (0.18)
Prob > F	0.0000	0.0000	0.0000	0.0000	0.0000	0.0000	0.0649
Adj R^2	0.2893	0.1729	0.2960	0.1758	0.3051	0.1501	0.0314
N	230	230	230	230	230	230	230

注:括号内为 t 统计量,$^*\,p<0.05$,$^{**}\,p<0.01$,$^{***}\,p<0.001$。

5.4 基本模型

（一）模型设定说明

鉴于新结构经济学的现有文献已经在多个异质性生产部门模型设定（$n×1$）下探讨了发展战略对收入分配的影响（陈斌开和林毅夫，2012；林毅夫和陈斌开，2013）以及政策异质性对部门间结构失衡的影响（付才辉，2015），但尚未在多个异质性居民群体模型设定下分析发展战略的政策异质性对不平等动态的影响，而居民异质性是动态不平等理论文献强调得最多的异质性因素，并且出于简化考虑，模型设定为一个总量生产部门和多个异质性居民群体（$1×n$）。因此，本章模型最为重要的创新可能是在主流动态不平等理论模型中引入政策异质性概念。

（二）模型经济描述

不失一般性，我们将 $1×n×1$ 简化为 $1×2×1$，即模型经济由一个生产部门、两个居民群体（群体 1 和群体 2）与一个政府部门构成。两个居民群体的异质性源于自身的时间偏好（耐心）差异和外部的政府政策差异。为了屏蔽其他影响机制，我们不考虑居民的初始财富、能力、运气、市场约束等方面的差异，只保留耐心差异——也许是由于缺乏耐心而导致的收入不平等最不值得同情了。

由于假定两个居民群体只存在耐心差异，因此在完全竞争的市场上，工资水平 $w(t)$ 与利率 $r(t)$ 并不存在差异。初始人口 $L(0)$ 单位化为 1，人口增长率 n 为外生的常数，总人口为 $L(t)=e^{nt}$。为简化起见，假定劳动供给不带弹性，因此人口增长率 n 也可视为就业增长率。$C(t)>0$ 表示 t 时刻的消费总量，模型经济总体的人均消费为：

$$c(t)=\frac{C(t)}{L(t)} \qquad (5.1)$$

群体 1 的人口为：

$$L_1(t) = \xi L(t) \tag{5.2}$$

其中，ζ 为群体 1 的人口比重，为简化起见视为外生的常数，因此其人口增长率与总体的人口增长率相同。群体 1 的消费比重为：

$$\varphi(t) = \frac{C_1(t)}{C(t)} \in [0,1] \tag{5.3}$$

因此，群体 1 的人均消费为：

$$c_1(t) = \frac{C_1(t)}{L_1(t)} = \frac{\varphi(t)C(t)}{\xi L(t)} = \frac{\varphi(t)c(t)}{\xi} \tag{5.4}$$

群体 2 的人口为：

$$L_2(t) = (1-\xi)L(t) \tag{5.5}$$

群体 2 的消费比重为：

$$\frac{C_2(t)}{C(t)} = \frac{C(t)-C_1(t)}{C(t)} = 1-\varphi(t) \tag{5.6}$$

因此，群体 2 的人均消费为：

$$c_2(t) = \frac{C_2(t)}{L_2(t)} = \frac{(1-\varphi(t))C(t)}{(1-\xi)L(t)} = \frac{1-\varphi(t)}{1-\xi}c(t) \tag{5.7}$$

$W(t)$ 表示 t 时刻模型经济的资产或财富总量，总体的人均实际资产为：

$$a(t) = \frac{W(t)}{L(t)} \tag{5.8}$$

群体 1 持有的资产比重为：

$$\chi(t) = \frac{W_1(t)}{W(t)} \in [0,1] \tag{5.9}$$

因此，群体 1 的人均资产为：

$$a_1(t) = \frac{W_1(t)}{L_1(t)} = \frac{\chi(t)W(t)}{\xi L(t)} = \frac{\chi(t)}{\xi}a(t) \tag{5.10}$$

群体 2 持有的资产比重为：

$$\frac{W_2(t)}{W(t)} = \frac{W(t)-W_1(t)}{W(t)} = 1-\chi(t) \tag{5.11}$$

因此,群体 2 的人均资产为:

$$a_2(t) = \frac{W_2(t)}{L_2(t)} = \frac{(1-\chi(t))W(t)}{(1-\xi)L(t)} = \frac{1-\chi(t)}{1-\xi}a(t) \tag{5.12}$$

初值 $a(0) \geq 0$、$\varphi(0) > 0$、$\chi(0) > 0$ 给定。需要指出的是,只要给定初始的资产比重与消费比重不等于外生的人口群体比重,模型经济允许初始的财富与消费不平等。

(三) 两极分化与不平等的定义及其关系

由于模型经济只涉及两个群体,群体间的收入分布为:$\{\chi(t), 1-\chi(t)\}$,其中 $\chi(t) \in [0,1]$。两极分化涉及群体间收入分布最严重的失衡趋势和状况,本章给出最为严格的定义[①]:

定义 1 如果 $\dot{\chi}(t) = \frac{d\chi(t)}{dt} > 0$ 且 $\lim_{t \to T} \chi(t) = 1$,或者 $\dot{\chi}(t) = \frac{d\chi(t)}{dt} < 0$ 且 $\lim_{t \to T} \chi(t) = 0$,则收入分布存在两极分化。

定义 1 表明,收入分布持续演进(发散或收敛)到 $\{1,0\}$(群体 1 占据了全部收入)或者 $\{0,1\}$(群体 2 占据了全部收入)。因此,两极分化是一个极端失衡的概念,包括收入分布长期存在极端的两极分化趋势("富的越来越富,穷的越来越穷")和状态("贫者无立锥之地,富者田连阡陌")。所以,除非收入分布 $\{\chi(t), 1-\chi(t)\}$ 收敛到一个稳定的 $\{\chi^*, 1-\chi^*\} \neq \{0,1\}$ 或者 $\{\chi^*, 1-\chi^*\} \neq \{1,0\}$,否则判断收入分布存在两极分化。

此外,为了更为全面地捕获居民群体福利分布的分化,我们同时引入消费分布 $\{\varphi(t), 1-\varphi(t)\}$,其中 $\varphi(t) \in [0,1]$。同样,消费分布的两极分化定义为:

---

① Duclos et al.(2004)较为正式地做了定义和测度与估算,Autor et al.(2006)和 Goldin and Lawrence(2007)的一系列文章讨论了发达国家劳动力市场的两极分化问题。

定义 2 如果 $\dot{\varphi}(t)=\dfrac{\mathrm{d}\varphi(t)}{\mathrm{d}t}>0$ 且 $\lim\limits_{t\to T}\varphi(t)=1$，或者 $\dot{\varphi}(t)=\dfrac{\mathrm{d}\varphi(t)}{\mathrm{d}t}<0$ 且 $\lim\limits_{t\to T}\varphi(t)=0$，则消费分布存在两极分化。

定义 2 说明，消费分布持续演进（发散或收敛）到 $\{1,0\}$（群体 1 占据了全部消费）或 $\{0,1\}$（群体 2 占据了全部消费）。消费分布的两极分化也包括消费分布长期存在极端的两极分化趋势和状态。所以，除非消费分布 $\{\varphi(t),1-\varphi(t)\}$ 收敛到一个稳定的 $\{\varphi^*,1-\varphi^*\}\neq\{0,1\}$ 或者 $\{\varphi^*,1-\varphi^*\}\neq\{1,0\}$，否则判断消费分布存在两极分化。

出于经济合理性的考虑，收入分布和消费分布及其动态具有一致性。① 如果收入分布是 $\{1,0\}$（或 $\{0,1\}$），则合理的消费分布是 $\{1,0\}$（或 $\{0,1\}$）。由于占据了全部收入而不消费以及没有收入却占据全部消费是不合理的，因此联立定义 1 和定义 2 可定义模型的两极分化：

定义 3 如果定义 1 与定义 2，以及 $\lim\limits_{t\to T}\{\{\chi(t),1-\chi(t)\},\{\varphi(t),1-\varphi(t)\}\}=\{\{1,0\},\{1,0\}\}$ 或者 $\lim\limits_{t\to T}\{\{\chi(t),1-\chi(t)\},\{\varphi(t),1-\varphi(t)\}\}=\{\{0,1\},\{0,1\}\}$，则模型经济存在两极分化。

上述定义表明，两极分化是一个动态和极端的概念，与不平等既有区别又有联系。一般地，两极分化往往涉及群体之间的比较，以群体为分析单位；不平等则是一个总体性概念，以个体为分析单位。我们不妨记以个体为单位的收入分布为 $\Omega=\{v(t),1-v(t)\}$（模型经济只有两个人），其中

$$v(t)=\frac{a_1(t)}{a_1(t)+a_2(t)}\in[0,1] \tag{5.13}$$

将式（5.10）、式（5.12）代入式（5.13）可得：

$$v(t)=\frac{\chi(t)(1-\xi)}{(1-\chi(t))\xi+\chi(t)(1-\xi)} \tag{5.14}$$

因此，当 $\xi=\dfrac{1}{2}$ 时，$\chi(t)=v(t)$，即当两个群体规模相同时，以群体为分

---

① 收入不平等和消费不平等的关系可参见 Krueger and Perri(2006)。

析单位的分布等同于以个体为分析单位的分布。

对于不平等的测度方法,现有文献主要有三种方法:第一种方法是通过直观的统计学与经济学意义先验地界定不平等,比如基尼系数与分布方差和变异系数等;第二种方法是通过公理性方法推导出来的,如广义熵测度族和泰尔熵指数等;第三种方法是在福利经济学理论的基础上通过个人效用函数加总推导出来的,如阿特金森指数(Cowell,2000)。在不平等的动态理论研究中,第一种方法中的方差和变异系数较常用。由于我们的模型经济以两个异质性居民群体的收入比重来刻画二元离散的非随机收入分布,因此我们就采用分布的变异系数来刻画不平等程度。

在本章的模型经济中,群体内部是同质的,两个群体也可以视为两个代表性个体,那么由以个体为单位的分布 $\Omega = \{v(t), 1-v(t)\}$ 可得"样本均值" $E(\Omega) = \dfrac{v(t)+(1-v(t))}{2} = \dfrac{1}{2}$,方差为 $V(\Omega) = 2\left[v(t)-\dfrac{1}{2}\right]^2$,因此我们可以通过变异系数法将社会不平等程度定义为:

定义 4 如果 $CV(\Omega(t)) = \dfrac{V(\Omega)}{E(\Omega)} = 4\left[v(t)-\dfrac{1}{2}\right]^2 \in [0,1]$ 越大,则收入不平等程度越大。

将式(5.14)代入定义4,我们可得到收入不平等程度的表达式:

$$CV(\Omega(t)) = \left[\frac{\chi(t)-\xi}{(1-\chi(t))\xi+\chi(t)(1-\xi)}\right]^2 \quad (5.15)$$

从式(5.15)中可以看到,只要群体间的收入分布与人口分布不等 $(\chi(t)\neq\xi)$,那么就会有不平等 $(CV(\Omega)\neq 0)$。如果某个群体的收入分布大于其人口分布,那么显然该群体收入更有利。

类似地,我们也可以定义并得到消费不平等程度的表达式:

$$CV(\mho(t)) = \left[\frac{\varphi(t)-\xi}{(1-\varphi(t))\xi+\varphi(t)(1-\xi)}\right]^2 \quad (5.16)$$

对式(5.15)、式(5.16)关于时间求导数可得:

$$\dot{CV}(\Omega(t)) = \frac{4\xi(1-\xi)(\chi(t)-\xi)}{[(1-\chi(t))\xi+\chi(t)(1-\xi)]^3}\dot{\chi}(t) \quad (5.17)$$

$$\dot{CV}(\mho(t)) = \frac{4\xi(1-\xi)(\varphi(t)-\xi)}{[(1-\varphi(t))\xi+\varphi(t)(1-\xi)]^3}\dot{\varphi}(t) \quad (5.18)$$

由于 $\xi \in (0,1)$、$\chi(t) \in [0,1]$,根据定义 1:如果 $\dot{\chi}(t) > 0$ 且 $\lim_{t \to T}\chi(t) = 1$,那么 $\dot{CV}(\Omega(t)) > 0 (\chi(t) \in [\xi,1])$ 且 $\lim_{t \to T}CV(\Omega(t)) = 1$;如果 $\dot{\chi}(t) < 0$ 且 $\lim_{t \to T}\chi(t) = 0$,那么 $\dot{CV}(\Omega(t)) > 0 (\chi(t) \in [0,\xi])$ 且 $\lim_{t \to T}CV(\Omega(t)) = 1$。因此,收入分布的两极分化其实就是最为严重的持续性不平等。类似地,消费分布的不平等和两极分化的关系也一样。

(四)政策异质性的界定

居民群体受到政府影响的政策可能非常之多①,根据模型经济的变量可以抽象地归纳为影响消费的消费税(或补贴)、影响资产的资产税(或补贴)、影响工资的工资税(或补贴)以及转移支付 $\{\{\tau_c^1,\tau_a^1,\tau_w^1,\beta\}$ 和 $\{\tau_c^2,\tau_a^2,\tau_w^2,1-\beta\}\}$。其中,$\tau_c^1$、$\tau_a^1$、$\tau_w^1$、$\beta$ 分别为群体 1 的消费税税率、资产收入税税率、工资收入税税率、转移支付份额;τ_c^2、τ_a^2、τ_w^2、$1-\beta$ 分别为群体 2 的消费税税率、资产收入税税率、工资收入税税率、转移支付份额。政府对居民的转移支付为 $V(t)$,人均转移支付为 $v(t)$,则群体 1 获得的人均转移支付为:

$$v_1(t) = \frac{V_1(t)}{L_1(t)} = \frac{\beta V(t)}{\xi L(t)} = \frac{\beta}{\xi}v(t) \quad (5.19)$$

群体 2 获得的人均转移支付为:

$$v_2(t) = \frac{V_2(t)}{L_2(t)} = \frac{1-\beta}{1-\xi}v(t) \quad (5.20)$$

---

① 如贺大兴和姚洋(2011)所言,在现实中,可以把政府政策理解为对不同群体的损失和收益的实质性影响。

当然,政府在实施政策组合时必须满足预算平衡约束,即政府收支应相等:

$$G+V=(\tau_a^1 W_1+\tau_a^2 W_2)r+(\tau_w^1 L_1+\tau_w^2 L_2)w+(\tau_c^1 C_1+\tau_c^2 C_2) \quad (5.21)$$

其中,政府收入包括资产税收入$(\tau_a^1 W_1+\tau_a^2 W_2)r$、劳动税收入$(\tau_w^1 L_1+\tau_w^2 L_2)w$、消费税收入$(\tau_c^1 C_1+\tau_c^2 C_2)$,政府开销包括政府自身的消费$G$以及对居民的转移支付$V$。为简化而假定政府消费不进入生产函数与居民消费函数。① 换言之,G也可以仅仅理解为政府实施政策组合的管理费用。因此,只要两个群体面临的政策变量不同,模型经济就存在政策异质性。

(五) 居户的偏好与预算约束

群体1的家庭决策者在初始时刻t_0所考虑的家庭幸福函数是家庭所有成员在当前和未来所有时刻效用水平的贴现总和,设为:

$$U^1 = \xi \int_0^\infty e^{(n-\rho_1)t} u[c_1(t)] \, \mathrm{d}t \quad (5.22)$$

其中,瞬时效用函数为$u[c_1(t)]$,满足$u'(\cdot)>0$、$u''(\cdot)<0$,跨期替代弹性为常量$\frac{1}{\theta_1}$,$\theta_1 = -\frac{c_1(t)u''[c_1(t)]}{u'[c_1(t)]}$,$\rho_1$为主观贴现率,稻田条件为$\lim_{c_1 \to 0} u'(c_1) = \infty$、$\lim_{c_1 \to \infty} u'(c_1) = 0$。群体1的家庭净资产或预算约束为:

$$\dot{W}_1(t) = (1-\tau_a^1)r(t)\chi(t)W(t) + (1-\tau_w^1)w(t)\xi L(t) - \\ (1+\tau_c^1)\varphi(t)C(t) + V_1(t) \quad (5.23)$$

以人均形式表示预算约束:

$$\dot{a}_1(t) = [(1-\tau_a^1)r(t)-n]a_1(t) + (1-\tau_w^1)w(t) - (1+\tau_c^1)c_1(t) + v_1(t) \quad (5.24)$$

群体2的家庭决策者在初始时刻t_0所考虑的家庭幸福函数是家庭所有成员在当前和未来所有时刻效用水平的贴现总和,设为:

---

① 作为模型的拓展,政府消费可以进入生产函数与消费函数,政府同样可以针对不同的群体实施政策倾斜。

$$U^2 = (1-\xi)\int_0^\infty e^{(n-\rho_2)t} u[c_2(t)] \, dt \tag{5.25}$$

其中,瞬时效用函数为 $u[c_2(t)]$,满足 $u'(\cdot)>0$、$u''(\cdot)<0$、跨期替代弹性为 $\frac{1}{\theta_2}$,$\theta_2 = -\frac{c_2(t)u''[c_2(t)]}{u'[c_2(t)]}$,$\rho_2$ 为主观贴现率,稻田条件为 $\lim_{c_2\to 0} u'(c_2) = \infty$、$\lim_{c_2\to\infty} u'(c_2) = 0$。群体2的家庭净资产或预算约束为:

$$\dot{W}_2(t) = (1-\tau_a^2)r(t)(1-\chi(t))W(t) + (1-\xi)(1-\tau_w^2)w(t)L(t) -$$
$$(1+\tau_c^2)(1-\varphi(t))C(t) + V_2(t) \tag{5.26}$$

以人均形式表示预算约束:

$$\dot{a}_2(t) = [(1-\tau_a^2)r(t)-n]a_2(t) + (1-\tau_w^2)w(t) - (1+\tau_c^2)c_2(t) + v_2(t) \tag{5.27}$$

(六)生产函数

生产函数采取标准的新古典生产函数:

$$Y(t) = F(K(t), A(t)L(t)) \tag{5.28}$$

以人均有效形式表示为:

$$\hat{y}(t) = f(\hat{k}(t)) \tag{5.29}$$

满足 $f'(\cdot)>0$、$f''(\cdot)<0$,稻田条件为 $\lim_{\hat{k}\to 0} f'(\hat{k}) = \infty$、$\lim_{\hat{k}\to\infty} f'(\hat{k}) = 0$。技术进步率为 x,初始技术水平单位化为1,技术水平为 $A(t) = e^{xt}$。

(七)模型经济的异质性来源与退化情景

模型经济中群体异质性的来源有两个方面:第一,市场参与者自身内在的时间偏好(耐心)差异(市场异质性),由参数 $\left\{\frac{1}{\theta_1}, \rho_1, \frac{1}{\theta_2}, \rho_2\right\}$ 刻画;第二,政府施加给市场参与者外在的政策差异(政策异质性),由参数 $\{\{\tau_c^1, \tau_a^1, \tau_w^1, \beta\}, \{\tau_c^2, \tau_a^2, \tau_w^2, 1-\beta\}\}$ 刻画。因此,这个模型经济可称为市场异质性与政策异质性模型(Ⅵ)。此外,模型经济还存在五种退化情景:消除市场异质性后的政策异质性模型(Ⅴ);消除政策异质性后的市场异质性模型(Ⅳ);消除政府后的市场异质性模型(Ⅲ);消除政策异质性与市场异质性后的模型(Ⅱ);消除政府与市场异质性的模型(Ⅰ)。退化模型Ⅰ就是基准的 Ramsey-Cass-Koopmans 模型,退化模型Ⅱ就是标准的带政府收支的 Ramsey-Cass-Koopmans 模型。后文将依次利用退化模型经济比较市场异质性和政府异质性在引致与治理两极分化上的差异。

5.5 模型的总量与结构动态一般均衡系统

(一)居民群体最优化行为

求解以下动态规划问题可获得居民群体 1 的消费 Euler 方程与消费增长方程:

$$\max_{c_1(t)} \xi \int_0^\infty e^{(n-\rho_1)t} u[c_1(t)] \, \mathrm{d}t \tag{5.30}$$

受限于预算约束(5.24)、$c_1(t) \geq 0$, $c_1(0)$ 给定,横截性条件为:

$$\lim_{t \to \infty} a_1(t) \exp\left\{ -\int_0^t [(1-\tau_a^1)r(s) - n] \, \mathrm{d}s \right\} \geq 0 \tag{5.31}$$

构造该动态规划问题的 Hamilton 函数:

$$H = \xi e^{-(\rho_1 - n)t} u[c_1(t)] + \mu(t) \{ [(1-\tau_a^1)r(t) - n] a_1(t) + (1-\tau_w^1)w(t) - (1+\tau_c^1)c_1(t) + v_1(t) \} \tag{5.32}$$

上述规划问题的一阶条件为:

$$\frac{\partial H}{\partial c_1} = \xi e^{(n-\rho_1)t} u'[c_1(t)] - (1+\tau_c^1)\mu(t) = 0 \tag{5.33}$$

$$\frac{\partial H}{\partial a_1} = \mu(t)[(1-\tau_a^1)r(t) - n] = -\dot{\mu}(t) \tag{5.34}$$

通过一阶条件变换可得群体 1 中代表性居民的消费增长方程:①

---

① 为简化起见,与动态财政理论模型不同,政府政策变量均不随时间变化,因此只有资产或财富税进入消费动态增长方程。后续研究可以借鉴动态财政理论模型的思路,将政策变量拓展为时变的。

$$\frac{\dot{c_1}(t)}{c_1(t)} = \frac{(1-\tau_a^1)r(t)-\rho_1}{\theta_1} \tag{5.35}$$

同理,可得群体 2 中代表性居民的消费增长方程:

$$\frac{\dot{c_2}(t)}{c_2(t)} = \frac{(1-\tau_a^2)r(t)-\rho_2}{\theta_2} \tag{5.36}$$

(二) 生产部门最优化行为

求解生产部门以下最优化问题可获得工资方程和利率方程:

$$\max_{K,L} A(t)L(t)f(\hat{k}(t)) - w(t)L(t) - A(t)L(t)(r(t)+\delta)\hat{k}(t) \tag{5.37}$$

其中,δ 为资本折旧率。

通过最优化的一阶条件可得利率方程和工资方程:

$$r(t) = f'(\hat{k}(t)) - \delta \tag{5.38}$$

$$w(t) = A(t)[f(\hat{k}(t)) - \hat{k}(t)f'(\hat{k}(t))] \tag{5.39}$$

(三) 总量的动态一般均衡

在一般均衡时,$k(t)=a(t)$,从而有:

$$a_1(t) = \frac{\chi(t)}{\xi}a(t) = \frac{\chi(t)}{\xi}k(t) = \frac{A(t)\chi(t)}{\xi}\hat{k}(t) \tag{5.40}$$

进一步可得该模型经济的人均有效资本与人均有效消费的动态系统[1]:

$$\begin{cases} \dfrac{\dot{\hat{c}}(t)}{\hat{c}(t)} = \dfrac{(1-\tau_a^1)[f'(\hat{k}(t))-\delta] - \rho_1 - \theta_1 x - \dfrac{\dot{\varphi}(t)}{\varphi(t)}\theta_1}{\theta_1} \\ \\ \dot{\hat{k}}(t) = (\gamma_1+\gamma_2\alpha)f(\hat{k}(t)) - \left(\gamma_3\dfrac{\dot{\chi}(t)}{\chi(t)}\right)\hat{k}(t) - \gamma_4\hat{c}(t) - \gamma_5\hat{g}(t) \end{cases} \tag{5.41}$$

---

[1] 参见附录 5.2A 的推导。

其中，$\alpha = \dfrac{f'(\hat{k}(t))\hat{k}(t)}{f(\hat{k}(t))}$ 为资本产出份额，若假定式（5.28）的生产函数为 C-D 生产函数，那么资本产出份额为不变常数，其他系数分别为：

$$\gamma_1 = \frac{\xi + [(1-\xi)\beta\tau_w^2 - \xi(1-\beta)\tau_w^1]}{\chi(t)} \tag{5.42}$$

$$\gamma_2 = 1 - \frac{\xi - [(1-\beta)\xi\tau_w^1 - \beta(1-\xi)\tau_w^2] - [\beta(1-\chi(t))\tau_a^2 - (1-\beta)\chi(t)\tau_a^1]}{\chi(t)} \tag{5.43}$$

$$\gamma_3 = n + x + \left[1 - \frac{(1-\beta)\chi(t)\tau_a^1 - \beta(1-\chi(t))\tau_a^2}{\chi(t)}\right]\delta \tag{5.44}$$

$$\gamma_4 = \frac{\varphi(t) + [(1-\beta)\varphi(t)\tau_c^1 - \beta(1-\varphi(t))\tau_c^2]}{\chi(t)} \tag{5.45}$$

$$\gamma_5 = \frac{\beta}{\chi(t)} \tag{5.46}$$

如果消除群体间内在的时间偏好差异，即 $\rho_1 = \rho_2 = \rho$、$\theta_1 = \theta_2 = \theta$，又消除外在的政策（绝对）差异，即 $\tau_a^1 = \tau_a^2 = \tau_a$、$\tau_w^1 = \tau_w^2 = \tau_w$、$\tau_c^1 = \tau_c^2 = \tau_c$、$v_1 = v_2$，那么两个群体就可以合并为一个同质群体，即 $\xi = 1$、$\chi = 1$、$\beta = 1$、$\varphi = 1$。因此，反映异质性群体加总后的结构性质系数也就退化为：$\gamma_1 = 1$、$\gamma_2 = 0$、$\gamma_3 = x + \delta + n$、$\gamma_4 = 1$、$\gamma_5 = 1$。因此，该模型也就退化为标准的带政府收支的 Ramsey-Cass-Koopmans 模型（见 Barro and Sala-i-Martin, 2004, pp.114—120），即退化模型 II：

$$\begin{cases} \dfrac{\dot{\hat{c}}(t)}{\hat{c}(t)} = \dfrac{(1-\tau_a)[f'(\hat{k}(t))-\delta] - \rho - \theta x}{\theta} \\ \dot{\hat{k}}(t) = f(\hat{k}(t)) - \hat{c}(t) - (\delta + n + x)\hat{k}(t) - \hat{g}^u \end{cases} \tag{5.47}$$

进一步地，我们不妨在此基础上再将政府消除，即 $\tau_a^1 = \tau_a^2 = \tau_w^1 = \tau_w^2 = \tau_c^1 = \tau_c^2 = \hat{g} = \hat{v} = 0$，该模型也就退化到标准的 Ramsey-Cass-Koopmans 模型（见

Barro and Sala-i-Martin,2004,pp.68—108),即退化模型 I:

$$\begin{cases} \dfrac{\dot{\hat{c}}(t)}{\hat{c}(t)} = \dfrac{f'(\hat{k}(t)) - \delta - \rho - \theta x}{\theta} \\ \dot{\hat{k}}(t) = f(\hat{k}(t)) - \hat{c}(t) - (\delta + n + x)\hat{k}(t) \end{cases} \quad (5.48)$$

在消除政府异质性与市场异质性的退化模型 II 以及消除政府与市场异质性的退化模型 I 中,由于只有两个同质性的代表人,则收入分布为 $\{v(t), 1-v(t)\} = \left\{\dfrac{1}{2}, \dfrac{1}{2}\right\}$,由式(5.14)知 $\chi(t) = \xi$,因此 $CV(\Omega(t)) = 0$。同质竞争性的模型经济没有不平等,也没有两极分化。

(四)总量动态均衡中的结构一般均衡系统

接下来,我们换一个角度,透过总量看结构。① 在系统(5.41)处于长期稳态时有:

$$\begin{cases} \dot{\hat{c}}(t) = 0 \\ \dot{\hat{k}}(t) = 0 \end{cases} \quad (5.49)$$

以人均形式而非人均有效形式可以重新将式(5.49)表示为:

---

① 举个例子:设想只有甲、乙两个代表人的经济,在长期稳态时人均有效收入(产出)恒为 100(注意总量的增长率为技术进步率加上人口增长率),但是甲、乙(有效)收入的分布可以有无数种可能,比如各为 100 最为平等的情况,甲为 0 乙为 200 或乙为 0 甲为 200 最不平等的情况,甲为 80 乙为 120 或乙为 80 甲为 120 相对平等的情况,甲为 50 乙为 150 或乙为 50 甲为 150 相对不平等的情况,等等。对于总量与结构的关系另举有民谣为例:"张家老大一千万,其他九个兄弟人人穷光蛋,平均一下个个都是张百万。"这种情况相当于我们拿一个放大镜观察 Ramsey-Cass-Koopmans 模型鞍点内部结构演化轨迹,尽管这个鞍点可能依然会随结构变动而移动。需要说明的是,这里的总量与结构的演化关系还存在总量与结构同时随时间变化的转移动态情景,本章未做分析。

$$\begin{cases} \dfrac{\dot{c}(t)}{c(t)} = \dfrac{\dot{\hat{c}}(t)}{\hat{c}(t)} + x = x \\[2mm] \dfrac{\dot{k}(t)}{k(t)} = \dfrac{\dot{\hat{k}}(t)}{\hat{k}(t)} + x = x \end{cases} \tag{5.50}$$

由式(5.49)或式(5.50)就可以导出由群体1的消费比重与收入比重刻画的结构变迁系统:①

$$\dot{X}(t) = HX(t) + Z \tag{5.51}$$

其中,$X(t) = (\varphi(t), \chi(t))^T$,$H = \begin{pmatrix} \eta & 0 \\ -h_3 & h_2 \end{pmatrix}$,$Z = (0, h_1)^T$,以及

$$\eta = \frac{(1-\tau_a^1)(\alpha\varpi-\delta)-\rho_1-\theta_1 x}{\theta_1} \tag{5.52}$$

$$h_1 = (1-\alpha)\xi\varpi + \beta\phi\tau_c^2 - [(1-\beta)\xi\tau_w^1 - \beta(1-\xi)\tau_w^2](1-\alpha)\varpi + (\alpha\varpi-\delta)\beta\tau_a^2 - \vartheta\beta \tag{5.53}$$

$$h_2 = [(\alpha\varpi-\delta)-(n+x)] - (\alpha\varpi-\delta)[(1-\beta)\tau_a^1 + \beta\tau_a^2] \tag{5.54}$$

$$h_3 = \phi[1+(1-\beta)\tau_c^1 + \beta\tau_c^2] \tag{5.55}$$

其中,$\varpi = \dfrac{f(\hat{k}^*)}{\hat{k}^*} > 0$ 为总量稳态时的人均有效产出与人均有效资本比,

$\phi = \dfrac{\hat{c}^*}{\hat{k}^*} > 0$ 为总量稳态时的人均有效消费与人均有效资本比,$\vartheta = \dfrac{\hat{g}^*}{\hat{k}^*} > 0$ 为总

量稳态时的人均有效政府消费与人均有效资本比,$r^* = \alpha\varpi - \delta = f'(\hat{k}^*) - \delta$

---

① 参见附录5.2B的推导。

为总量稳态时的利率。[①]

5.6 时间偏好异质性、两极分化与不平等的动态

在本节中,我们将政府从模型经济中消除、看看单纯的市场异质性(反映耐心差异的时间偏好差异)对两极分化与不平等动态的影响。

(一) 外生固定偏好差异引致的群体间两极分化

如果模型经济中不存在政府,即 $\tau_a^1 = \tau_a^2 = \tau_w^1 = \tau_w^2 = \tau_c^1 = \tau_c^2 = \hat{g} = v = \beta = 0$,此时系统(5.51)就退化为:

$$\begin{cases} \dot{\varphi}(t) = \eta \varphi(t) \\ \dot{\chi}(t) = (1-\alpha)\xi\varpi + [(\alpha\varpi - \delta) - (n+x)]\chi(t) - \phi\varphi(t) \end{cases} \quad (5.56)$$

其中,$h_1 = h_{\text{III}1} = (1-\alpha)\xi\varpi$、$h_2 = h_{\text{III}2} = (\alpha\varpi - \delta) - (n+x)$、$h_3 = h_{\text{III}3} = \phi$、$\eta = \eta_{\text{III}} = \dfrac{(\alpha\varpi - \delta) - \rho_1 - \theta_1 x}{\theta_1}$。

首先,结构中消费分布的演化情况。我们知道总量的均衡利率 $r^* = \alpha\varpi - \delta$ 相当于刻画了两个群体的平均有效主观贴现率,一个群体的有效主观贴现率小于平均水平也就说明另一个群体的有效主观贴现率大于前一个群体,即后一个群体比前一个群体缺乏耐心。记 $r_1^* = \rho_1 + \theta_1 x$ 为群体1的有效主观贴现率、$r_2^* = \rho_2 + \theta_2 x$ 为群体2的有效主观贴现率。当存在外生固定偏好差异时,$r_1^* \neq r_2^*$。由式(5.52)可知,$\eta \neq 0$。因此,消费分布的动态不会收敛而只会发散。当 $r^* = \alpha\varpi - \delta > \rho_1 + \theta_1 x$,群体1的有效主观贴现率低于总量的稳态利率(群体1更有耐心)时,$\eta > 0$,$\varphi(t)$ 以 η 的增长率

[①] 只需效用函数和生产函数性状良好,Ramsey-Cass-Koopmans 模型的动态均衡点 $(\hat{k}^*, \hat{c}^*)$ 就是鞍形稳定的。我们的模型设定保证了这样的条件,一般的高级宏观经济学教科书中均有证明,不再赘述。

递增趋向 1,即 $\dot{\varphi}(t)>0$ 且 $\lim_{t \to T}\varphi(t)=1$;当 $r^*=\alpha\varpi-\delta<\rho_1+\theta_1 x$(群体 2 更有耐心)时,$\eta<0$,$\varphi(t)$ 以 η 的增长率递减趋向 0,$\dot{\varphi}(t)<0$ 且 $\lim_{t \to T}\varphi(t)=0$。消费分布动态的发散情况如图 5.3 所示。

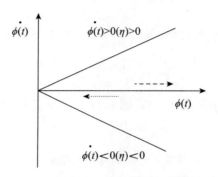

图 5.3　消费分布动态的发散情况

其次,结构中收入分布的演化情况。由总量横截性条件可知:

$$h_2=(\alpha\varpi-\delta)-(n+x)=r^*-(n+x)>0 \tag{5.57}$$

因此,式(5.56)中收入分布动态的不会收敛只会发散,如图 5.4 所示。

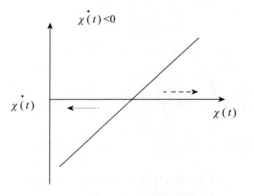

图 5.4　收入分布动态的发散情况

然后,我们将消费分布和收入分布的动态联立观察其相图。$\dot{\chi}(t)=0$ 的轨迹为:

$$\varphi(t) = \frac{(1-\alpha)\xi\varpi}{\phi} + \frac{(\alpha\varpi-\delta)-(n+x)}{\phi}\chi(t) \tag{5.58}$$

由生产函数的性质可知：

$$h_1 = (1-\alpha)\varpi\xi = \left(\frac{f(\hat{k}^*) - \hat{k}^* f'(\hat{k}^*)}{\hat{k}^*}\right)\xi > 0 \tag{5.59}$$

由式(5.59)、式(5.57)和 $\phi>0$ 可知：在轨迹(5.58)下方，$\chi(t)$ 递增；在轨迹(5.58)上方，$\chi(t)$ 递减。由于 $\varphi(t) = \frac{(1-\alpha)\xi\varpi + (\alpha\varpi-\delta) - (n+x)}{\phi}$ 的取值可能大于、小于或等于1，因此就有以下几种对应情景的相图（见图5.5）：

情景 1：$\eta > 0$（群体 1 更有耐心）

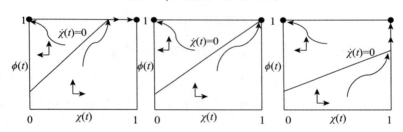

情景 2：$\eta < 0$（群体 2 更有耐心）

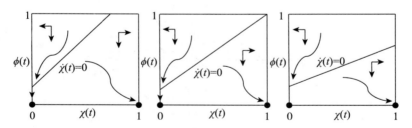

图 5.5　收入分布与消费分布的动态相图

若 $r^* > \rho_1 + \theta_1 x$，收入分布与消费分布动态的可能结局是 $(\chi=1, \varphi=1)$，即群体 1 会占有全部的收入并挤占群体 2 的全部消费；$(\chi=0, \varphi=1)$ 不会是合理的结局，因为最终没有收入是不可能占据全部消费的。若 $r^* < \rho_1 + \theta_1 x$，收入分布与消费分布动态的可能结局是 $(\chi=0, \varphi=0)$，即群体 2 会占

有全部的收入并挤占群体 1 的全部消费;($\chi=1,\varphi=0$)不会是合理的结局,因为最终据有全部收入而不消费是非效率的。

综上,如果两个居民群体的时间偏好不同,群体 1 的收入分布和消费分布动态最终可能的结局是($\chi=1,\varphi=1$) 或($\chi=0,\varphi=0$)。因此,若群体 1 更有耐心,则两个居民群体收入分布和消费分布动态的结局是 $\{\{1,0\},\{1,0\}\}$;若群体 2 更有耐心,则两个居民群体收入分布和消费分布动态的结局是 $\{\{0,1\},\{0,1\}\}$。在这两种情况下,有 $\lim_{t \to T} CV(\Omega(t)) = 1$ 与 $\lim_{t \to T} CV(\mathrm{U}(t)) = 1$。根据定义 1 到定义 4,这两种情况都是群体间收入分布和消费分布动态的两极分化状态。于是,我们可以得到以下结论:

命题 1 在只存在(两个)群体间外生固定偏好差异的 Ramsey-Cass-Koopmans 模型经济中,收入分布和消费分布动态存在两极分化的可能,谁更有耐心谁将最终拥有全部收入与消费。①

(二)外生固定偏好差异与社会不平等的动态

首先,将式(5.56)分别代入式(5.17)、式(5.18)可得:

$$\begin{cases} \dot{CV}(\mathrm{U}(t)) = \dfrac{4\xi(1-\xi)\eta(\varphi(t)-\xi)\varphi(t)}{[(1-\varphi(t))\xi+\varphi(t)(1-\xi)]^3} \\ \dot{CV}(\Omega(t)) = \dfrac{4\xi(1-\xi)(\chi(t)-\xi)[(1-\alpha)\xi\varpi+(\alpha\varpi-\delta-n-x)\chi(t)-\phi\varphi(t)]}{[(1-\chi(t))\xi+\chi(t)(1-\xi)]^3} \end{cases}$$
(5.60)

其次,由式(5.15)和式(5.16)可知:

$$\varphi(t) = \begin{cases} \dfrac{\xi(1-\sqrt{CV(\mathrm{U}(t))})}{1+(1-2\xi)\sqrt{CV(\mathrm{U}(t))}}, & \varphi(t) \in [0,\xi] \\ \dfrac{\xi(1+\sqrt{CV(\mathrm{U}(t))})}{1+(2\xi-1)\sqrt{CV(\mathrm{U}(t))}}, & \varphi(t) \in [\xi,1] \end{cases}$$
(5.61)

---

① 该结论与 Caselli and Venture(2000)在固定偏好差异的 Ramsey-Cass-Koopmans 模型中得出的不平等动态"绝对发散与条件收敛"有些类似。此外,Lucas(1992)在随机偏好差异的 Ramsey 模型中得出不平等动态会发散。不过,如前文说明的,以群体为单位的两极分化和以个体为单位的不平等有区别。

$$\chi(t) = \begin{cases} \dfrac{\xi(1-\sqrt{CV(\Omega(t))})}{1+(1-2\xi)\sqrt{CV(\Omega(t))}}, \chi(t) \in [0,\xi] \\ \dfrac{\xi(1+\sqrt{CV(\Omega(t))})}{1+(2\xi-1)\sqrt{CV(\Omega(t))}}, \chi(t) \in [\xi,1] \end{cases} \quad (5.62)$$

因此,将式(5.61)与式(5.62)代入式(5.60)有四种情况,分别对应于收入分布和消费分布的不同区域:

(1) 当 $\{(\chi(t),\varphi(t)) | \chi(t) \in [0,\xi], \varphi(t) \in [0,\xi]\}$ 时,在 $\{(CV(\Omega(t)), CV(\mho(t))) | CV(\Omega(t)) \in [0,1], CV(\mho(t)) \in [0,1]\}$ 上的不平等动态系统为:

$$\begin{cases} \dot{CV}(\mho(t)) = \dfrac{\eta(CV(\mho(t))-\sqrt{CV(\mho(t))})[1+(1-2\xi)\sqrt{CV(\mho(t))}]}{(1-\xi)} \\ \dot{CV}(\Omega(t)) = \dfrac{\sqrt{CV(\Omega(t))}[1+(1-2\xi)\sqrt{CV(\Omega(t))}]^2}{(1-\xi)} \times \\ \quad \left\{\left[\dfrac{(1-\sqrt{CV(\mho(t))})\phi}{1+(1-2\xi)\sqrt{CV(\mho(t))}}-(1-\alpha)\varpi\right] - \right. \\ \quad \left. \dfrac{(1-\sqrt{CV(\Omega(t))})(\alpha\varpi-\delta-n-x)}{1+(1-2\xi)\sqrt{CV(\Omega(t))}} \right\} \end{cases}$$

$$(5.63)$$

首先,我们来看看消费不平等的动态演进情况。当两个群体人口规模相同时,$\xi = \dfrac{1}{2}$,$\dot{CV}(\mho(t)) = 2\eta(CV(\mho(t)) - \sqrt{CV(\mho(t))})$。由于外生固定偏好差异,$\eta \neq 0$;$CV(\mho(t)) \in (0,1)$,有 $CV(\mho(t)) < \sqrt{CV(\mho(t))}$。在 $CV(\mho(t)) = 0$ 或 $CV(\mho(t)) = 1$ 时,$\dot{CV}(\mho(t)) = 0$。当 $\eta > 0$(群体1更有耐心)时,在 $CV(\mho(t)) \in (0,1)$ 上 $\dot{CV}(\mho(t)) < 0$;当 $\eta < 0$(群体2更有耐心)时,在 $CV(\mho(t)) \in (0,1)$ 上 $\dot{CV}(\mho(t)) > 0$,如图5.6所示。

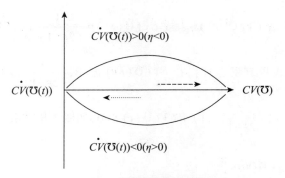

图 5.6 群体规模相同时消费不平等动态

当群体 1 的人口规模小于群体 2 时,$\xi<\frac{1}{2}$,$(1-2\xi)>0$。又因为 $CV(\mho(t))\geqslant 0$,所以 $[1+(1-2\xi)\sqrt{CV(\mho(t))}]>0$。同样,由于外生固定偏好差异,$\eta\neq 0$。因为 $CV(\mho(t))\in(0,1)$,有 $CV(\mho(t))<\sqrt{CV(\mho(t))}$。在 $CV(\mho(t))=0$ 或 $CV(\mho(t))=1$ 时,$\dot{CV}(\mho(t))=0$。当 $\eta>0$(群体 1 更有耐心)时,在 $CV(\mho(t))\in(0,1)$ 上 $\dot{CV}(\mho(t))<0$;当 $\eta<0$(群体 2 更有耐心)时,在 $CV(\mho(t))\in(0,1)$ 上 $\dot{CV}(\mho(t))>0$,如图 5.7 所示。

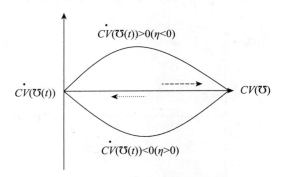

图 5.7 群体 1 规模较小时消费不平等动态

当群体 1 的人口规模大于群体 2 时,$\xi>\frac{1}{2}$。同样,由于外生固定偏好差异,$\eta\neq 0$。又因为 $CV(\mho(t))\in(0,1)$,有 $CV(\mho(t))<\sqrt{CV(\mho(t))}$。在

$CV(\mho(t))=0$ 或 $CV(\mho(t))=1$ 或 $CV(\mho(t))=\dfrac{1}{(2\xi-1)^2}$ 时,$\dot{CV}(\mho(t))=0$。

当 $\eta>0$(群体 1 更有耐心)时,在 $CV(\mho(t))\in(0,\dfrac{1}{(2\xi-1)^2})$ 上 $\dot{CV}(\mho(t))<0$,在 $CV(\mho)\in((\dfrac{1}{2\xi-1})^2,1)$ 上 $\dot{CV}(\mho(t))>0$,如图 5.8 所示。

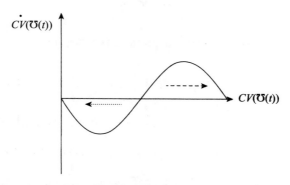

图 5.8　群体 1 规模较大且缺乏耐心时消费不平等动态

当 $\eta<0$(群体 2 更有耐心)时,在 $CV(\mho(t))\in(0,\dfrac{1}{(2\xi-1)^2})$ 上 $\dot{CV}(\mho(t))>0$,在 $CV(\mho)\in((\dfrac{1}{2\xi-1})^2,1)$ 上 $\dot{CV}(\mho(t))<0$,如图 5.9 所示。

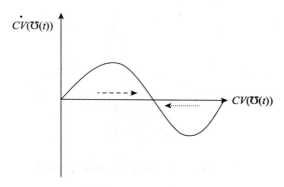

图 5.9　群体 1 规模较大且更有耐心时消费不平等动态

再来看看收入不平等的动态演进情况。在 $CV(\Omega(t))=0$ 或

$$CV(\Omega(t)) = \left\{ 1 - \frac{2(1-\xi)\left[\frac{(1-\sqrt{CV(\mathrm{U}(t))})\phi}{1+(1-2\xi)\sqrt{CV(\mathrm{U}(t))}} - (1-\alpha)\varpi\right]}{(1-2\xi)\left[\frac{(1-\sqrt{CV(\mathrm{U}(t))})\phi}{1+(1-2\xi)\sqrt{CV(\mathrm{U}(t))}} - (1-\alpha)\varpi\right] + (\alpha\varpi - \delta - n - x)} \right\}^2$$

(5.64)

时，$\dot{CV}(\Omega(t)) = 0$。记满足式(5.64)的 $CV(\Omega(t))$ 为 $CV(\Omega(t))_1$，因此在 $CV(\Omega(t)) \in [0, CV(\Omega(t))_1]$ 上 $\dot{CV}(\Omega(t)) < 0$；在 $CV(\Omega(t)) \in [CV(\Omega(t))_1, 1]$ 上 $\dot{CV}(\Omega(t)) > 0$，如图5.10所示。

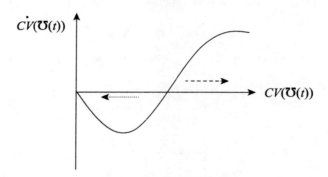

图 5.10　收入不平等的动态

为了更直观明了地解释式(5.64)的经济学含义，我们不妨令 $\xi = \frac{1}{2}$，即在两个群体规模相同的特殊情况下式(5.64)为：

$$CV(\Omega(t)) = \left[1 - \frac{(1-\sqrt{CV(\mathrm{U}(t))})\phi - (1-\alpha)\varpi}{(\alpha\varpi - \delta - n - x)}\right]^2 \quad (5.65)$$

将总量均衡参数 $\varpi = \frac{f(\hat{k}^*)}{\hat{k}^*}$、$\phi = \frac{\hat{c}^*}{\hat{k}^*}$、$\alpha = \frac{f'(\hat{k}^*)\hat{k}^*}{f(\hat{k}^*)}$ 代回式(5.65)稍作整理可得：

$$(1-\sqrt{CV(\mathrm{U}(t))})\hat{c}^* + [(f'(\hat{k}^*) - \delta - n - x)\sqrt{CV(\Omega(t))} + (\delta + n + x)]\hat{k}^*$$
$$= f(\hat{k}^*) \quad (5.66)$$

式(5.66)就是收入不平等动态均衡的条件。式(5.66)得到一个解释收入中消费份额和投资份额非常重要的推论：**不平等会减少消费份额，增大投资份额**。更进一步，在一个不存在不平等的退化模型经济中，即 $CV(\mho(t)) = 0$、$CV(\Omega(t)) = 0$，式(5.66)就退化为在教科书中见到的 Ramsey-Cass-Koopmans 模型的标准结果：

$$\hat{c}^* + (\delta + n + x)\hat{k}^* = f(\hat{k}^*) \tag{5.67}$$

最后，我们需要将收入不平等和消费不平等的动态联立起来构建相图，看看整个系统演化的情况。$CV(\Omega(t))$ 在轨迹(5.65)下方递增，在轨迹(5.65)上方递减。根据情景不同，有以下几种相图(见图5.11)：

情景 1：$\eta<0$（群体2更有耐心）

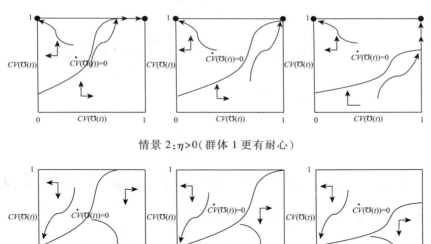

情景 2：$\eta>0$（群体1更有耐心）

图 5.11 收入不平等与消费不平等的动态相图

相图可以看到，在群体2更有耐心时，不平等演化的可能结局为 $\{CV(\Omega)^*=1, CV(\mho)^*=1\}$，而 $\{CV(\Omega)^*=0, CV(\mho)^*=1\}$ 不会是一个合理的结局，因为收入完全平等而消费完全不平等。在群体1更有耐心时，不平等演化的可能结局为 $\{CV(\Omega)^*=0, CV(\mho)^*=0\}$，而 $\{CV(\Omega)^*=$

$1,CV(\mathrm{U})^*=0\}$ 不会是一个合理的结局,因为收入完全不平等而消费完全平等。实际上,也可以求解系统(5.63)的动态均衡

$$\begin{cases} \dot{CV}(\mathrm{U}(t))=0 \\ \dot{CV}(\Omega(t))=0 \end{cases} \tag{5.68}$$

获得上述四个(其中两个在经济意义上不合理)可能的结局。式(5.68)的解为:

$\{CV(\Omega)^*=0,CV(\mathrm{U})^*=0\}$、$\left\{CV(\Omega)^*=\left[1+\dfrac{\varpi(1-\alpha)-\phi}{(\alpha\varpi-\delta-n-x)}\right]^2,CV(\mathrm{U})^*=0\right\}$、

$\{CV(\Omega)^*=0,CV(\mathrm{U})^*=1\}$、$\left\{CV(\Omega)^*=\left[1+\dfrac{\varpi(1-\alpha)}{(\alpha\varpi-\delta-n-x)}\right]^2,CV(\mathrm{U})^*=1\right\}$。

不难发现 $\left[1+\dfrac{\varpi(1-\alpha)-\varphi}{(\alpha\varpi-\delta-n-x)}\right]^2>1$,$\left[1+\dfrac{\varpi(1-\alpha)}{(\alpha\varpi-\delta-n-x)}\right]^2>1$,所以在定义区域 $\{(CV(\Omega(t)),CV(\mathrm{U}(t)))\mid CV(\Omega(t))\in[0,1],CV(\mathrm{U}(t))\in[0,1]\}$ 上,第二、四个解超出了定义域,在定义域上是发散的,最终的演化状态分别是 $\{CV(\Omega)^*=1,CV(\mathrm{U})^*=0\}$、$\{CV(\Omega)^*=1,CV(\mathrm{U})^*=1\}$。

总之,在群体间收入分布与消费分布区域(1) $\{(\chi(t),\varphi(t))\mid\chi(t)\in[0,\xi],\varphi(t)\in[0,\xi]\}$ 上,社会的收入不平等和消费不平等的动态演化结局是:在群体2更有耐心时为 $\{CV(\Omega)^*=1,CV(\mathrm{U})^*=1\}$;在群体1更有耐心时为 $\{CV(\Omega)^*=0,CV(\mathrm{U})^*=0\}$。这个结论其实是非常直观的,因为在群体间收入分布与消费分布区域(1)内部,$0<\chi(0)<\xi$ 与 $0<\varphi(0)<\xi$ 意味着群体1相对于群体2初始的收入比重和消费比重要低,即有一个初始的相对于群体1是不平等的状态,前述结论的含义为:如果群体2更有耐心的话,这个初始不平等就会恶化为两极分化($\{\chi^*=0,\varphi^*=0\}$);如果群体1更有耐心的话,这个初始不平等就会逐步减少到平等状态($\{\chi^*=\xi,\varphi^*=\xi\}$)。因此,与命题1类似,我们可以得到以下结论:

命题 2 更具耐心会抑制自身的初始不平等,缺乏耐心则会恶化初始不平等到两极分化。

(2) 当 $\{(\varphi(t), \chi(t)) \mid \varphi(t) \in [0,\xi], \chi(t) \in [\xi,1]\}$ 时,不平等动态系统为:

$$\begin{cases} \dot{CV}(\mho(t)) = \dfrac{\eta(CV(\mho(t)) - \sqrt{CV(\mho(t))})[1+(1-2\xi)\sqrt{CV(\mho(t))}]}{(1-\xi)} \\ \dot{CV}(\Omega(t)) = \dfrac{[1+(2\xi-1)\sqrt{CV(\Omega(t))}]^2 \sqrt{CV(\Omega(t))}}{2(1-\xi)(1-\sqrt{CV(\Omega(t))})^3} \times \\ \qquad \left[(1-\alpha)\varpi + \dfrac{(1+\sqrt{CV(\Omega(t))})(\alpha\varpi-\delta-n-x)}{1+(2\xi-1)\sqrt{CV(\Omega(t))}} - \right. \\ \qquad \left. \dfrac{(1-\sqrt{CV(\mho(t))})\phi}{1+(1-2\xi)\sqrt{CV(\mho(t))}} \right] \end{cases} \quad (5.69)$$

(3) 当 $\{(\varphi(t), \chi(t)) \mid \varphi(t) \in [\xi,1], \chi(t) \in [0,\xi]\}$ 时,不平等动态系统为:

$$\begin{cases} \dot{CV}(\mho(t)) = \dfrac{\eta(\sqrt{CV(\mho(t))} + CV(\mho(t)))[1+(2\xi-1)\sqrt{CV(\mho(t))}]}{(1-\xi)} \\ \dot{CV}(\Omega(t)) = -\dfrac{\sqrt{CV(\Omega(t))}[1+(1-2\xi)\sqrt{CV(\Omega(t))}]^2}{(1-\xi)} \times \\ \qquad \left[(1-\alpha)\varpi + \dfrac{(1-\sqrt{CV(\Omega(t))})(\alpha\varpi-\delta-n-x)}{1+(1-2\xi)\sqrt{CV(\Omega(t))}} - \right. \\ \qquad \left. \dfrac{(1+\sqrt{CV(\mho(t))})\phi}{1+(2\xi-1)\sqrt{CV(\mho(t))}} \right] \end{cases} \quad (5.70)$$

(4) 当 $\{(\varphi(t), \chi(t)) \mid \varphi(t) \in [\xi,1], \chi(t) \in [\xi,1]\}$ 时,不平等动态系统为:

$$\begin{cases} \dot{CV}(\mathrm{U}(t)) = \dfrac{\eta(\sqrt{CV(\mathrm{U}(t))}+CV(\mathrm{U}(t)))\left[1+(2\xi-1)\sqrt{CV(\mathrm{U}(t))}\right]}{(1-\xi)} \\ \dot{CV}(\Omega(t)) = \dfrac{\sqrt{CV(\Omega(t))}\left[1+(2\xi-1)\sqrt{CV(\Omega(t))}\right]^2}{(1-\xi)} \times \\ \qquad \left[(1-\alpha)\varpi + \dfrac{(1+\sqrt{CV(\Omega(t))})(\alpha\varpi-\delta-n-x)}{1+(2\xi-1)\sqrt{CV(\Omega(t))}} - \dfrac{(1+\sqrt{CV(\mathrm{U}(t))})\phi}{1+(2\xi-1)\sqrt{CV(\mathrm{U}(t))}}\right] \end{cases} \quad (5.71)$$

对于(2)、(3)、(4)的每一种情况,我们都可以重复(1)的分析过程,结论都一样:在动态演化中,缺乏耐心的群体最终会失去一切。在此不再一一赘述。

当然,除本模型中分析的固定偏好差异外,Ramsey-Cass-Koopmans 模型中的随机偏好差异(Lucas,1992)、固定能力差异(Caselli and Venture, 2000)、初始不平等(Sorger,2000),Solow 模型中的固定能力差异与固定储蓄率差异(Stigltz,1969)、OLG 模型中的随机偏好差异与随机能力差异(王弟海和龚六堂,2006)等市场自身内在的因素均可能导致持续性不平等。

5.7 内生时间偏好:"上帝的归上帝"
——市场的问题市场解决

由缺乏耐心而导致群体间收入分布与消费分布两极分化的一个关键特征是:时间偏好项 $\rho_i+\theta_i x>r^*$ 高的群体遵循 $\hat{a}_i(t)$ 为负且 $\hat{c}_i(t)$ 降为 0 的路径。"缺乏耐心"而最终丧失收入和消费恐怕不是理性人的"理性"选择——在竞争性市场经济中没人敢"坐吃山空",随着变得更穷,人们不得不变得更有耐心。Uzawa(1968)假定 ρ_i 是 $\hat{c}_i(t)$ 的增函数,内生了时间偏好率。Becker and Mulligan(1997)和 Harris and Laibson(2001)等也假定 $\rho_i+\theta_i x$ 随 $\hat{a}_i(t)$ 和 $\hat{c}_i(t)$ 的下降而下降,内生处理了时间偏好率。基于同样的内生时间偏好处理方式,在简化条件下可以证明:在长期稳态时,两个居民群体的时间偏好率收敛到相同值($r^* = \rho_i + \theta_i x$)。① 此时,$\eta = 0$。因此系统(5.56)的动态均衡解为$\left(\chi_{III}^* = \dfrac{h_{III3}\varphi(0) - h_{III1}}{h_{III2}}, \varphi_{III}^* = \varphi(0)\right)$。这是收入分布和消费分布在内生时间偏好下一个可能的结局。我们可以看到,由于主观贴现率的趋同,两个群体之间的消费比重也收敛到初始消费比重。两个群体之间动态均衡的财富比重偏离了初始财富比重,因此没有出现定义3意义上的两极分化。

然而,此时系统(5.56)的这个动态均衡解却不是稳定的。构造矩阵$H = \begin{pmatrix} \eta & 0 \\ -h_3 & h_2 \end{pmatrix}$的特征方程:

$$\left| \begin{pmatrix} \lambda & 0 \\ 0 & \lambda \end{pmatrix} - \begin{pmatrix} \eta & 0 \\ -h_3 & h_2 \end{pmatrix} \right| = \left| \begin{pmatrix} \lambda - \eta & 0 \\ h_3 & \lambda - h_2 \end{pmatrix} \right| = (\lambda - \eta)(\lambda - h_2) = 0$$

(5.72)

解得矩阵H的特征值为$\lambda_1 = \eta$、$\lambda_2 = h_2$。我们由式(5.57)(横截性条件)知道$h_2 > 0$,再由系统(5.56)动态均衡时有$\eta = 0$。所以,矩阵H的两个特征值中一个为正而另一个非负,由微分方程的基本原理可以判定系统(5.56)的动态均衡点是不稳定的。因此,我们可以得到以下结论:

命题3 在只存在(两个)群体间时间偏好差异并且允许其内生的Ramsey-Cass-Koopmans模型经济中,群体间的主观贴现率会趋同,群体间的消费比重会收敛到初始比重,财富比重会收敛到一个偏离初始比重的比重,因此不会出现两极分化,但这个结局是非稳定的。

---

① 为了证明的简便起见,不妨假设人口增长率、技术进步率与折旧都为0,并且由于完全竞争分散经济与中央计划经济等价,因此可以采用中央计划方法求解动态均衡时的时间贴现率。限于篇幅,证明过程未附上,感兴趣的读者可向笔者索取。另外,需要向读者说明的是,内生时间偏好与内生偏好(效用函数)是两码事。标准经济学一般设定的偏好是稳定的,即序数效用函数对消费束的排序是不变的。而内生时间偏好指的是耐心程度或主观贴现率问题,可参见Barro and Sala-i-Martin(2004)的著作。

我们再来看看内生时间偏好对不平等的影响,将上述均衡解代入式(5.15)和式(5.16)可得此时整个社会的收入不平等与消费不平等程度:

$$CV_{\mathrm{III}}(\Omega)^* = \left[\frac{h_{\mathrm{III3}}\varphi(0) - h_{\mathrm{III1}} - \xi h_{\mathrm{III2}}}{(h_{\mathrm{III2}} - h_{\mathrm{III3}}\varphi(0) + h_{\mathrm{III1}})\xi + (h_{\mathrm{III3}}\varphi(0) - h_{\mathrm{III1}})(1-\xi)}\right]^2 \tag{5.73}$$

$$CV_{\mathrm{III}}(\mho)^* = \left[\frac{\varphi(0) - \xi}{(1-\varphi(0))\xi + \varphi(0)(1-\xi)}\right]^2 \tag{5.74}$$

对比式(5.15)与式(5.16)可以发现,消费不平等也收敛到由初始消费比重与群体比重决定的初始不平等程度,而收入不平等收敛到一个偏离初始收入不平等程度的、由模型经济参数决定的不平等程度。因此,由于主观贴现率的趋同,内生时间偏好差异不会对消费不平等产生长期影响。

5.8 市场的问题政府解决——两种政府干预方式

(一) 同质的政策干预(退化模型 IV)

接下来,我们引入不存在政策异质性的政府,即 $\tau_a^1 = \tau_a^2 = \tau_a$、$\tau_w^1 = \tau_w^2 = \tau_w$、$\tau_c^1 = \tau_c^2 = \tau_c$、$v_1 = v_2$,系统(5.51)就退化为:

$$\begin{cases} \dot{\varphi}(t) = \eta\varphi(t) \\ \dot{\chi}(t) = h_1 + h_2\chi(t) - h_3\varphi(t) \end{cases} \tag{5.75}$$

其中,

$$\eta = \eta_{\mathrm{IV1}} = \frac{(1-\tau_a)(\alpha\varpi - \delta) - \rho_1 - \theta_1 x}{\theta_1} \tag{5.76}$$

$$h_1 = h_{\mathrm{IV1}} = (1-\alpha)\xi\varpi + \beta\phi\tau_c - [(1-\beta)\xi - \beta(1-\xi)] \tag{5.77}$$
$$(1-\alpha)\varpi\tau_w + (\alpha\varpi - \delta)\beta\tau_a - \vartheta\beta$$

$$h_2 = h_{IV2} = [(\alpha\varpi-\delta)-(n+x)]-(\alpha\varpi-\delta)\tau_a \quad (5.78)$$

$$h_3 = h_{IV3} = \phi[1+\tau_c] \quad (5.79)$$

式(5.75)的动态均衡解为 $\left(\chi_{IV}^* = \dfrac{h_{IV3}\varphi(0)-h_{IV1}}{h_{IV2}}, \varphi_{IV}^* = \varphi(0)\right)$。这是在没有政策异质性政府干预下的一个可能结局。两个群体之间的消费比重也收敛到初始消费比重,两个群体之间动态均衡的财富比重偏离初始财富比重。因此,没有出现定义3意义上的两极分化。

与特征方程(5.74)类似,系统(5.75)存在稳定的动态均衡解必须满足 $\eta=0$,即

$$\tau_a = 1 - \frac{\rho_1+\theta_1 x}{\alpha\varpi-\delta} \quad (5.80)$$

以及 $h_2<0$,即

$$\tau_a > 1 - \frac{n+x}{\alpha\varpi-\delta} \quad (5.81)$$

将式(5.80)代入式(5.81)有:

$$\rho_1+\theta_1 x < n+x \quad (5.82)$$

然而,横截性条件要求有效主观率不能低于总量增长率,这显然与式(5.82)矛盾。因此,该动态均衡解也是不稳定的,即 $h_2>0$。系统(5.75)在政策条件(5.80)下的相图如图5.12所示。

根据定义1到定义3,我们可以得到以下结论:

命题4 在只存在(两个)群体间时间偏好差异的Ramsey-Cass-Koopmans模型经济中,政府通过对所有人征收一个相同的资本税税率,可以避免出现群体之间的两极分化,但这个结局是非稳定的。

与Piketty(2014)在《21世纪资本论》中的政策主张相似,根据命题4的结论,对资本征税可以避免两极分化,但是这种不带政策异质性的政府干预效果是不稳定的。

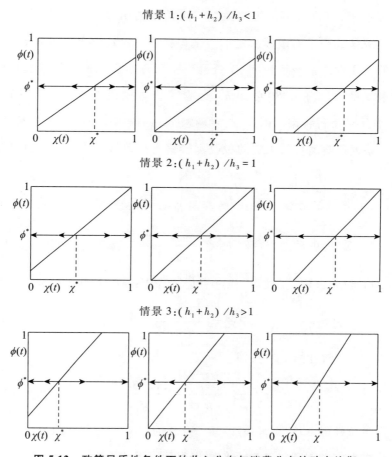

图 5.12 政策异质性条件下的收入分布与消费分布的动态均衡

我们再来看看不带政策异质性的政府干预对不平等的影响,将其代入式(5.15)和式(5.16)可得此时整个社会的收入不平等与消费不平等程度:

$$CV_{IV}(\Omega)^* = \left[\frac{h_{IV3}\varphi(0) - h_{IV1} - \xi h_{IV2}}{(h_{IV2} - h_{IV3}\varphi(0) + h_{IV1})\xi + (h_{IV3}\varphi(0) - h_{IV1})(1-\xi)}\right]^2 \quad (5.83)$$

$$CV_{IV}(\mho)^* = \left[\frac{\varphi(0) - \xi}{(1-\varphi(0))\xi + \varphi(0)(1-\xi)}\right]^2 \quad (5.84)$$

可以看到,由于两个群体之间的消费比重也收敛到初始消费比重,整个社会的消费不平等也收敛到由初始消费比重与群体比重决定的初始不平等程度,而收入不平等收敛到一个偏离初始收入不平等程度的、由模型经济参数和政府政策决定的不平等程度。由式(5.77)可知 h_{IV1} 包含了不带异质性的消费税税率、工资税税率和资本税税率及转移支付份额的政策变量,由式(5.78)可知 h_{IV2} 包含了资本税税率,由式(5.79)可知 h_{IV3} 包含了消费税税率。因此,与对两极分化的影响不同,除资本税之外,还有一系列影响消费与工资的税收和转移支付政策可以影响全社会的不平等。

(二)异质的政策干预:作为缓解市场问题措施的异质性政策

系统(5.51)的动态均衡解为 $\left(\chi^* = \dfrac{h_3\varphi(0) - h_1}{h_2}, \varphi^* = \varphi(0)\right)$。与特征方程(5.74)类似,该解是(鞍形)稳定的必须满足 $\eta = 0$(均衡解的要求),即

$$\tau_a^1 = 1 - \frac{\rho_1 + \theta_1 x}{\alpha\varpi - \delta} \tag{5.85}$$

以及 $h_2 < 0$(收敛性的要求),即

$$\tau_a^2 > \frac{1}{\beta}\left(1 - \frac{n+x}{\alpha\varpi - \delta}\right) - \frac{1-\beta}{\beta}\tau_a^1 \tag{5.86}$$

满足条件(5.85)与(5.86)的动态系统的相图如图5.13所示。

再根据定义1到定义3,我们可以得到以下结论:

命题5 在存在(两个)群体间固定时间偏好差异及异质性政策的Ramsey-Cass-Koopmans模型经济中,只要异质性的政策倾斜不触及警戒线就可以避免群体之间的两极分化,并且这个结局是稳定的。

命题5中异质性政策的政策倾斜及其警戒线由条件(5.85)与(5.86)联立决定:如果对群体1的政策是 (τ_a^1, β),那么对群体2的政策必须是 $(\tau_a^2 > \psi(\tau_a^1, \beta), 1-\beta)$ 才能避免群体之间的两极分化,其中的警戒线是:

$$\psi(\tau_a^1, \beta) = \frac{1}{\beta}\left(1 - \frac{n+x}{\alpha\varpi - \delta}\right) - \frac{1-\beta}{\beta}\tau_a^1 \tag{5.87}$$

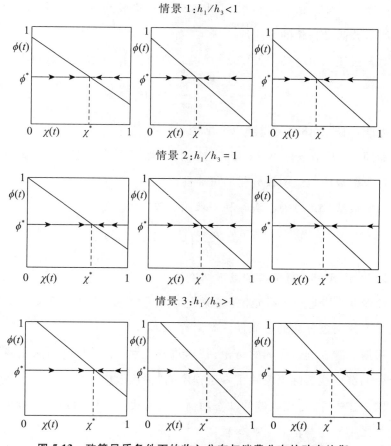

图 5.13 政策异质条件下的收入分布与消费分布的动态均衡

上述结论的含义是,在市场群体之间存在时间偏好异质性的情况下,以群体 1 作为参照来讲,对群体 1 征收了(广义的)税率 τ_a^1 与转移支出份额政策 β,那么对群体 2 征收的(广义的)税率 τ_a^2 不能低于一个最低限度——该限度由对群体 1 实施的政策(τ_a^1,β)、均衡利率($r^*=\alpha\varpi-\delta$)、外生的技术进步率(x)与人口增长率(n)决定。因此,对警戒线(5.87)关于技术进步率 x 求偏导数可得:

$$\frac{\partial \psi}{\partial x}=-\frac{1}{\beta(\alpha\varpi-\delta)}<0 \qquad (5.88)$$

因此,由式(5.88)可得到以下结论:

命题 6　其他条件不变,技术进步可降低警戒线,减少政策倾斜触及警戒线引致两极分化的可能性。

对警戒线(5.87)关于人口增长(或就业增长率)n求偏导数可得:

$$\frac{\partial \psi}{\partial n} = -\frac{1}{\beta(\alpha\varpi-\delta)} < 0 \qquad (5.89)$$

因此,由式(5.87)可得到以下结论:

命题 7　其他条件不变,人口(或就业)增长可降低警戒线,减少政策倾斜触及警戒线引致两极分化的可能性。

对警戒线(5.87)关于实际利率求偏导数可得:

$$\frac{\partial \psi}{\partial r^*} = \frac{n+x}{\beta}\left(\frac{1}{r^*}\right)^2 > 0 \qquad (5.90)$$

因此,由式(5.90)可得到以下结论:

命题 8　其他条件不变,资本深化可降低警戒线,减少政策倾斜触及警戒线引致两极分化的可能性。

根据命题6到命题8的结论,技术进步、就业增长与资本深化降低两极分化的警戒线实际上反映了一定程度的"涓滴效应"。

同前述一样,将该收敛的动态均衡解代入式(5.15)和式(5.16)可得此时的收入不平等与消费不平等程度:

$$CV_{\mathrm{IV}}(\Omega)^* = \left[\frac{h_3\varphi(0)-h_1-\xi h_2}{(h_2-h_3\varphi(0)+h_1)\xi+(h_3\varphi(0)-h_1)(1-\xi)}\right]^2 \qquad (5.91)$$

$$CV_{\mathrm{IV}}(\mho)^* = \left[\frac{\varphi(0)-\xi}{(1-\varphi(0))\xi+\varphi(0)(1-\xi)}\right]^2 \qquad (5.92)$$

与前面的结论一样,由于两个群体之间的消费比重也收敛到初始消费比重,整个社会的消费不平等也收敛到由初始消费比重与群体比重决定的初始不平等程度,而收入不平等收敛到一个偏离初始收入不平等程度的由模型经济参数和政府资本税、工资税、消费税决定的不平等程度。

(三)异质的政策干预:作为恶化市场问题祸根的异质性政策

异质性政策并不总是能够抑制两极分化,更有可能是引致两极分化的

来源。由系统(5.51)可知,不论 η 如何,只要 $h_2>0$,即

$$1-(1-\beta)\tau_a^1-\beta\tau_a^2 > \frac{n+x}{\alpha\varpi-\delta} \tag{5.93}$$

财富和消费在群体之间的分布就不可能收敛到稳定的非两极分化状态。前述机制一样,并在

$$\tau_a^1 \neq 1-\frac{\rho_1+\theta_1 x}{\alpha\varpi-\delta} \tag{5.94}$$

的情况之下必然发散到两极分化的情况。

因此,满足式(5.93)和式(5.94)的政策组合 $\{(\tau_a^1,\beta),(\tau_a^2,1-\beta)\}$ 必不可能是抑制两极分化的措施而是两极分化的缘由。于是,我们可得到以下结论:

命题9 在存在(两个)群体间固定时间偏好差异及异质性政策的 Ramsey-Cass-Koopmans 模型经济中,只要异质性的政策倾斜触及警戒线,要稳定地避免群体之间的两极分化必不可能。

由于我们更加相信发展中国家政府在实施发展政策时存在一定的两难冲突,而不仅仅是政治经济学意义上的利益动机问题,因此需要进一步揭示这个机制(付才辉,2014,2015)。将 $\alpha\varpi-\delta=f'(k^*)-\delta$ 代入式(5.93)变形可得:

$$\frac{n+x}{f'(k^*)-\delta} \leq 1-(1-\beta)\tau_a^1-\beta\tau_a^2 \tag{5.95}$$

由式(5.95)可知,在其他条件不变的情况下,给定群体1的政策组合 $\{\tau_a^1,\beta\}$,τ_a^2 越小不等式(5.95)的右边越大,左边允许的最大值也就越大,从而允许的 $f'(\hat{k}^*)$ 越小。由于 $f'(\hat{k}^*)$ 严格单调递减,允许的 $\hat{k}^*$ 也就越大;又由于 $f(\hat{k}^*)$ 严格单调递增,允许的人均有效产出水平 $f(\hat{k}^*)$ 也就越大。然而,在其他条件不变的情况下,给定群体1的政策组合 $\{\tau_a^1,\beta\}$ 也就确定了警戒线 $\psi(\tau_a^1,\beta)$,τ_a^2 越小,不等式 $\tau_a^2<\psi(\tau_a^{1*},\beta)$ 越有可能成立——越有可能导致两极分化。于是,我们可得出以下推论:**政策倾斜力**

度越大,两极分化的可能性越大,人均收入水平越高。

上述结论与贺大兴和姚洋(2011)理论模型的推论是一致的。他们认为,一个中性政府会选择性地采取有利于经济增长的政策,哪怕这些政策会造成收入的不平等。中国政府之所以能够采取这些看似歧视性的政策,恰恰是因为它是中性的:因为并不特别地照顾任何群体的利益,它才可能放开手脚采取"有偏"但与生产能力匹配的经济政策。但是,我们觉得,在旧结构主义发展思潮下的发展战略更有可能触及式(5.87)的那条警戒线。为什么呢?因为旧结构主义发展方式是以发达经济体为参照,看落后经济体缺什么或做得不好的地方,幻想一步到位地建立起像发达经济体那样的先进产业和对应的软硬基础设施。然而,落后经济体有限的禀赋条件不可能支撑起这种选择。按照旧结构主义思路所挑选的优先部门或群体必须获得非常大的政策优惠才可以勉强存活,而未被优先选到的部门或群体则必须承担非常大的政策负担。因此,其结果是异质性政策群体之间的政策倾斜程度必然非常大,必然频频触及式(5.87)的那条警戒线,从而引致两极分化。

5.9 只存在政策异质性:"恺撒的归恺撒"
——政府的问题政府解决

为了更加明确地揭示政府的异质性政策在抑制或引致两极分化上的可能性,我们再将市场内群体之间的时间偏好异质性从模型经济中剔除。如果模型经济不存在时间偏好异质性,即 $\rho_1 = \rho_2 = \rho$、$\theta_1 = \theta_2 = \theta$,系统(5.51)就退化为:

$$\begin{cases} \dot{\varphi}(t) = \eta \varphi(t) \\ \dot{\chi}(t) = h_1 + h_2 \chi(t) - h_3 \varphi(t) \end{cases} \quad (5.96)$$

其中,

$$\eta = \frac{(1-\tau_a^1)(\alpha \varpi - \delta) - \rho - \theta x}{\theta} \quad (5.97)$$

$$h_1 = (1-\alpha)\xi\varpi + \beta\phi\tau_c^2 - [(1-\beta)\xi\tau_w^1 - \beta(1-\xi)\tau_w^2]$$
$$(1-\alpha)\varpi + (\alpha\varpi - \delta)\beta\tau_a^2 - \vartheta\beta \quad (5.98)$$

$$h_2 = [(\alpha\varpi - \delta) - (n+x)] - (\alpha\varpi - \delta)[(1-\beta)\tau_a^1 + \beta\tau_a^2] \quad (5.99)$$

$$h_3 = \phi[1 + (1-\beta)\tau_c^1 + \beta\tau_c^2] \quad (5.100)$$

当且仅当

$$\tau_a^1 = 1 - \frac{\rho + \theta x}{\alpha\varpi - \delta} \quad (5.101)$$

系统(5.96)存在动态均衡($\overset{\cdot}{X}(t)=0$)解,为

$$\begin{cases} \chi^* = \dfrac{h_3\varphi(0) - h_1}{h_2} \\ \varphi^* = \varphi(0) \end{cases} \quad (5.102)$$

与特征方程(5.74)类似,当且仅当 $h_2<0$,即

$$\tau_a^2 > \psi(\tau_a^1, \beta) = \frac{1}{\beta}\left(1 - \frac{n+x}{\alpha\varpi - \delta}\right) - \frac{1-\beta}{\beta}\tau_a^1 \quad (5.103)$$

该解是(鞍形)稳定的。

由此可以看到,式(5.103)与式(5.87)刻画的条件是相同的。这意味着这条政策倾斜的警戒线在市场自身不论是否存在时间偏好异质性的情况下均一样,只要政策组合不触及警戒线就不会引致两极分化,否则就有可能导致群体之间的两极分化。式(5.103)同样可以推论出式(5.95)的结论:试图追求更高的人均产出水平而实施过度的政策倾斜是引发触及警戒线的关键冲动。

5.10 两极分化警戒线模拟与政策倾斜触线的数值实验

鉴于中国城乡居民之间鲜明的政策异质性特征,我们继续以城乡为例模拟式(5.87)的警戒线,对改革开放前后二十年的政策倾斜是否触发了城乡两个群体的两极分化警戒线进行数值实验。

首先,我们构造四个样本参数来模拟政策倾斜的警戒线。出于二手参数的时期限制和对比,改革开放之前样本参数的时间段为1953—1978年、改革开放之后样本参数的时间段为1979—2000年,具体参数值为时期跨度内的平均值(见表 5.3)。n 的基准值是人口自然增长率,修正值是就业人口增长率,由于模型假定了劳动供给不带弹性,因此就业人口更加接近模型。人口增长率和就业增长率的数据来自《新中国六十年统计资料汇编》。技术进步率(x)以全要素生产率(TFP)增长率为衡量值,样本一的值来自张军和施少华(2003)的测算,样本二、四的值来自王小鲁(2000)的测算,样本三的值来自郭庆旺和贾俊雪(2005)的测算。由于中国改革开放后的技术进步率可能存在被高估的情况(Krugman,1994),我们下调1%作为修正值。样本一、二的实际利率根据王广谦(2008)的数据计算,样本三、四的实际利率以 Gong and Lin(2008)测算的1980—2001年平均实际利率为近似值。由于中国的实际利率可能存在被低估的情况(陈斌开和林毅夫,2012),我们上调1%作为修正值。此外,由于改革开放后的原始数据值不满足横截性条件,我们又将有效人口增长率下调1%作为第二次修正值(意味着实际就业增长率被高估)。将样本参数(n、x、$r*$)代入式(5.87)可以模拟出定义在一个群体(群体1)的政策区域 $\{(\tau_a^1,\beta)|\tau_a^1 \in [\underline{\tau_a^1},\overline{\tau_a^1}],\beta \in [\underline{\beta},\overline{\beta}]\}$ 上针对另一个群体(群体2)的政策倾斜警戒线(面)。图 5.14 分别对应模拟了以最终修正值为参数的样本一、二、三、四的警戒线。

表 5.3 样本参数

样本	时间跨度	参数			样本	时间跨度	参数		
		n	x	$r*$			n	x	$r*$
一	1958—1978年	0.1954	−0.0007	0.05145	二	1953—1978年	0.2008	−0.0017	0.06996
		0.025618		0.06145			0.026033		0.07996
三	1980—2000年	0.1254	0.0093605	0.021418	四	1979—1999年	0.1273	0.0146	0.021418
		0.027713	−0.00064	0.031418			0.028286	0.0046	0.031418
		0.017713					0.018286		

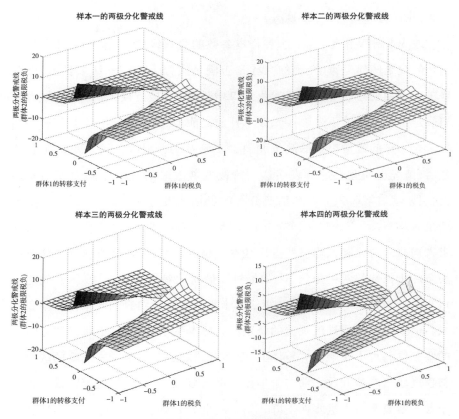

图 5.14 两极分化警戒线模拟

我们也对应构造了时期一致的四个政策组合样本。同前述一样,我们利用农业各税与农业产值之比作为涉农税率(t^1)的基准值,考虑到工农业价格"剪刀差"对实际城乡税负的影响,对所有样本的政策组合进行了修正;鉴于改革开放后巨额的土地征用"剪刀差"对实际城乡税负的影响,对样本三、四的政策组合进行了再次修正。我们利用支农支出占财政支出的比重度量对农村的转移支付占比(β)。相应地,用总税收减去农业各税的差额与国民总产值减去农业总产值的差额之比测度非农税率(t^2)。相关数据来自《新中国六十年统计资料汇编》,工农业价格"剪刀差"的测算值来自孔祥智和何安华(2009),土地征用"剪刀差"的测算依据是地方财政收入约35%来自土地出让金而失地农民只获得约10%的征地补偿(陈锡文等,

2008；孔祥智和何安华，2009）。

表 5.4 测算了表 5.3 中所有样本参数的警戒线（Ψ），报告了对应政策组合的政策倾斜是否触及警戒线［是否满足式(5.103)］。结果显示，仅仅修正人口增长率后——采用就业人口增长率（更接近模型的变量，因为模型假定了劳动供给不带弹性），改革开放之前 1953—1978 年及 1958—1978 年这二十年间政策组合的政策倾斜确实触及了警戒线。进一步修正利率之后，情况也如此。这就表明这一阶段发展战略的政策倾斜力度确实过大，引发了城乡收入分布和消费分布的长期两极分化。所以，不论是群体还是人均意义上，1952—1977 年的收入分布和消费分布极端地不平等，城市人均收入占比和人均消费占比基本上超过 0.85，收入分布和消费分布的动态趋于极端的两极分化。① 如果只以最初的参数为基准，改革开放之后 1979—1999 年及 1980—2000 年这二十年间的政策组合的政策倾斜幸免触线。但如果以更加接近现实的修正值为样本参数，则这二十年间政策组合的政策倾斜也不幸触线。整体上，改革开放之后二十年发展战略的政策倾斜程度较之改革开放之前二十年要轻微得多，而且两极分化警戒线也得益于就业增长和技术进步而下降。第二次世界大战后，中国也与大多数落后国家一样，在一穷二白的基础上幻想一夜之间赶英超美。在禀赋条件极端落后的情况下，也只能史无前例地从精神到物质上征收绝大多数大众维持生计的"口粮"以支持少数部门优先发展，结果便是导致两极分化、撕裂整个社会。改革开放之后，邓小平明白在落后的条件下不可能一步到位地消除所有扭曲和创造满足发达经济结构的基础条件，于是采取让一部分人先富起来的政策倾斜启动经济发展，然后带动其他人一起富裕（"涓滴效应"）。在新的历史阶段来评判，改革开放早期阶段的专用政策是成功的，其后至今政策倾斜可能过了头，而且没有进行动态调整，从而逐步固化了一个靠吃"政策饭"的群体，恶化了公平。时下，中国已经进入中等收入国

---

① 城乡之间的收入分布和消费分布及其动态变化的图示参见附录 5.1。

5 市场、政府与两极分化

表 5.4 样本政策组合 (t^1、β、t^2) 的政策倾斜是否触及警戒线 ($t^2 < \Psi$) 测算

	样本一		样本二		样本三			样本四		
	未修正	修正一	未修正	修正一	未修正	修正一	修正二	未修正	修正一	修正二
政策组合 涉农税率 (t^1)	0.044175	0.259634	0.049634	0.251856	0.020668	0.120999	0.152769	0.020292	0.130332	0.156769
涉农转移支付占比 (β)	0.046513		0.041602		0.062574			0.063617		
非农税率 (t^2)	0.175959	0.060642	0.180935	0.064951	0.176746	0.138782	0.130939	0.178568	0.136187	0.128986
警戒线 (Ψ)	-60.7653	-65.1821	-45.5142	-50.1728	-84.8803	-86.3834	-86.8594	-88.7227	-90.3423	-90.7315
政策倾斜是否触线	否	否	否	否	否	否	否	否	否	否
只修正人口增长率后的警戒线	10.18134	5.764571	14.53338	9.874734	-11.991	-13.4941	-13.97	-16.0544	-17.6741	-18.0633
政策倾斜是否触线	是	是	是	是	否	否	否	否	否	否
修正人口增长率、利率后的警戒线	11.8758	7.459032	15.57897	10.92032	-3.18636	-4.68942	-5.16537	-6.03635	-7.65604	-8.04517
政策倾斜是否触线	是	是	是	是	否	否	否	否	否	否
修正人口增长率、利率、技术进步后的警戒线	—	—	—	—	1.900499	0.397432	-0.07852	-1.03315	-2.65284	-3.04196
政策倾斜是否触线	—	—	—	—	是	是	否	否	否	否
修正利率、技术进步、增长率后,再修正人口的警戒线	—	—	—	—	6.987098	5.48403	5.008083	3.970055	2.350369	1.961241
政策倾斜是否触线	—	—	—	—	是	是	是	是	是	是

家水平,在为符合潜在比较优势的产业提供一定的产业政策激励的同时,应该逐步压缩政策倾斜程度以缓解日益严峻的两极分化问题。

5.11 结论性评述

本章比较研究了市场群体的时间偏好异质性(主观贴现率表征的耐心差异)与市场群体面临的政策异质性(由非常广义的资本税税率、消费税税率、工资税税率及转移支付差异刻画),对以两个群体之间的收入比重、消费比重及其动态刻画的两极分化和以变异系数刻画的不平等产生的影响。在只有固定时间偏好异质性的模型经济中,缺乏耐心会引致两极分化,但是内生时间偏好会使得主观有效贴现率趋同,尽管会对长期的收入不平等产生影响,但不会导致长期的两极分化。对于由固定时间偏好引致的两极分化,政府对所有人征收一个相同的资本税税率,可以避免出现群体之间的两极分化,但这不是稳定的均衡。政府实施的异质性政策只要其倾斜程度不触及警戒线就可以避免群体之间的两极分化,并且这个均衡是稳定的,否则过度的政策组合倾斜必将引致两极分化。这意味着政策异质性是一把双刃剑,但更有可能是一把极易由赶超战略或者"为增长而失衡"战略扣动的触及两极分化警戒线的火药枪。我们利用中国改革开放前后城乡的经验参数和政策变量,对模型推导出的两极分化警戒线以及政策组合是否触及警戒线进行了模拟测算和数值实验,发现改革开放之前城乡政策组合的倾斜程度太大而触及了城乡两极分化的警戒线,改革开放之后城乡政策组合的倾斜程度较低而缓和了城乡两极分化。由此衍生出的最为重要的发展与改革的政策建议也非常明确,需要在事前建立两极分化的隔离机制,即在设计发展政策时应考虑**有限倾斜原则**。作为本章的后续研究,与消费者异质性和企业异质性不同,政策异质性这一理论概念有着很重要的理论价值,尤其是对政府行为的结构性效应分析,值得深入研究。

附录 5.1　中国城乡群体和人均收入与消费的分布及其动态

城乡之间的收入分布和消费分布及动态变化如图 5.15—图 5.26 所示。

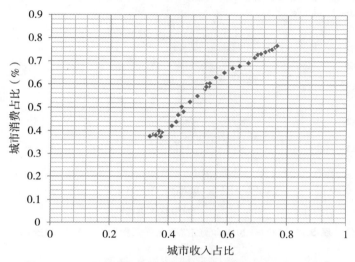

图 5.15　1978—2010 年城市"收入—消费"占比分布（直接）

注：城市"收入—消费"占比是指城市居民的收入和消费分别占全国居民总收入和总消费的比重。下同。

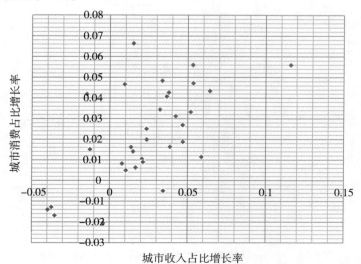

图 5.16　1978—2010 年城市"收入—消费"占比动态（直接）

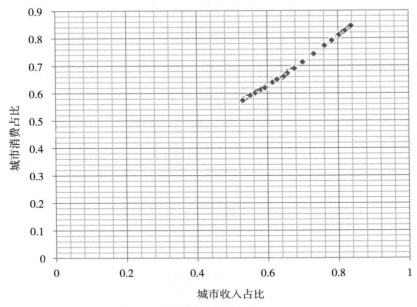

图 5.17　1978—2010 年城市"收入—消费"占比分布（间接）

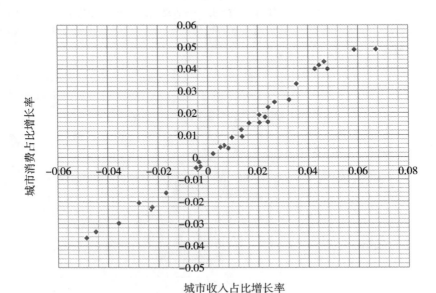

图 5.18　1978—2010 年城市"收入—消费"占比动态（间接）

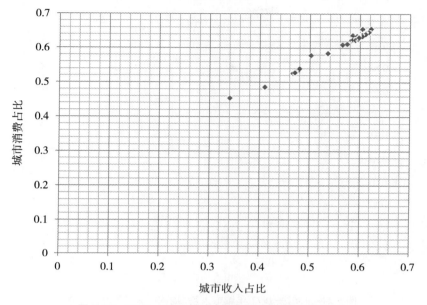

图 5.19 1952—1977 年城市"收入—消费"占比分布

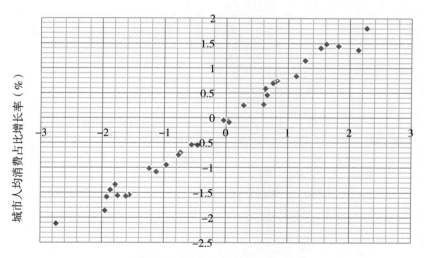

图 5.20 1978—2010 年城市人均"收入—消费"占比动态（间接）

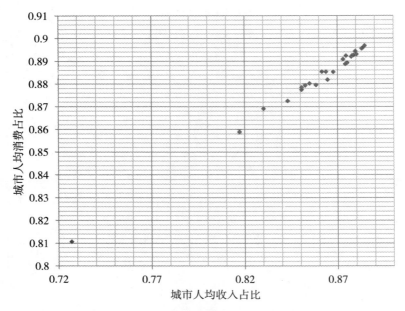

图 5.21　1952—1977 年城市人均"收入—消费"占比分布

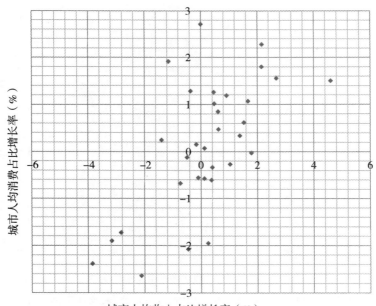

图 5.22　1978—2010 年城市人均"收入—消费"占比动态（直接）

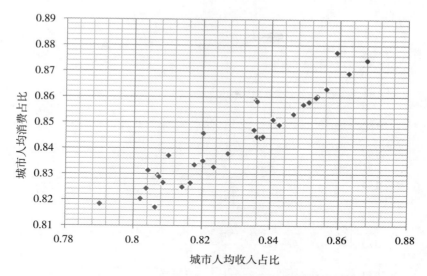

图 5.23　1978—2010 年城市人均"收入—消费"占比分布(间接)

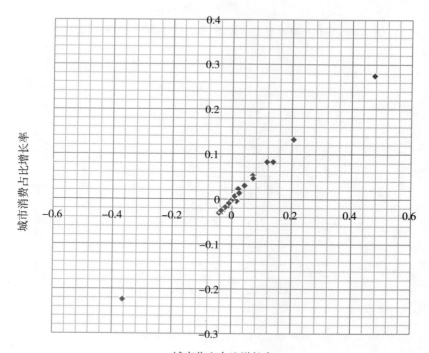

图 5.24　1952—1977 年城市"收入—消费"占比动态

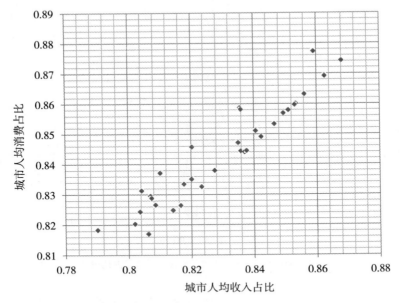

图 5.25　1978—2010 年城市人均"收入—消费"占比分布（直接）

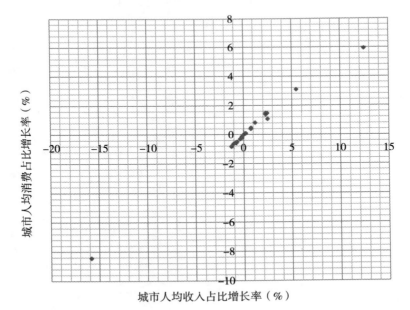

图 5.26　1952—1977 年城市人均"收入—消费"占比动态

附录 5.2　相关公式推导

附录 5.2A

首先,将利率方程式(5.38)仅入群体 1 的消费增长方程式(5.35)可得:

$$\frac{\dot{c_1}(t)}{c_1(t)} = \frac{(1-\tau_a^1)[f'(\hat{k}(t))-\delta]-\rho_1}{\theta_1} \tag{5.A1}$$

又根据关系式 $c_1(t) = \frac{\varphi(t)C(t)}{\xi L(t)} = \frac{\varphi(t)}{\xi}c(t) = \frac{A(t)\varphi(t)}{\xi}\hat{c}(t)$,对其取对数关于时间求导可知:

$$\frac{\dot{\hat{c}}(t)}{\hat{c}(t)} = \frac{\dot{c}(t)}{c(t)} - x = \frac{\dot{c_1}(t)}{c_1(t)} - \frac{\dot{\varphi}(t)}{\varphi(t)} - x \tag{5.A2}$$

将式(5.A1)代入式(5.A2)便可得经济体人均有效消费增长方程:

$$\frac{\dot{\hat{c}}(t)}{\hat{c}(t)} = \frac{\dot{c}(t)}{c(t)} - x = \frac{\dot{c_1}(t)}{c_1(t)} - \frac{\dot{\varphi}(t)}{\varphi(t)} - x$$

$$= \frac{(1-\tau_a^1)[f'(\hat{k}(t))-\delta]-\rho_1-\theta_1 x - \frac{\dot{\varphi}(t)}{\varphi(t)}\theta_1}{\theta_1} \tag{5.A3}$$

将式(5.2)变形为:

$$\frac{\dot{a_1}(t)}{a_1(t)} = [(1-\tau_a^1)r(t)-n] + (1-\tau_w^1)\frac{w(t)}{a_1(t)} - (1+\tau_c^1)\frac{c_1(t)}{a_1(t)} + \frac{v_1(t)}{a_1(t)} \tag{5.A4}$$

对式(5.10)取对数关于时间求导可得:

$$\frac{\dot{a_1}(t)}{a_1(t)} = x + \frac{\dot{\chi}(t)}{\chi(t)} + \frac{\dot{\hat{k}}(t)}{\hat{k}(t)} \tag{5.A5}$$

再将关系式 $c_1(t) = \dfrac{A(t)\varphi(t)}{\xi}\hat{c}(t)$、$a_1(t) = \dfrac{A(t)\chi(t)}{\xi}\hat{k}(t)$、$v_1(t) = \dfrac{A(t)\beta}{\xi}\hat{v}(t)$ 和式(5.38)、式(5.39)、式(5.A5)代入式(5.A4),稍作整理可得:

$$\dot{\hat{k}}(t) = \frac{(1-\tau_w^1)\xi}{\chi(t)} f(\hat{k}(t)) + \left[(1-\tau_a^1) - \frac{(1-\tau_w^1)\xi}{\chi(t)}\right] f'(\hat{k}(t))\hat{k}(t) -$$
$$\left[(1-\tau_a^1)\delta + n + x + \frac{\dot{\chi}(t)}{\chi(t)}\right]\hat{k}(t) - (1+\tau_c^1)\frac{\varphi(t)}{\chi(t)}\hat{c}(t) + \frac{\beta}{\chi(t)}\hat{v}(t)$$
$$(5.A6)$$

将政府预算约束式(5.21)变形为:

$$\hat{v}(t) = [\tau_a^1\chi(t) + \tau_a^2(1-\chi(t))] r(t)\hat{a}(t) + [\tau_w^1\xi + \tau_w^2(1-\xi)]\frac{w(t)}{A(t)} +$$
$$[\tau_c^1\varphi(t) + \tau_c^2(1-\varphi(t))]\hat{c}(t) - \overset{u}{\hat{g}}(t) \qquad (5.A7)$$

将均衡条件 $k(t) = a(t)$ 和式(5.38)、式(5.39)代入式(5.A7)稍作整理可得:

$$\hat{v}(t) = [\tau_w^1\xi + \tau_w^2(1-\xi)] f(\hat{k}(t)) + [\tau_a^1\chi(t) + \tau_a^2(1-\chi(t)) - \tau_w^1\xi - \tau_w^2(1-\xi)]$$
$$f'(\hat{k}(t))\hat{k}(t) - [\tau_a^1\chi(t) + \tau_a^2(1-\chi(t))]\delta\hat{k}(t) +$$
$$[\tau_c^1\varphi(t) + \tau_c^2(1-\varphi(t))]\hat{c}(t) - \hat{g}(t) \qquad (5.A8)$$

将式(5.A8)代入式(5.A6)稍作整理可得经济体人均有效资本增长方程:

$$\dot{\hat{k}}(t) = \left[\frac{\xi + (1-\xi)\beta\tau_w^2 - \xi(1-\beta)\tau_w^1}{\chi(t)}\right] f(\hat{k}(t)) +$$
$$\left[1 - \frac{\xi - (1-\beta)\xi\tau_w^1 + \beta(1-\xi)\tau_w^2 - \beta(1-\chi(t))\tau_a^2 + (1-\beta)\chi(t)\tau_a^1}{\chi(t)}\right]$$
$$f'(\hat{k}(t))\hat{k}(t) - \left\{n + x + \left[1 - \frac{(1-\beta)\chi(t)\tau_a^1 - \beta(1-\chi(t))\tau_a^2}{\chi(t)}\right]\right.$$

$$\left.\delta+\frac{\dot{\chi}(t)}{\chi(t)}\right\}\hat{k}(t)-\left[\frac{\varphi(t)+(1-\beta)\varphi(t)\tau_c^1-\beta(1-\varphi(t))\tau_c^2}{\chi(t)}\right]$$

$$\hat{c}(t)-\frac{\beta}{\chi(t)}\hat{g}(t) \tag{5.A9}$$

因此,联立式(5.A4)与式(5.A9)便可得经济体动态一般均衡的运动系统式(5.41)。

附录 5.2B

首先,由式(5.41)可知:

$$\frac{(1-\tau_a^1)[f'(\hat{k}^*)-\delta]-\rho_1-\theta_1 x-\dfrac{\dot{\varphi}(t)}{\varphi(t)}\theta_1}{\theta_1}=0 \tag{5.B1}$$

从而

$$\frac{\dot{\varphi}(t)}{\varphi(t)}=\frac{(1-\tau_a^1)r^*-\rho_1-\theta_1 x}{\theta_1} \tag{5.B2}$$

其次,由式(5.26)可知:

$$\gamma_1 f(\hat{k}^*)+\gamma_2 f'(\hat{k}^*)\hat{k}^*-\left(\gamma_3+\frac{\dot{\chi}(t)}{\chi(t)}\right)\hat{k}^*-\gamma_4\hat{c}^*-\gamma_5\hat{g}^*=0 \tag{5.B3}$$

从而

$$\frac{\dot{\chi}(t)}{\chi(t)}=\varpi\gamma_1+(r^*+\delta)\gamma_2-\gamma_3-\phi\gamma_4-\vartheta\gamma_5 \tag{5.B4}$$

其中,$\varpi=\dfrac{f(\hat{k}^*)}{\hat{k}^*}$ 为总量稳态时的人均有效产出与人均有效资本之比,$r^*=f'(\hat{k}^*)-\delta$ 为总量稳态时的利率,$\phi=\dfrac{\hat{c}^*}{\hat{k}^*}$ 为总量稳态时的人均有效消费与人均有效资本之比,$\vartheta=\dfrac{\hat{g}^*}{\hat{k}^*}$ 为总量稳态时的人均有效政府消费与人均有效资本之比。

最后,将系数(5.42)到系数(5.46)代入式(5.B4):

$$\frac{\dot{\chi}(t)}{\chi(t)} = (1-\alpha)\xi\varpi + \beta\phi\tau_c^2 - [(1-\beta)\xi\tau_w^1 - \beta(1-\xi)\tau_w^2](1-\alpha)\varpi \quad (5.B5)$$

$$+ (\alpha\varpi - \delta)\beta\tau_a^2 - \vartheta\beta + \{(\alpha\varpi - \delta) - (n+x) - (\alpha\varpi - \delta)$$

$$[(1-\beta)\tau_a^1 + \beta\tau_a^2]\}\chi(t) - [1+(1-\beta)\tau_c^1 + \beta\tau_c^2]\phi\varphi(t)$$

因此,联立式(5.B2)和式(5.B5)就构成总量稳态时结构的动态系统。

附录 5.2C

为简便起见,不妨假设人口增长率、技术进步率与折旧都为 0,并且由于完全竞争分散经济与中央计划者经济等价,我们采用中央计划者方法求解动态均衡时的均衡时间贴现率。①

记 $\gamma(s) = \int_0^s \rho(u(t))\mathrm{d}t$ 为 s 时刻到 0 时刻的主观时间贴现因子。其中,$\rho(u(t))$ 表示 t 时刻的瞬时时间偏好,是 t 时刻效用水平的一个函数,且满足条件 $\rho(\cdot)>0$、$\rho'(\cdot)>0$、$\rho''(\cdot)>0$、$\rho(u)-u\rho'(u)>0$,所以:

$$\dot{\gamma}(t) = \frac{\mathrm{d}\gamma}{\mathrm{d}t} = \rho(u(t)), \mathrm{d}\gamma = \rho(u(t))\mathrm{d}t \quad (5.C1)$$

中央计划者面临的问题是:

$$\max_{c(t)} \int_0^{+\infty} e^{-\gamma(t)} u[c(t)] \mathrm{d}t \Leftrightarrow \max_{c(t)} \int_0^{+\infty} \frac{e^{-\gamma} u(c)}{\rho(u)} \mathrm{d}\gamma \quad (5.C2)$$

$$s.t.\ \dot{k}(t) = f(k(t)) - c(t) \Leftrightarrow \frac{\mathrm{d}k}{\mathrm{d}\gamma} = \frac{\dot{k}(t)}{\dot{\gamma}(t)} = \frac{f(k)-c}{\rho(u)}; \dot{\gamma}(t) = \rho(u(t))$$

$$c(t) \geq 0、k(0) 给定$$

---

① 需要说明的是,内生时间偏好与内生偏好(效用函数)是两码事。标准经济学一般设定的偏好是稳定的,即序数效用函数对消费束的排序是不变的。而内生时间偏好指的是耐心程度或主观贴现率问题,可参见 Barro and Sara-i-Martin(2004)和王弟海(2011)的著作。

设现值 Hamilton 函数为：

$$H = \frac{u(c(\gamma))}{\rho(u(c(\gamma)))} + \lambda \frac{f(k(\gamma)) - c(\gamma)}{\rho(u(c(\gamma)))} \tag{5.C3}$$

最优化的一阶条件为：

$$u'(c) - \frac{u(c) + \lambda[f(k) - c]}{\rho(u(c))} \rho'(u)u'(c) = \lambda \tag{5.C4}$$

$$\frac{\partial H}{\partial k} = -\frac{d\lambda}{d\gamma} + \lambda \Leftrightarrow \dot{\gamma}(t) = \frac{d\lambda}{dt} = \lambda[\rho(u(c)) - f'(k)] \tag{5.C5}$$

横截性条件为：

$$\lim_{\gamma \to \infty}[\lambda(\gamma)k(\gamma)e^{-\gamma}] = 0 \Leftrightarrow \lim_{t \to \infty}\left\{\lambda(t)k(t)\exp\left[-\int_0^t \rho(u(s))\mathrm{d}s\right]\right\} = 0$$

$$\tag{5.C6}$$

于是，对一阶条件关于时间偏好率求导加上预算约束，可得：

$$\frac{dc}{d\gamma} = \frac{\rho(u(c)) - f'(k) + [f(k) - c]\rho'(u)u'(c)}{\rho(u(c))\left\{\dfrac{u''(c)}{u'(c)} - \dfrac{\rho''(u)u'(c)[u(c) + u'(c)(f(k) - c)]}{\rho(u(c)) - u(c)\rho'(u)}\right\}} \tag{5.C7}$$

将式(5.C7)转化为以时间为自变量的表达式：

$$\dot{c}(t) = \frac{dc}{d\gamma} \times \frac{d\gamma}{dt} = \frac{f'(k) - \rho(u(c)) - [f(k) - c]\rho'(u)u'(c)}{\dfrac{\rho''(u)u'(c)[u(c) + u'(c)(f(k) - c)]}{\rho(u(c)) - u(c)\rho'(u)} - \dfrac{u''(c)}{u'(c)}} \tag{5.C8}$$

式(5.C8)与预算约束 $\dot{k}(t) = f(k(t)) - c(t)$ 构成了经济体的动态系统，动态均衡时有 $f(k^*) = c^*$、$f'(k^*) = \rho(u(c^*))$，即 $r^* = \rho(u(f(k^*)))$。

本章参考文献

Acemoglu, D., and J. A. Robinson, "The Political Economy of the Kuznets Curve", *Review of Development Economics*, 2002, 6(2), 183—203.

Aghion, P., and P. Bolton, "A Theory of Trickle-down Growth and Development", *Review of Economic Studies*, 1997, 64(2), 151—172.

Aghion, P., E. Caroli, and C. Garcia-Penalosa, "Inequality and Economic Growth: The Perspective of the New Growth Theories", *Journal of Economic Literature*, 1999, 37(4): 1615—1660.

Autor, D. H., L. F. Katz, and S. K. Melissa, "The Polarization of the U.S. Labor Market", *American Economic Review Papers and Proceedings*, 2006, 96(2): 189—194.

Barro, R., and X. Sala-i-Martin, *Economic Growth* (2nd edition), New York: McGraw Hill, 2004.

Becker, G. S., and C. B. Mulligan, "The Endogenous Determination of Time Preference", *The Quarterly Journal of Economics*, 1997, 112(3): 729—758.

Benjamin D., L. Brandt, J. Giles and S. Wang, "Income Distribution in the China's transformation", in Loren Brandt and Thomas G. Rawski (eds.), *China's Great Transformation*, Cambridge: Cambridge University Press, 2008.

Caselli, F., and J. Ventura, "A Representative Consumer Theory of Distribution", *American Economic Review*, 2000, 90(4): 909—926.

Cowell, F., "Measurement of Inequality", in A. Atkinson and F. Bourguignon (eds.), *Handbook of Income Distribution*, Amsterdam: North Holland, 2000.

Dahan, M., and D. Tsiddon, "Demographic Transition, Income Distribution and Economic growth", *Journal of Economic Growth*, 1998, 3(1): 29—52

Duclos, J. Y., J. Esteban, D. Ray, "Polarization: Concepts, Measurement, Estimation", *Econometrica*, 2004, 72(6): 1737—1772.

Fei, J., G. Ranis, and W. Y. K. Shirley, *Growth with Equity: the Taiwan Case*, New York: Oxford University Press, 1979.

Goldin, C., and L. F. Katz Lawrence, "Long-run Changes in the wage Structure: Narrowing, Widening, Polarizing", *Brooking Papers on Economic Activity*, 2007, 2: 135—165.

Gong. G., and J. Y. Lin, "Deflationary Expansion: An Overshooting Perspective to the Recent Business Cycle in China", *China Economic Review*, 2008, 19(1): 1—17.

Harris, C., and D. Laibson, "Dynamic Choices of Hyperbolic Consumers", *Econometrica*, 2001, 69(4): 935—957.

Krueger, A., "Comments on 'New Structural Economics' by Justin Lin", *The World Bank*

Research Observer, 2011, 26(2): 222—226.

Krueger, D., and F. Perri, "Does Income Inequality Lead to Consumption Inequality? Evidence and Theory", *Review of Economic Studies*, 2006, 73(1): 163—193.

Krugman, P., "The Myth of Asia's Miracle", *Foreign Affairs*, 1994, 73(6): 62—78.

Li, H., D. Xie, and H. Zou, "Dynamics of Income Distribution", *Canadian Journal of Economics*, 2000, 33(4): 937—961.

Lin, J. L., "Development Strategy, Viability, and Economic Convergence", *Economic Development and Cultural Change*, 2003, 51(2): 277—308.

Lin, J. Y., *New Structural Economics: A Framework for Rethinking Development and Policy*, The World Bank, Washington, D. C, 2012.

Lin, J. Y., *Economic Development and Transition: Thought, Strategy, and Viability*, Cambridge: Cambridge University Press, 2009.

Lucas, R., "On Efficiency and Distribution", *Economic Journal*, 1992, 102(4): 233—247.

Piketty, T., and E. Saez, "Income Inequality in the United States, 1913—1998", *The Quarterly Journal of Economics*, 2003, 118(1): 1—41.

Piketty, T., and G. Zucman, "Capital is Back: Wealth-income Ratios in Rich Countries: 1700—2010", *The Quarterly Journal of Economics*, 2014, 129(3): 1255—1310.

Piketty, T., *Capital in the Twenty-first*, Cambridge, MA: The Belknap Press of Harvard University Press, 2014.

Rodrick, D., "Comments on 'New Structural Economics' by Justin Lin", *World Bank Research Observer*, 2011, 26(2): 227—229.

Sorger, G., "Income and Wealth Distribution in a Simple Model of Growth", *Economic Theory*, 2000, 16(1): 23—42.

Stiglitz, J., "Distribution of Income and Wealth among Individuals", *Econometrica*, 1969, 37(3): 382—397.

Stiglitz, J., *The Price of Inequality: How Today's Divided Society Endangers Our Future*, Manhattan: WW. Norton & Company. Inc, 2012.

Tamura, R., "Income Convergence in an Endogenous Growth Model", *Journal of Political Economy*, 1991, 99(3): 522—540.

Tsui, K., "Local Tax System, Intergovernmental Transfers and China's Local Fiscal Disparities", *Journal of Comparative Economics*, 2005, 33(1): 173—196.

Uzawa, H., "Time Preference, the Consumption Function, and Optimum Asset Holdings", in J. N. Wolfe (ed.), *Value, Capital, and Growth*, Chicago: Aldine, 1968.

William, C., "Distribution and Development: A Survey of the Literature", *Journal of Development Economics*, 1975, 1(4): 359—400.

Yao, S., and Z. Zhang, "On Regional Inequality and Diverging Clubs: A Case Study of Contemporary China", *Journal of Comparative Economics*, 2001, 29(3): 466—484.

陈斌开、林毅夫,"发展战略、城市化与城乡收入差距",《中国社会科学》,2013 年第 4 期,第 81—102 页。

陈斌开、林毅夫,"金融抑制、产业结构与收入分配",《世界经济》,2012 年第 1 期,第 3—23 页。

陈斌开、林毅夫,"重工业优先发展战略、城市化和城乡工资差距",《南开经济研究》,2009 年第 1 期,第 3—18 页。

陈锡文、赵阳、罗丹,《中国农村改革 30 年:回顾与展望》,北京:人民出版社,2008 年。

陈钊、陆铭,"城市化、城市倾向的经济政策与城乡收入差距",《经济研究》,2004 年第 6 期,第 50—58 页。

范子英,"中国的财政转移支付制度:目标、效果及遗留问题",《南方经济》,2011 年第 6 期,第 67—80 页。

付才辉,"发展战略的成本与收益——对新结构经济学的目标、争议与拓展的探讨",《南方经济》,2014 年第 1 期,第 29—48 页。

付才辉,"为增长而失衡——中国式发展经验与理论",《南开经济研究》,2015 年第 6 期,第 3—36 页。

付才辉,"发展中经济体的收入分配机制究竟有何不同——新结构经济学视角下的经验与理论总结",北京大学新结构经济学研究中心工作论文,2016 年。

郭庆旺、贾俊雪,"中国全要素生产率的估算:1979—2004",《经济研究》,2005 年第 7 期,第 51—60 页。

贺大兴、姚洋,"社会平等、中性政府与中国经济增长",《经济研究》,2011 年第 1 期,第 4—17 页。

洪兴建、李金昌,"两极分化测度方法述评与中国居民收入两极分化",《经济研究》,2007 年第 11 期,第 139—153 页。

孔祥智、何安华,"新中国成立 60 年来农民对国家建设的贡献分析",《教学与研究》,2009 年第 9 期,第 5—13 页。

林毅夫,"潮涌现象与发展中国家宏观经济理论的重新构建",《经济研究》,2007 年第 1 期,第 126—131 页。

林毅夫,《经济发展与转型:思潮、战略和自生能力》,北京:北京大学出版社,2008 年。

林毅夫,《新结构经济学》,苏剑译,北京:北京大学出版社,2012 年。

林毅夫、蔡昉、李周,《中国的奇迹:发展战略与经济改革》,上海:上海人民出版社,1994 年。

林毅夫、陈斌开,"发展战略、产业结构与收入分配",《经济学》(季刊),2013 年第 4 期,第 1109—1140 页。

林毅夫、刘培林,"中国的经济发展战略与地区收入差距",《经济研究》,2003 年第 3 期,第 19—25 页。

王弟海,《宏观经济学数理模型基础》,上海:上海格致出版社,2011 年。

王弟海、龚六堂,"持续性不平等的原因及其动态演化综述",《经济学》(季刊),2008 年第 2 期,第 731—774 页。

王弟海、龚六堂,"新古典模型中收入和财富分配持续不平等的动态演化",《经济学》(季刊),2006 年第 3 期,第 777—802 页。

王广谦,《中国改革 30 年:金融改革卷》,重庆:重庆大学出版社,2008 年。

王小鲁,"中国经济增长的可持续性与制度变革",《经济研究》,2000 年第 7 期,第 3—15 页。

徐现祥、王海港,"我国初次分配中的两极分化及成因",《经济研究》,2008 年第 2 期,第 106—118 页。

张军、施少华,"中国经济全要素生产率变动:1952—1998",《世界经济文汇》2003 年第 2 期第 17—24 页。